D1927043

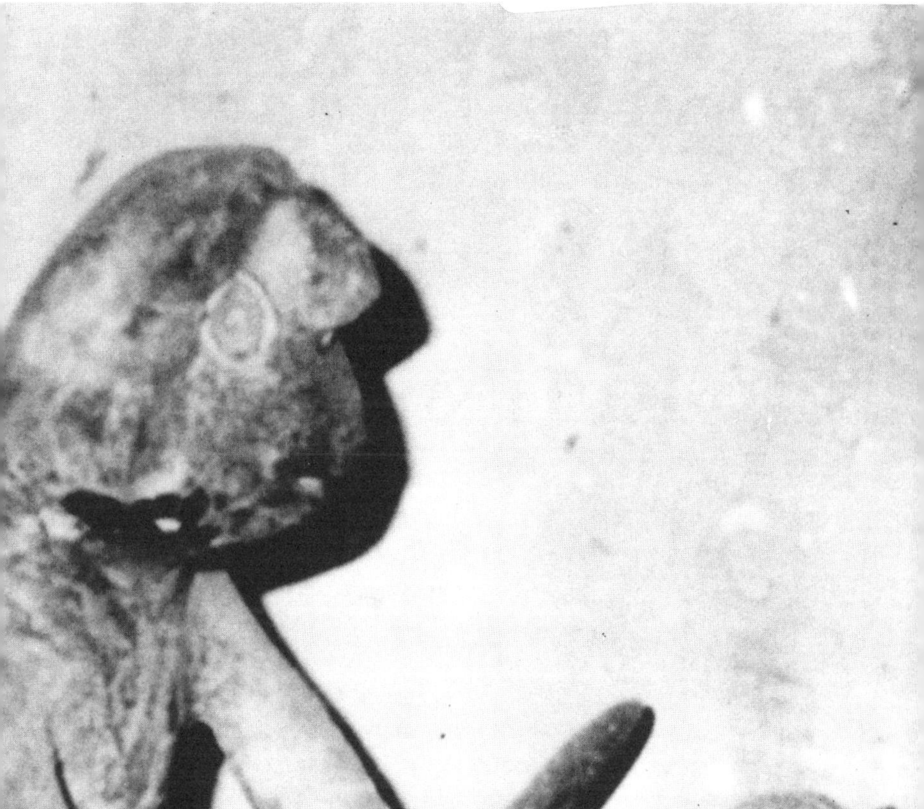

Walter-Jörg Langbein

Bevor die Sintflut kam

Meinem Freund
Benno Briese
(16. 5. 1932–28. 3. 1994)
zum Gedächtnis
gewidmet

Walter-Jörg Langbein

Bevor die Sintflut kam

Von Götterbergen und Geisterstädten, von Zyklopenmauern, Monstern und Sauriern

Mit 59 meist farbigen Fotos

Langen Müller

Bildnachweis:

Archiv Langbein: 12, 17, 34
Bickel, Thomas: 3, 5
Däniken, Erich von: 28, 35, 36, 37, 44
Dünnenberger, Willi: 38, 53
Langbein, Herty: 23
Langbein, Walter sen.: 22, 24, 25, 26
Langbein, Walter-Jörg: Vor- und Nachsatz, 1, 2, 4, 6, 7, 8, 9, 10, 11, 14, 15, 16, 18, 19, 20, 27, 29, 30, 31, 32, 39, 41, 42, 43, 45, 46, 47, 48, 49, 50, 52, 54, 55, 56, 57, 58, 59
Lara, Dr. Oscar Rafael Padilla: 51
Pollo, Ilse: 13, 21, 33
Scheibe, Kerstin: 40

Vor- und Nachsatz: Tonfiguren aus der Geheimsammlung von Prof. Dr. Javier Cabrera Darquea, Ica, Peru. Zeigen sie Außerirdische, die die Erde besuchten – bevor die Sintflut kam?

Gedruckt auf chlorfrei gebleichtem Papier

© 1996 Albert Langen/Georg Müller Verlag
in der F. A. Herbig Verlagsbuchhandlung GmbH, München
Alle Rechte vorbehalten
Umschlaggestaltung: Angelika Geiß
Umschlagmotiv: Image Bank, München
Satz: Schaber Satz- und Datentechnik, Wels
Gesetzt aus 11/13 Punkt Stempel Garamond in PostScript
Druck: Jos. C. Huber KG, Dießen
Binden: R. Oldenbourg, München
Printed in Germany
ISBN 3-7844-2570-4

Inhalt

Vorwort: Bevor die Sintflut kam

Es ist überwältigend, sensationell, fast nicht zu beschreiben: Ich befinde mich in der geheimen archäologischen Sammlung von Prof. Dr. Javier Cabrera Darquea in Ica, Peru. Weltberühmt geworden ist der Arzt und direkte Nachfahre des Gründers von Ica durch seine Sammlung von Tausenden von gravierten Steinen. Unglaubliche Szenen sind da abgebildet. Menschen und Dinosaurier sind in harmonischer Eintracht zusammen dargestellt. Menschen werden operiert, Herztransplantationen werden vorgenommen. Wesen starren durch Teleskope in den Sternenhimmel. Eines der häufigsten Motive: astronomische Darstellungen.

Doch seit Jahren weiß ich, daß Prof. Dr. Cabrera Darquea über eine weitere, eine zweite Sammlung verfügt, die bislang nur wenige Menschen zu sehen bekamen. Und in dieses »Allerheiligste«, in sein Schatzzimmer, das Prof. Cabrera Darquea für seinen wertvollsten Besitz hält, werde ich nun eingelassen. Ich befinde mich in einem engen Gang, der sich scheinbar unendlich lang dahinzieht. Staubig, etwas muffig riecht es. Er ist schlecht beleuchtet, meine Augen müssen sich erst an die Dunkelheit gewöhnen. Rechts und links des Gangs sind Regale auszumachen, mehr als mannshoch reichen sie bis unter die Decke. Und in diesen Regalen stehen Hunderte, nein Tausende Tonfiguren.

»Sie sind älter als die Sintflut!« erklärt mir Prof. Cabrera Darquea. Und sie sind die phantastischsten archäologischen Artefakte, die ich jemals auf meinen Reisen um den Globus zu sehen bekam. Da sind fremdartige Wesen dargestellt –

Außerirdische, meint der Besitzer der wohl ungewöhnlichsten Sammlung der Welt. Mit rätselhaften Augen starren sie auf Menschen herab, die vor ihnen auf Operationstischen liegen. Die Wesen haben seltsame Gerätschaften in den Händen, mit denen sie an ihren Opfern hantieren, aber auch Messer, mit denen sie Operationen ausführen. »Das sind Außerirdische, die vor der Sintflut zur Erde kamen. Sie experimentierten mit Menschen...«, raunt mir der Professor zu.

Ich fühle mich in ein gespenstisches Horrorkabinett versetzt. Da sind furchteinflößende Szenen dargestellt. Hunderte, nein Tausende Tonfiguren, etwa 20 bis 30 Zentimeter groß, erinnern mich in verblüffender Weise an Augenzeugenberichte, an die Beschreibungen von Menschen, die in unseren Tagen an Bord von UFOs entführt werden, die schlimmen, furchteinflößenden Experimenten unterzogen werden. Sollten jene Besucher aus dem All, deren oft beängstigendes Treiben ich ausführlich in meinem Buch »Das Sphinx-Syndrom. Die Rückkehr der Astronautengötter« beschrieben habe, schon vor der Sintflut ähnlich mit Menschen umgegangen sein?

Ich habe Fotos von den Tonfiguren Yvonne Schneiders aus Bad Salzuflen gezeigt. Die heute 20jährige war, ich habe ihren Fall bereits beschrieben, in der Nacht vom 15. auf den 16. August 1994 bei den Externsteinen an Bord eines UFOs entführt und von kleinwüchsigen Außerirdischen peinlich-schmerzhaft untersucht worden. »Genauso sahen sie aus, die kleinen, fremdartigen UFO-Wesen, die mich an Bord ihres UFOs verschleppt und genau untersucht haben...«, erklärte mir die Zeugin, der die geheimnisvollen Tonfiguren sichtlich Angst machten. Ähnlich äußerte sich ein weiteres Entführungsopfer aus Süddeutschland.

Sollten also Außerirdische schon vor vielen Jahrtausenden zur Erde gekommen sein, schon damals mit Menschen experimentiert haben, so wie es heutige UFO-Besatzungen tun?

Und das, bevor die Sintflut kam, wie Prof. Cabrera Darquea meint?
Mehr als 300 000 Kilometer legte ich in den vergangenen Jahren zurück; ich besuchte Ägypten, die Türkei, Nord-, Zentral- und Südamerika. Und immer wieder stieß ich auf die Besucher aus dem All. Und auf Menschheitsrätsel, die älter als die Sintflut sind. Die große Überschwemmung fand vermutlich vor etwa 12 000 Jahren statt, als weltweit Gletscher schmolzen, riesige Gebiete in den Fluten verschwanden. Diese gewaltige Katastrophe wird nicht nur in der Bibel erwähnt, sie kommt in den heiligen Überlieferungen aller Völker vor. Sie wird auf Tontafeln, aber auch auf Kupferplatten verewigt, die man bereits vor über 100 Jahren in nordamerikanischen Pyramiden fand. Erstmals beschreibe ich eine »amerikanische Bibel«, die zu den interessantesten Funden der Welt gehört. Und die in der Fachliteratur totgeschwiegen wird.
Älter als die Sintflut müssen auch die Pyramiden sein, die heute auf dem Grund eines amerikanischen Sees verrotten. Älter als die Sintflut sind nach uralten Überlieferungen auch die »Cheopspyramide« und die große Sphinx. Das steinerne Menschheitsrätsel weist deutliche Wasserschäden auf.
Älter als die Sintflut muß das Wissen um die Antarktis sein, die auf einer alten Karte eisfrei dargestellt wird, unglaublich präzise in ihren Konturen, völlig korrekt. Lag Atlantis in jenen heute eisigen Gefilden?
Ein türkischer »Götterberg«, heute wegen politischer Unruhen nicht mehr zugänglich, soll eine Botschaft von Himmelsbesuchern enthalten. Versteckten sich die Menschen vor Jahrtausenden in riesigen unterirdischen Städten vor den Besuchern aus dem All? In einem altehrwürdigen türkischen Museum stieß ich auf ein mehr als phantastisch anmutendes Artefakt. Es handelt sich um das Modell eines außerirdischen Raumschiffs.

Legten Außerirdische vor der Sintflut in Mexiko ein gigantisches Modell unseres Sonnensystems an? Hinterließen sie einen »fotografischen Beweis« ihrer Präsenz auf der Erde? Ließen sie das Bild eines Astronauten in Stein gravieren? Haben sie in Zentralamerika riesige Steinkugeln zu Sternbildern angeordnet? Haben sie bei der Herstellung eines gigantischen Tunnelsystems unter der Ebene von Nazca, Peru, das die Archäologie bisher verschwieg, mitgewirkt? Schufen sie auf der Osterinsel auf gentechnischem Wege Horrorwesen? Kreierten sie weltweit Monster und Seeungetüme, die auch heute noch beobachtet werden?
Mehr als 300000 Kilometer legte ich auf mehreren Weltreisen zurück, die mich von Ägypten bis nach Chile, von der Türkei bis zur Osterinsel, von Michigan bis nach Peru führten. Und immer wieder stieß ich auf Rätsel, auf Mysterien, die von der heutigen Wissenschaft gern verschwiegen werden. Weil sie nicht in das gängige »wissenschaftliche« Bild von der Vergangenheit passen.
»Paradoxa« sind laut »Lexikon Alte Kulturen« Phänomene, die im Widerspruch zur »gewöhnlichen Meinung« stehen. Der Wissenschaft von heute sind solche Erscheinungen suspekt, wie Dr. Peter Schattschneider vom »Institut für Angewandte Physik der Technischen Universität Wien« feststellt. Der Wissenschaftler schreibt: »Für die Naturwissenschaft sind unerklärliche Erscheinungen – auf welchem Gebiet auch immer – unerwünscht. Zugleich bedarf die Naturwissenschaft ständig des Unverstandenen gleichsam als Antrieb. Wäre alles geklärt, hätte sie ausgedient.«
In der griechischen Welt der Wissenschaft war man sich der besonderen Bedeutung gerade jener Phänomene, die nicht so recht in das allgemeingültige Mosaik der Erkenntnisse zu passen schienen, in besonderem Maße bewußt. So entstand im dritten vorchristlichen Jahrhundert eine Fülle von Werken, die sich der Beschreibung von Paradoxa widmeten, von

Außerordentlichem, Merkwürdigem und Wunderbarem. Einige Vertreter dieser Wissenschaftsphilosophie seien genannt: Kallimachos, er starb 240 vor Christus in Alexandria, war einer der bekanntesten Vertreter jener Schule des forschenden Schreibens. Gezielt mit dem Unerklärlichen setzten sich auch seine Kollegen Antigonos von Karystos und Bolos von Mendes auseinander.

In der heutigen Wissenschaft, so scheint es, ist kein Platz für Paradoxa. Trefflich formuliert Erich von Däniken: »Gaukler sind Menschen, die anderen etwas vormachen. Es hat sie immer gegeben. Vermutlich hatten es die Gaukler vergangener Jahrhunderte leichter als heute, die Gutgläubigkeit und Unwissenheit ihrer Mitmenschen auszunutzen – sollte man denken. Der Eindruck ist verkehrt. Die Gaukler, die ich meine, stehen vor keinem Abendpublikum, sie zaubern keine Kaninchen aus dem Hut, zersägen keine Damen und schlucken weder Feuer noch lebende Schlangen. Die modernen Gaukler sitzen in Redaktionsstuben, stehen in Hörsälen und dozieren auf wissenschaftlichen Tagungen. Sie haben einen gemeinsamen Nenner: Sie sind durch und durch ›seriös‹. Niemand würde hinter ihnen Gaukler vermuten. Sie tun, als seien sie umfassend informiert, als seien alle Rätsel gelöst, als habe die Wissenschaft alles im Griff. Sie berufen sich auf die Intelligenz des Menschen, auf die Erkenntnisse der Naturwissenschaft und natürlich darauf, daß jedem Problem eine ›ganz natürliche‹ Erklärung zugrunde liege. Rätsel gibt es keine und ›ungelöste Rätsel‹ schon gar nicht. Ich hätte nicht einmal etwas gegen diese Ansicht – wenn sie nur zutreffen würde.«

Begleiten Sie mich nun auf eine Reise durch Raum und Zeit – zu den großen Rätseln dieser Welt. Und halten Sie sich dabei stets vor Augen, was David Baumgart konstatierte: »Niemand wird zum Phantasten dadurch, daß er Phantasie hat. Und niemand wird zum Realisten dadurch, daß er phantasielos ist. Im Gegenteil, keiner ist wahrer Realist ohne konstruktive Phantasie, und der phantasielose Realist fällt notwendig den phantastischen Konventionen zum Opfer.«

Weniger Scheu vor dem Wundersamen als die meisten Gelehrten unserer Tage hatte Sokrates, der feststellte: »Staunen und Fragen ist der Anfang jeder Philosophie!« Und Einstein pflichtete ihm bei: »Das schönste Erlebnis ist die Begegnung mit dem Geheimnisvollen. Sie ist der Ursprung jeder Wissenschaft.«

Die Geschichte des heutigen Menschen ist phantastischer, als viele Zeitgenossen wahrhaben wollen. Und sie reicht weiter zurück in die Vergangenheit, als viele Wissenschaftler behaupten. Sie begann vor mehr als 12000 Jahren. Bevor die Sintflut kam. Und Besucher aus dem All hatten oft ihre Hände im Spiel.

Teil I

Das Pyramiden-Paradoxon

»Ach Herr, siehe, du hast
Himmel und Erde gemacht durch
deine große Kraft, du großer und
starker Gott, der du in Ägyptenland
hast Zeichen und Wunder getan bis
auf diesen Tag.«

JEREMIA 32, 17–20

1 *Das Geheimnis der unmöglichen Pyramiden*

Der »Rock Lake«, knapp 21 Meilen östlich vom Städtchen Madison im Süden Wisconsins, USA, gelegen, ist Archäologen wohlbekannt. Am Ufer jenes Sees entdeckte Nathaniel Heyer anno 1836 eine Pyramide. Er gab ihr den Namen Atzalan, nach der legendären Heimatstadt der Azteken. Radiocarbonmethoden, durchgeführt in unseren Tagen, ergeben, daß das eher unscheinbare Gebäude spätestens 1000 n. Chr. entstand. Damit ist die Pyramide freilich einige Jahrhunderte älter, als die Archäologie ursprünglich angenommen hatte.

Das eigentliche Rätsel von Rock Lake aber liegt unter Wasser: Pyramiden auf dem Grund des Sees, Pyramiden, die es eigentlich gar nicht geben dürfte. Und obwohl die »unmöglichen Monumente« in der örtlichen Tradition schon seit Generationen bekannt sind, versucht man erst in letzter Zeit – und das widerstrebend – sie zu erforschen.

Ein Paradoxon wird entdeckt

Um die Jahrhundertwende herrschte große Trockenheit im Gebiet des Rock Lake. Sein Wasserspiegel sank erheblich. Claude Wilson und sein Bruder Lee, Bürgermeister des nahe gelegenen kleinen Örtchens Lake Mills, sahen beim Fischen von ihrem kleinen Boot aus steinerne Strukturen auf dem Grund des Rock Lake. Ihr Bericht löste zwar kurzzeitig einige Aufregung aus, doch die Pyramiden gerieten rasch wieder in Vergessenheit. Kurzfristig geplante Tauchaktionen wurden schnell wieder aufgegeben, Träume von herbeiströmenden Touristenmassen, die Geld und Leben in die Einöde bringen sollten, zerplatzten wie Seifenblasen an der Luft. Jahrzehnte später, im Frühjahr 1936, berichtete Victor S. Taylor: »Vier Pyramiden auf dem Grund des Rock Lake entdeckt, womöglich indianischen Ursprungs, vielleicht von den Azteken gebaut.« Dr. B. W. Saunders, beamteter Redakteur eines Reiseführers zu US-Sehenswürdigkeiten, griff die Meldung auf. Taucher sollten die Pyramiden auf Inschriften hin untersuchen, um eine Datierung der Bauwerke zu ermöglichen. Doch als jemand die Frage nach der Finanzierung des Projekts aufwarf, drohte das Unternehmen schon abgeblasen zu werden, bevor es richtig durchgeplant war. Der Historiker Dr. Charles E. Brown und der Geologe Prof. Ernst F. Bean versprachen zwar vollmundig, sie würden sich des Rätsels Rock Lake annehmen, doch erst, wenn wärmeres und trockeneres Wetter herrsche, wolle man zur Untersuchung schreiten. Anscheinend stellten die erlauchten Herren recht hohe Ansprüche an die Wetterbedingungen – zur avisierten Erforschung der Unterwasserpyramiden kam es jedenfalls nicht. Wieder gerieten die geheimnisvollen Bauwerke in Vergessenheit.

Amtliche Kreise schienen sich nicht mehr für das Rätsel Rock Lake zu interessieren, da ergriff anno 1937 Tieftauchspezialist und Rekordtaucher Max Gene Nohl die Initiative. Er fuhr mit einem kleinen Boot den See ab, schleppte dabei eine primitive »Suchvorrichtung« hinter sich her, die aus einem langen Seil und einem massiven Eisengewicht bestand. Er wurde fündig – und vom »Pyramidenfieber« gepackt. Jetzt, da er die genaue Lokalisation der Pyramiden auf dem Grund des Sees kannte, tauchte er fast wie besessen immer wieder. Rasch fand er eine Unterwasserpyramide – auf dem Grund des Rock Lake, nahe beim Zentrum. Präzise notierte

Max Gene Nohl die Ergebnisse seiner Exkursion: »Die Pyramide hat die Gestalt eines gekippten Kegels. Oben befindet sich eine kleine, quadratische Plattform, Kantenlänge 1,4 Meter. Kantenlänge am Boden: 5,43 Meter. Höhe: 8,83 Meter. Offenbar besteht die Konstruktion aus glatten, in Mörtel gesetzten Steinen. Sie ist weitgehend von einem grünlichen Schaum überzogen, der sich aber leicht wegkratzen läßt, zum Teil treten die Steine offen zutage, sind dem Wasser direkt ausgesetzt.«

Sehr zur Enttäuschung von Max Gene Nohl lösten seine Entdeckungen keinerlei Reaktion aus. Dabei hatte der Taucher doch so gehofft, Archäologen würden sich seiner Entdeckung annehmen. Doch weit gefehlt. Kein wissenschaftliches Institut bekundete auch nur oberflächliches Interesse. Kein Wissenschaftler nahm Kontakt mit ihm auf. Befürchteten die Herrschaften Erkenntnisse, die ihr sorgsam errichtetes Theoriengebäude über die Vergangenheit des Menschen zumindest ins Wanken hätten bringen können?

Ich bin davon überzeugt: Die Welt der Wissenschaft leidet am Pyramiden-Paradoxon. Da gibt es Pyramiden, die vollkommen neue Erkenntnisse erbringen könnten. Aber weil man nicht riskieren möchte, altehrwürdige Theorien »über Bord« werfen zu müssen, drückt man sich, so gut es geht, um eine Untersuchung. Verfahren wird nach dem Motto: Was nicht sein darf, das kann es nicht geben. Und was es nicht geben kann, muß man sich nicht vor Ort ansehen, geschweige denn näher untersuchen und überprüfen.

Tagelang durchforstete ich wissenschaftliche Bibliotheken, suchte nach Hinweisen auf die geheimnisvollen Unterwasserpyramiden. Anno 1862 tauchen sie auf, werden kurz in einem wissenschaftlichen Werk erwähnt. Herausgeber sind Leon E. Seltzer und der geographische Forschungsstab der »University of Columbia Press«. In »The Columbia Lippincot Gazetter of the World« heißt es da kurz und prägnant:

»Rock Lake. Auf dem Grund des Sees sind große Steinpyramiden, von denen angenommen wird, sie seien von prähistorischen Indianern errichtet worden.«

Wer suchet, der findet…

30 Jahre nach Max G. Nohl machten sich wieder Taucher auf den Weg zum Rock Lake. Wir schreiben den 30. Juli 1967. Kinder hüpfen lachend am Strand des idyllischen Rock Lake herum. Aufgeregt verfolgen sie die sieben mehr als seltsam anmutenden Gestalten, die in Taucheranzügen und mit großen Schwimmflossen recht ungelenk auf den See zu watscheln. Kräftig stoßen sie sich vom Ufer ab, bilden eine Formation und sinken in die Stille der unheimlich wirkenden Tiefe. Rasch wird es trübe. Knapp zehn Meter unter der Wasseroberfläche ist es schon empfindlich kalt, wenige Meter tiefer kann man kaum noch die eigene Hand vor den Augen erkennen. Schon löst sich die Formation auf, ein Taucher nach dem anderen läßt sich nach oben, zurück an die Wasseroberfläche treiben.
Nur einer bleibt unten: John Kennedy aus Lombard, von Beruf Regierungsbeamter am O'Hare-Flugplatz von Chicago, ein ausgebildeter Tauchlehrer. Für noch genau fünf Minuten reicht sein Sauerstoffvorrat in der Flasche, und davon möchte er jede Sekunde nutzen. Wie schwerelos treibt er über einer welligen, grauen Schlammlandschaft. Plötzlich zeichnet sich eine geradlinige, künstliche Struktur ab. Es ist eine Art Plattform, sechs mal zwölf Meter groß, eineinhalb Meter ragt sie aus dem schlammigen Boden. In welcher Tiefe mag ihr Fundament im Schlamm verborgen liegen?
Gleich muß John Kennedy seinen Ausflug in die Tiefe abbrechen. Schnell entschlossen löst er hastig drei Steine aus

der rätselhaften Plattform, jeweils etwa pampelmusengroß… und taucht auf.
Trotz der mitgebrachten Beweisstücke wird der Taucher nicht ernst genommen, erntet er Gelächter. Pyramiden auf dem Grund eines Sees? Unmöglich! Selbst wohlwollende Kritiker sprechen nachsichtig von »Taucherkrankheit«, übel Gesinnte reden von »Betrug«. Man schiebt die Beweisstücke zur Seite und geht zur Tagesordnung über.
Für John Kennedy soll es aber noch schlimmer kommen! Leon Mericles archäologisches Taucherteam behauptet, man habe vergeblich versucht, die Angaben des Kollegen zu verifizieren, habe Recherchen vor Ort angestellt. »Nach vier Tagen gründlichen Tauchens haben wir keine Spur von den Unterwasserpyramiden ausfindig machen können.« Und auf dem Tauchersymposium vom 30. März 1968 in Chicago erklärt Leon Mericle: »Wir haben eine Menge Zeit aufgewendet. Ich kann nur sagen, daß es keine Spur von Pyramiden gibt, wo wir gesucht haben.« Wurde aber auch an der richtigen Stelle gesucht?
John Kennedy läßt sich nicht entmutigen. Verbissen taucht er weiter, fotografiert sogar. Aber seine Fotos fallen wegen des extrem trüben Wassers kaum beweiskräftig aus. Wenig später macht sich der Taucher M.R. Kutska mit seinen »Narcosis Knights« ans Werk. Nach einigen vergeblichen Tauchversuchen weisen ihn einige Einheimische darauf hin, daß er an der falschen Stelle suche. Gut 130 Meter vom Ort der ersten Tauchversuche entfernt findet schließlich das »Narcosis Knights«-Team Pyramiden auf dem Grund des Rock Lake. Eine davon ragt, so schätzen sie, fünf Meter aus dem alles verschlingenden Schlamm. Ein anderes Bauwerk ist 20 Meter lang und zehn Meter breit. An der Existenz der Pyramiden scheint nun niemand mehr zu zweifeln. So schreibt die Taucherfachzeitschrift »Skin Diver« im Januar 1970: »Die Pyramiden sind unglaublich. Es sollte sie nicht

geben. Sie wären zu alt und an einer Stelle, wo niemand sie hätte bauen können. Logischerweise dürften sie gar nicht existieren. Die Geschichte ist freilich selten logisch. Und Logik hin, Logik her: Die Pyramiden von Rock Lake tauchen oft genug aus der Versenkung auf, um die noch so logisch denkenden Erforscher der amerikanischen Vergangenheit in Verlegenheit zu bringen.«

Als verfrüht erweisen sich freilich die Hoffnungen örtlicher Rock-Lake-Forscher, die erwartet hatten, daß nun Wissenschaftler aus aller Welt anreisen würden, um vor Ort das Rätsel des Sees zu lösen. Wieder gingen 20 Jahre ins Land. Craig Scott, Präsident der Tauchergruppe »Sea Search«, Muskegan, Michigan, setzte auf moderne Elektronik. »So klein der See ist, wenn wir uns auf das menschliche Auge verlassen, ist es eine schier unlösbare Aufgabe, den gesamten Grund des Rock Lake zu überprüfen.« Mit Hilfe moderner Sonarausrüstung will Craig Scott die Tiefen des Sees erforschen.

»Eine langwierige Angelegenheit, die fast einschläfernd wirkt. Das trübe Wasser wird zwar durchsichtig, die Dunkelheit hell, aber stundenlang hast du nichts außer einer langweiligen, öden, wellig-hügeligen Schlammlandschaft!« Doch plötzlich waren da rechtwinkelige, scharfkantige Konstruktionen auf dem Grund des Rock Lake, wo sie gar nicht hingehörten. Sporttaucher Frank Joseph aus Olympia Fields, Illinois, USA: »In der Mitte des Sees liegen in einer Tiefe von 17 Metern zwei steinerne Strukturen.« Sein Kollege John Shulak: »Sechs Jahre beschäftigte ich mich mit dem Rock Lake. Dann wurde endlich Sonarelektronik eingesetzt. Eine Pyramide nach der anderen wurde gefunden. Zwei Bauten empfinde ich als besonders beeindruckend. Sie liegen in der Mitte des Sees. Eine ist fast vier Meter breit, 30 Meter lang. Sie ragt 2,43 Meter aus dem schlammigen Boden. Sie besteht aus Steinen unterschiedlicher Größe, wobei die

größeren unten, die kleineren oben eingesetzt wurden. Weite Teile der Konstruktion sind zementiert, als hätten die Erbauer die Steine sorgsam aufeinandergefügt und dann mit einer Art Beton zusammengekleistert.« Ein zweites Artefakt ist laut John Shulak nur wenige Meter vom ersten entfernt, kürzer und steiler im Neigungswinkel angelegt. »Beide sind exakt in Nord-Süd-Richtung ausgerichtet!« Craig Scott: »Es gibt mindestens eine größere Pyramide sowie neun weitere ähnliche Konstruktionen aus Stein.«
Dr. James Scherz, Ingenieur an der Universität von Madison, Wisconsin: »Die Pyramiden stellen einen phantastischen Fund dar. Die große Unterwasserpyramide ist exakt nach Norden ausgerichtet. Von den Pyramiden aus wurden Sonne, Mond, Planeten und Sterne in ihrem Lauf beobachtet.« Craig Scott: »Wir haben keine Ahnung, wie groß die Pyramiden sind, weil wir nicht wissen, wie tief sie im Schlamm stecken. Eine größere Pyramide ragt etwa vier Meter aus dem Boden, sie ist 33 Meter lang.« Niemand weiß, wie hoch sie von ihrer verborgenen Basis aus ist. Taucher John Shulak: »Es sieht gespenstisch aus. Du tauchst durch eine Schlammlandschaft, und auf einmal erscheinen Pyramiden. Die Seiten waren einst glatt, mit einer Art Zementschicht überzogen oder mit etwas Ähnlichem.«
Da es nun keinen Zweifel an der Existenz der Unterwasserpyramiden mehr geben kann, werden Überlegungen angestellt, wie alt wohl die rätselhaften Bauwerke sein müssen. Die Antwort ist verblüffend: Die Pyramiden müssen, sieht man einmal von der unrealistischen Möglichkeit ab, sie seien von Tauchern unter Wasser erbaut worden, älter als 12000 Jahre sein. Denn vor 12000 Jahren endete in Nordamerika die letzte Eiszeit. Gletscher schmolzen, verwandelten winzige Rinnsale in furchteinflößende, donnernde Flüsse. Seen bildeten sich, so auch der Rock Lake. Und so kam es, daß Pyramiden, vor mehr als 12000 Jahren entstan-

den, überflutet wurden. Einst in einem Talkessel errichtet, befanden sie sich bald auf dem Grund eines Sees.
Wichtige Feststellung: Wer auch immer die rätselhaften Bauwerke erstellte, beherrschte die Kunstfertigkeit, Zement oder Beton herzustellen. Vor mindestens 12000 Jahren. Wer mag das gewesen sein?

2 *Die »Cheopspyramide« – älter als die Sintflut!*

Der Zement, der zum Bau der Pyramiden vom Rock Lake verwendet wurde, führt uns in das klassische Land der rätselhaften Archäologie, nach Ägypten. Denn auch die alten Ägypter waren schon in der Lage, künstlichen Stein herzustellen. Dank eines Erfindergottes namens Chnum.
Vor rund 100 Jahren, 1889, entdeckte der Archäologe C.E. Wilbour auf der kleinen Nil-Insel Sehel im Norden von Aussann eine Stele, bedeckt mit Hieroglyphen. Noch im vergangenen Jahrhundert haben die Archäologen Brugsh, Pleyte und Morgan die Zeichen entschlüsselt und sorgsam übersetzt. 1953 fertigte der französische Archäologe Barquet nochmals eine Übersetzung des Testes an. 650 der über 2500 Zeichen der rund 300 vor Christus entstandenen Stele beschreiben einen phantastisch anmutenden Vorgang: die Schaffung von künstlichem Stein, von Beton.
Als Urheber dieser genialen Erfindung wird Gott Chnum genannt, der das urzeitliche Betonrezept dem Pharao Djoser (2609–2590 v. Chr.) im Traum übermittelt haben soll. Für einen Traum ist das Rezept freilich ungewöhnlich detailfreudig. So werden immerhin 29 Substanzen genannt, aus denen der künstliche Stein gemischt werden soll. Mehr noch: Auch der Mörtel, der am besten zu den künstlichen Steinen paßt, wird exakt beschrieben. Um die Herstellung des urzeitlichen Betons noch weiter zu erleichtern, sind auch gleich noch die exakten Orte genannt, an denen die erforderlichen Substanzen gefunden werden können.
Ein Wissenschaftler von Rang nahm sich des Betonproblems

an: Prof. Dr. Joseph Davidovits. Der Gelehrte lebt in Frankreich und arbeitet am »Geopolymer-Institut« nördlich von Paris. Er ist Professor an der Universität von Toronto, Kanada, und Direktor des »Instituts für angewandte Archäologische Wissenschaften« der Barry-Universität, Florida.
Prof. Dr. Joseph Davidovits überlegte: Da die alten Ägypter allem Anschein nach sehr genau über die Betonherstellung informiert waren, müssen sie diese Kunstfertigkeit auch wohl stolz irgendwo angewandt haben. Wo mochte das geschehen sein?
Aus der Literatur wußte Prof. Davidovits, daß schon 1974 bei Messungen an der »Großen Pyramide« bei Kairo wirklich mysteriöse Ergebnisse zutage gefördert worden waren. Um geheime Gänge in den Pyramiden ausfindig zu machen, traktierte man sie mit hochfrequenten Wellen. Je nachdem, wie die Strahlen wieder aus dem Körper der Pyramiden herauskommen würden, wollte man auf Hohlräume und Gänge schließen. Doch die verantwortlichen Wissenschaftler des Stanford-Research-Institutes, Kalifornien, USA, und der Ain-shams-Universität, Kairo, Ägypten, wurden bitter enttäuscht. Ihre Meßergebnisse ergaben nämlich überhaupt keinen Sinn: Wurden doch die hochfrequenten Wellen vom Gestein der Pyramiden förmlich verschluckt. Das ist eine Unmöglichkeit, wenn man davon ausgeht, daß die Pyramiden aus natürlichem Stein gefertigt wurden. Sind die Pyramiden aber aus künstlichem Stein, etwa aus gegossenen Blöcken aus Beton, zusammengesetzt, dann sind die »verrückten« Meßergebnisse plötzlich wieder ganz vernünftig! Prof. Dr. Davidovits: »Die Pyramiden enthalten für natürlich gewachsenen Stein viel zu viel Wasser. Sie müssen aus künstlichem Stein bestehen!« Der Gelehrte suchte nach handfesten Beweisen für seine Vermutung. Er untersuchte Gesteinsproben aus der »Großen Pyramide« unter dem Mikroskop und wurde fündig. Er entdeckte mehrere Haare im Stein. Die

Schlußfolgerung des Wissenschaftlers: »Nun gab es keinen Zweifel mehr für mich: Die nach Cheops benannte Pyramide besteht aus künstlichem, gegossenem Stein!«
Inzwischen hat Prof. Dr. Davidovits ein umfangreiches wissenschaftliches Werk verfaßt: »The Pyramids – An Enigma Solved« (»Die Pyramiden – Ein gelöstes Rätsel«), erschienen bei Hippocrene Books in New York, USA. So kühn die darin vorgetragenen Thesen auch anmuten mögen, sie wurden bestätigt. Edward Zeller, Direktor eines wissenschaftlichen Instituts, das zur Universität von Kansas, USA, gehört, unterzog ebenfalls eine Gesteinsprobe aus der »Cheopspyramide« einer sorgsamen Analyse. Wichtigstes Ergebnis: Im Gestein sind zahllose winzige Luftbläschen eingeschlossen. Edward Zeller: »Es sind exakt solche Bläschen, wie man sie bei künstlichem Stein, etwa Beton, erwarten muß.«
Es sieht ganz so aus, als ob die alten Ägypter nicht nur künstliche Betonsteine herstellen konnten, vielmehr scheint auch die Cheopspyramide aus solchen künstlichen Steinen errichtet worden zu sein. Wann aber soll das geschehen sein? Diese Frage scheint auf den ersten Blick ebenso sinnlos zu sein wie die Frage nach der Dauer des Dreißigjährigen Krieges oder nach dem Urheber der Einsteinschen Relativitätstheorie. Gilt es doch als erwiesen, daß das gewaltige Bauwerk, das letzte »überlebende« der sieben Weltwunder, von Pharao Cheops (Regentschaft etwa 2545–2520 v. Chr.) in Auftrag gegeben wurde. Cheops ist die ins Griechische übertragene Form des ägyptischen Namens Chufuichnum. Dieses Wortungetüm aber läßt sich übersetzen mit »Er, der Gott Chnum, beschützt mich.« Gott Chnum aber war es, der angeblich den Menschen die Kunst der Betonherstellung beigebracht haben soll. Hatte also Gott Chnum beim Bau der Cheopspyramide die Hände im Spiel?
Herodot (485–425 v. Chr.) gibt Cheops als den Erbauer der »Großen Pyramide« an. Sein Kollege, der Geschichtsschrei-

ber Diodor von Sizilien, nennt einen Chemnis als Auftraggeber. Plinius indes, der antike Historiker, notiert als das Ergebnis seiner Recherchen in uralten Aufzeichnungen aus längst vergangenen Epochen: »Von ihnen, den frühen Historikern, weiß aber keiner, wer der eigentliche Erbauer ist.«
Da die alten Ägypter Meister der Inschriften auf Statuen, in Tempeln, an Stelen und Denkmälern waren, liegt die Vermutung nahe, daß sich der Baumeister der »Großen Pyramide« auch irgendwo an dem dem Zahn der Zeit trotzenden Bauwerk verewigen ließ. Solch eine Inschrift scheint es aber nirgendwo an der Pyramide gegeben zu haben.
»Und doch gibt es sie! Ein Signum nennt eindeutig Cheops als Bauherrn!« läßt sich die Stimme der klassischen Archäologie vernehmen. Und tatsächlich wurde der Namenszug »Chufu« (entspricht Cheops) an der Pyramide gefunden, wenn auch nur ein einziges Mal. Freilich an einer – gelinde gesagt – schwer erreichbaren Stelle, an einem versteckten Ort: in einem Hohlraum über der »Königskammer«.
Schon die Tatsache, daß diese Signatur nicht an einer jedermann sichtbaren Stelle, sondern versteckt angebracht wurde, mutet mehr als seltsam an. Wäre es nicht zu erwarten gewesen, daß die Erbauer solch eines Weltwunders an deutlich sichtbarer Stelle in großen Zeichen allen Menschen kundgetan hätten: Diese Pyramide stammt … ja von wem?

Plump gefälscht

Zum besseren Verständnis sei eine kurze Erklärung eingeschoben: Heutige Archäologen nehmen an, daß die Konstrukteure der »Großen Pyramide« über der berühmten »Grabkammer der Königin« kleine Hohlräume einbauen ließen. Das soll geschehen sein, damit kein zu hohes Gewicht von Steinen direkt auf der Kammer selbst ruht.

Diese »Entlastungskammern«, vier an der Zahl, stellen eine Meisterleistung der Baukunst dar. Jede ist mit neun Monolithen abgedeckt. Jeder dieser Riesensteine wiegt 40 Tonnen. Damit bringt die Decke einer Kammer 360 Tonnen »auf die Waage«. Gesamtgewicht der Deckenkonstruktionen der vier Kammern also: 1440 Tonnen. Doch damit nicht genug: Über der obersten Kammer befindet sich zusätzlich im massiven Leib der Pyramide ein »Spitzdach« aus Stein. Vorsichtige Schätzungen gehen davon aus, daß diese gewaltige Konstruktion nochmals 1200 Tonnen wiegt.
In der am schwersten zugänglichen, höchsten »Entlastungskammer« soll angeblich einst der Name »Cheops« verewigt worden sein. Entdeckt wurde der Namenszug, heißt es, anno 1837 vom britischen Oberst Howard Vyse. Dessen Aufzeichnungen zufolge kroch er am 30. März, 27. April, 6. und 27. Mai 1837 in die schwer zugänglichen Räumchen – und fand, wie er stolz der staunenden Weltpresse kundtat, was Generationen von Forschern vergeblich gesucht hatten, den Namenszug »Cheops«. Zwar zweifelten sofort nach Bekanntwerden der Sensation einige Wissenschaftler an der Echtheit dieser Entdeckung, doch ihre Bedenken wurden rasch als neidisches Genörgel abgetan und nur allzugern vergessen. Besonders gründlich untersucht wurde der angebliche Chufu/Cheops-Namenszug freilich auch später nie so recht. Sonst hätte wohl nicht erst der Orientalist Zecharia Sitchin, USA, feststellen müssen: »Der Namenszug ist eine plumpe Fälschung!« Alles deutet auf Vyse als den Urheber der Fälschung hin.
Sitchin gelang es sogar, die Vorlage ausfindig zu machen, die Vyse für seine Fälschung benutzte: »Materia hieroglyphica« von John Gardener Wilkinson, 1828 erschienen. In diesem Buch ist dem Autor an recht bedeutsamer Stelle ein Fehler unterlaufen. Das »Ch« in »Chufu« ist mit einem falschen Symbol wiedergegeben – und just dieser Fehler findet sich

auch in der schwer zugänglichen kleinen Kammer an die Wand gepinselt. (In einer Farbe, die verblüffend frisch wirkte.) Ein Fehler dieser Art wäre zu Cheops' Zeiten undenkbar gewesen!
Dem Fälscher Vyse unterlief aber noch ein weitaus schlimmerer Lapsus: Er benutzte eine Bilderschrift, die es zu Zeiten des Cheops noch gar nicht gegeben hat, die erst Jahrhunderte später entwickelt wurde. Doch damit nicht genug: Eine weitere Inschrift belegt eindeutig, daß Cheops nicht der »Erbauer« der »Großen Pyramide« war. In Schriftzeichen, angebracht im Isistempel, wird Cheops als »Erbauer des Hauses der Isis, der Herrin der Pyramide, neben dem Hause der Sphinx« bezeichnet. Wenn Cheops der Erbauer der »Großen Pyramide« gewesen wäre, dann hätte man ihn doch in dieser Inschrift als Urheber dieses Wunderwerks gerühmt und nicht als Bauherrn eines recht bescheidenen, ja vergleichsweise bedeutungslosen Gebäudes »neben dem Hause der Sphinx« gepriesen.

Die große Flut

Wenn aber die »Große Pyramide« nicht von Cheops stammt, von wem und wann wurde sie dann errichtet? Der arabische Geschichtsschreiber und Chronist Al-Makrizi berichtet in seinem Werk »Hitat«, man streite sich, wer wann die »Große Pyramide« erbaut habe. »Die Leute sind sich über die Zeit ihrer Erbauung, über den Namen des Erbauers und die Ursache ihrer Erbauung nicht einig und haben die verschiedensten Meinungen geäußert, die verkehrt sind.« Sodann bezieht er sich auf das Geschichtswerk »Nachrichten von Ägypten und seinen Wundern«. Es gibt einen Saurid als Erbauer der Pyramiden an. 300 Jahre vor der Sintflut sei das geschehen.

»Die Ursache der Erbauung der Pyramiden war, daß 300 Jahre vor der Sintflut Saurid folgenden Traum hatte: Die Erde kehrte sich mit ihren Bewohnern um, die Menschen flüchteten in blinder Hast, und die Sterne fielen herab.«
Diese Information läßt aufhorchen: Die Pyramiden sollen vor der Flut erbaut worden sein? Geologen wissen, daß zwischen 15000 und 10000 v. Chr. Ägypten tatsächlich von sintflutartigen Überschwemmungen heimgesucht wurde – am Ende der letzten Eiszeit. Prof. Dr. Robert Schoch, Universität von Boston, hat nachgewiesen, daß die »Große Sphinx« am Fuße der Pyramide starke Schäden aufzuweisen hat, die eindeutig auf große Wassermassen zurückgeführt werden müssen.
Demnach wären Pyramide und Sphinx mindestens 12000 Jahre alt – und vor einer »großen Flut« entstanden. Vor der biblischen »Sintflut«? »Das ist durchaus möglich!« konstatiert Dr. Mark Lehner, Geologe und Ägyptenexperte. Der Wissenschaftler weist in diesem Zusammenhang darauf hin, daß der weltberühmte Seher Edgar Cayce in einer Vision erlebte, wie die Große Pyramide anno 10500 v. Chr. entstand.
Ein Pyramiden-Paradoxon wird deutlich: Vor rund 12000 Jahren entstanden in Nordamerika (Rock Lake!) und in Ägypten Pyramiden, in einer Zeit, da es angeblich nirgendwo auf der Erde eine Kultur gegeben hat, wenn man der klassischen Archäologie Glauben schenkt, die solche Bauwerke hätte zuwege bringen können. Und doch muß es diese Kultur gegeben haben – in Ägypten und in Nordamerika. Sie muß über erstaunliche Fähigkeiten verfügt haben, konnte Beton herstellen. Nach altägyptischen Texten stammt das Wissen dazu aus dem All. Gott Chnum vermittelte es den Menschen. War Gott Chnum ein Außerirdischer, der vor 12000 Jahren die Erde besuchte? Kamen Besucher aus dem All vor 12000 Jahren auf die Erde?
Eine solche Überlegung wird von vielen Wissenschaftlern

heute ebenso ins Reich der Märchen verwiesen wie die biblische Überlieferung einer »großen Flut«. Dabei kann es eigentlich keinen Zweifel mehr geben, daß die Erde wirklich von einer weltweiten Flutkatastrophe heimgesucht wurde. Weltweit berichten uralte Überlieferungen, unabhängig voneinander entstanden, von einer solchen Katastrophe.
In Australien wissen die Kurnai, daß vor Jahrtausenden eine Flutkatastrophe die Menschheit heimsuchte. Verblüffend, auch im Detail ähnlich: die Flutüberlieferung der Lolo, China. Das Volk der Vogul, Rußland, ist ebenso überzeugt wie die Maori Neuseelands und die Huichol Mexikos, daß einst eine gewaltige Flut die Menschheit dezimierte. Die Bahnar, Vietnam, teilen diese Überzeugung ebenso wie die Dwyfand-Leute, Wales, die doch ganz gewiß keinen Meinungsaustausch in Sachen religiöser Überlieferungen und Urtraditionen pflegten. Borneos See-Dajak dürften nicht einmal etwas von der Existenz der Cree-Indianer Kanadas geahnt haben, und doch waren sie, wie auch die Massai Ostafrikas oder die Ureinwohner der Fidschi-Inseln, überzeugt davon, daß es einst die große Flut gab.
Die Andamen Indiens wären wohl nicht überrascht gewesen, hätten sie davon erfahren, daß die Urbevölkerung der Osterinseln seit Urzeiten von Generation zu Generation eine Flutsage überlieferte. Denn für sie war die Flut eine historische Tatsache. Genau wie auch für die Ureinwohner Kubas, die Raiatea Französisch-Polynesiens und die Huarochiri-Indianer Perus.

3 *Die Riesen – Opfer der Sintflut*

So wie es weltweit Berichte in großer Zahl gibt, die von einstigen Sintfluten sprechen, so stimmen auch die Überlieferungen zahlloser Völker darin überein, daß einst, in grauer Vorzeit, Riesen auf der Erde hausten. Zusammen mit meinem Freund Willi Dünnenberger, der über viele Jahre hinweg engster Mitarbeiter Erich von Dänikens war, trug ich eine Geschichte der Riesen zusammen. In uralten Überlieferungen heißt es immer wieder, die Riesen seien Nachfahren der himmlischen Götter gewesen. Einige Beispiele mögen dies belegen.

Riesen begegnen uns in der griechischen Mythologie. So hielt der Riese Polyphemos Odysseus und zwölf Kampfgefährten in einer Höhle gefangen. Der einäugige Gigant stammte direkt von den Göttern ab, war er doch der Sohn des Poseidon. Göttlichen Ursprungs war auch der legendäre Held Gilgamesch, der nach Angaben altsumerischer Keilschrifttexte nur zu einem Drittel Mensch, zu zwei Dritteln hingegen Gott war. Riesenhaft waren seine Körpermaße! Er soll eine Größe von elf Ellen, also von umgerechnet 5,50 Metern, gehabt haben und neun Spannen (circa zwei Meter) breit gewesen sein. Bei den Azteken werden die Riesen in der sogenannten »zweiten Weltperiode« erwähnt: »In diesem Zeitalter lebten Riesen, die Alten erzählen von ihrer Vergangenheit. Tezcatlipoca machte sich kraft seiner Göttlichkeit selbst zur Sonne. Und alle übrigen Götter erschufen die Riesen, das waren Menschen von solcher Größe und Kraft, daß sie Bäume mit den Händen entwurzelten.« Von

Riesen weiß auch das heilige Buch der Äthiopier, das »Kebra Negest«, zu berichten: »Jene Töchter Cains aber, mit denen sich die Engel vergangen hatten, wurden schwanger, konnten aber nicht gebären und starben. Und von denen in ihrem Leibe starben einige, und andere kamen heraus, indem sie den Leib ihrer Mutter spalteten, kamen sie am Nabel heraus. Als sie dann älter wurden und aufwuchsen, wurden sie zu Riesen.«

Aufstand der Göttersöhne

In unseren Breiten kennt man die Riesen aus christlicher Tradition. Das Alte Testament vermeldet: »Als die Gottessöhne zu den Töchtern der Menschen sich gesellten und diese ihnen Kinder gebaren, waren die Riesen auf Erden. Das sind die Recken der Urzeit, die hochgerühmten.« (1. Buch Mose, Kapitel 6, Vers 4) Ähnliches berichtet das von eifrigen Zensoren aus der Bibel verbannte Buch Henoch: »Sage den Wächtern des Himmels... Warum habt ihr den hohen, heiligen Himmel verlassen, bei den Weibern geschlafen, euch mit Menschentöchtern verunreinigt, euch Weiber genommen und wie die Erdenkinder getan und Riesensöhne gezeugt?« An anderer Stelle im Buch Henoch wird die »Herstellung« der Riesen noch ausführlicher beschrieben.
Unter der Überschrift »Der Fall der Engel und ihre endgültige Abstrafung« ist dort nachzulesen: »Nachdem die Menschenkinder sich gemehrt hatten, wurden ihnen in jenen Tagen schöne und liebliche Töchter geboren. Als aber die Engel, die Himmelssöhne, sie sahen, gelüstete es sie nach ihnen, und sie sprachen untereinander: Wohlan, wir wollen uns Weiber unter den Menschentöchtern wählen und uns Kinder zeugen. Semjasa aber, ihr Oberster, sprach zu ihnen: Ich fürchte, ihr werdet wohl diese Tat nicht ausführen wol-

len, so daß ich alleine eine große Sünde zu büßen haben werde! Da antworteten ihm alle und sprachen: Wir alle wollen einen Eid schwören und durch Verwünschungen uns untereinander verpflichten, diesen Plan nicht aufzugeben, sondern das beabsichtigte Werk auszuführen. Da schworen alle zusammen und verpflichteten sich untereinander durch Verwünschungen. Es waren ihrer im ganzen 200, die in den Tagen Jareds auf den Gipfel des Berges Hermon herabstiegen. Dies sind die Namen ihrer Anführer: Semjasa, ihr Oberster, Arakib, Arameel, Akibeel, Tamiel, Ramuel, Danel, Ezequel, Saraguijal, Asael, Armers, Baccaal, Anani, Zaquebe, Samsaveel, Sartael, Turel, Jomael, Arasjal. Diese und alle übrigen nahmen sich Weiber, jeder von ihnen wählte sich eine aus, und sie begannen zu ihnen hineinzugehen und sich an ihnen zu verunreinigen. Sie lehrten sie Zaubermittel, Beschwörungsformeln und das Schneiden von Wurzeln und offenbarten ihnen die heilkräftigen Pflanzen. Sie wurden aber schwanger und gebaren 3000 Ellen lange Riesen.«

Dieses ausführliche Zitat ist mehr als aufschlußreich. Offenbar war es den »Himmlischen« verboten, sich mit den Irdischen einzulassen. Eine ganze Mannschaft von 200 Leuten widersetzte sich diesem Kommando und vereinbarte in einer geheimen, trotzigen Absprache, das Verbot zu brechen und die Konsequenzen gemeinsam zu tragen.

Das Henoch-Zitat belegt darüber hinaus, daß die »Himmelssöhne« den damaligen Menschen eindeutig überlegen waren. Die »gefallenen Engel« wurden zu Lehrmeistern der Irdischen. Völlig unglaubwürdig hingegen ist die Behauptung, die Riesen seien »3000 Ellen lang« geworden. Hier muß wohl ein späterer Textbearbeiter erschrocken zwei Nullen hinzugefügt haben.

Aus der ungleichen Paarung zwischen Menschentöchtern und Himmelssöhnen entstanden Riesen. Damit diese Saat aufgehen konnte, muß die Chromosomenzahl der Himmli-

schen mit derjenigen der Erdenfrauen übereingestimmt haben. Zwei Erklärungen sind theoretisch möglich.
Erklärung 1: Es hat bereits vor dem von Henoch geschilderten Besuch eine frühere Visite der Himmelssöhne (waren das Außerirdische?) gegeben, und bei jenem ersten Besuch haben sich die Fremden durch eine gezielte, künstliche Mutation den primitiven Hominiden angepaßt. Eine derartige genetische Manipulation ist durchaus denkbar… in der Theorie, in der Praxis heutiger Labors freilich noch nicht in die Tat umsetzbar. Aber warum sollen uns die Himmlischen auf dem Gebiet der Genforschung nicht weit voraus sein?
Erklärung 2: Die Chromosomenzahl der Himmelssöhne und der Menschen stimmte von Anfang an überein.
Nachdem Riesen als Abkömmlinge der Götter in der Mythologie sehr zahlreich dokumentiert sind, erhebt sich die Frage: Gab es sie wirklich? Waren es nur Ausgeburten erzählerischer Phantasie? Haben Riesen leibhaftig unter unseren Vorfahren gelebt und gewütet?

Riesen – es hat sie gegeben

Die Existenz von Riesen wird in der wissenschaftlichen Welt keineswegs vollkommen verneint. So gab Dr. Louis Burkhalter, ehemaliger Delegierter der Französischen Prähistorischen Gesellschaft, bereits 1950 in einem Aufsatz der »Revue du Musée de Beyrouth« bekannt: »Wir wollen doch klarstellen, daß die Existenz von riesenhaften Menschenrassen in der Acheuléen-Epoche (Kulturstufe der Altsteinzeit, die die größte Spanne des Eisenzeitalters ausfüllte) als eine wissenschaftlich gesicherte Tatsache betrachtet werden muß.«
Diese kühn anmutende Behauptung kann durch harte Spuren, welche Riesen auf allen Kontinenten zurückließen, be-

wiesen werden. Nachfolgende Beispiele sind bewußt aus verschiedenen geographischen Standorten gewählt worden. So lang meine Liste auch ausfiele, sie ließe sich immer noch beliebig verlängern:

Nordamerika: Im Flußgebiet des Paluxy-Rivers bei Glen-Rose, Texas, USA, wurden Riesenfußabdrücke mit einer Länge von 54,61 Zentimetern und einer Breite von zwischen 13,97 und 20,32 Zentimetern freigelegt. Auf eine kuriose Tatsache muß in diesem Zusammenhang hingewiesen werden: Die riesenhaften Fußabdrücke liegen inmitten von Dinosaurierspuren in einer Schicht, die rund 140 000 000 Jahre alt ist.

Australien: Dr. Rex Gilroy, Direktor des Mount York Natural History Museum, fand in der Nähe der Stadt Bathurst, N.S.W., westlich der Blue Mountains, ebenfalls Fußabdrücke, die 60 Zentimeter lang und etwa 18 Zentimeter breit sind. Fußspuren von Riesen! Außerdem stieß er auf überdimensionale vorgeschichtliche Werkzeuge wie Keulen, Handbeile, Messer. Er fand auch eine riesige Wirbelsäule sowie einen großen Backenzahn von fast sechs Zentimetern Länge. Die noch heute in jenen Gefilden ansässigen Ureinwohner besingen in ihren folkloristischen Tänzen Giganten.

Asien: Wissenschaftlich anerkannte Funde sind der »Riese von Java« und der »Riese von Südchina«. Naher Orient: In Syrien, sechs Kilometer von Safita entfernt, entdeckten Archäologen riesige Faustkeile mit einem Gewicht von 3,8 Kilogramm pro Exemplar. Solche Werkzeuge passen nur in die Hände von Riesen, anders ergeben sie keinen Sinn.

Afrika: In Ain Fritissa, Ostmarokko, fand man Faustkeile mit folgenden Ausmaßen: Länge 32 Zentimeter, Breite 22 Zentimeter, Gewicht 4,2 Kilogramm. In Chenini, Tunesien, liegt ein Friedhof mit Gräbern von Riesen, deren Skelette mehr als drei Meter lang sind. Der deutsche Anthropologe Larson Kohl fand 1936 am Ufer des Elysai-Sees in Zentral-

afrika Knochen von riesenhaften Menschen. Wissenschaftlich beglaubigt ist der »Riese von Transvaal«.
Malta: In seinem Buch »Gozo antico e moderno, sacro e profano« (»Das antike und moderne, heilige und profane Gozo«) beschreibt Can. Gian. F. de Soldanis Funde von Riesenskeletten, die er bereits in den ersten 50 Jahren des 18. Jahrhunderts gemacht hatte. Er behauptet, daß die ersten Bewohner Maltas, vor den Phöniziern, eine Rasse von Riesen waren. Auf der Insel Gozo, die zu Malta gehört, steht seit Jahrtausenden der neolithische Tempel »Il Gigantija«. Das Wort bedeutet »Riesentempel«, und gemäß der lokalen Überlieferung soll er von Riesen erbaut worden sein.
Weltweit wimmelt es von rätselhaften, megalithischen Bauten, bei denen man Mühe hat, sie gewöhnlichen Menschlein zuzuordnen. Wir denken da zum Beispiel an Tausende von Monolithen, welche in Reih und Glied bei Carnac in der Bretagne stehen, an die »hängenden Steine« von Stonehenge, England, an »Hadschar El Guble«, den »Stein des Südens« im Libanon, der 2000000 Kilogramm wiegt und mit bloßer Menschenkraft sicherlich nicht bewegt werden konnte. Solche Meisterleistungen werden verständlich, wenn Riesen in unsere Überlegungen zumindest einbezogen werden.
Unsere prähistorischen Vorfahren hinterließen uns nicht nur mythologische Erzählungen und Überlieferungen über Entstehung und Existenz der Riesen. Sie waren so gescheit, diese Wesen auch im Bilde festzuhalten. Im Grand Canyon, Arizona, USA, oberhalb des Wüstenkaffs Tuba City, sind diverse Riesen in den Fels eingeritzt worden. Die Zeichnungen liegen derart hoch über dem Boden, daß der Paläontologe Dr. Gilmore die Vermutung äußerte, sie seien von den Riesen selbst angelegt worden. Direkt neben den Darstellungen von Riesen sind solche von Dinosauriern zu bewundern. Dazu schreibt Dr. Gilmore: »Die Tatsache, daß irgendwelche prähistorische Menschen kunstvoll Felsritzungen von

Dinosauriern an die Wände dieses Canyons griffelten, widerspricht unseren sämtlichen Theorien über das Alter der Menschheit. Tatsachen sind unverrückbare Pfeiler. Wenn Theorien nicht mit den Tatsachen übereinstimmen, müssen die Theorien geändert werden, die Tatsachen bleiben.«
In Südengland, beim Dorfe Cerne Abbas in Dorset, wurde vor Jahrhunderten ein 55 Meter hoher Riese in einen Kreidehügel eingraviert. Die prähistorischen Künstler trugen Gras und Erde so weit vom Hügel ab, bis die weiße Kreideschicht zum Vorschein kam. Für den Riesen von Cerne Abbas sind nach neuesten Berechnungen 25 Tonnen Rasenziegel entfernt worden. Die angesehene »Neue Zürcher Zeitung« vermerkte hierzu: »Der Riese von Cerne Abbas ist bis heute ein Rätsel, das kühne Spekulationen, aber keine einzige beweisbare Lösung herausgefordert hat. Der Archäologe Stuart Pigott, eine Autorität, stellt ihn in den Zusammenhang des Herkules-Kultes, der sich unter Kaiser Commodus im zweiten nachchristlichen Jahrhundert auch in Britannien ausbreitete. Der Hügel mit dem Riesen liegt in einer Gegend von jungsteinzeitlichen, bronzezeitlichen und eisenzeitlichen Überresten. Als Voraussetzung für die Entstehung der Figur läßt sich leicht ein einheimischer Fruchtbarkeitskult schon lange vor der römischen Invasion Britanniens denken.«

Das Ende der Riesen

Indizien, die für die Existenz von Riesen sprechen, sind in reichem Maße vorhanden. Bleibt die Frage: Wo sind sie geblieben, die Riesen, die Recken der Vorzeit, die so hochberühmten, wie das Alte Testament »unserer« Bibel so blumig fabuliert? Da sie doch körperlich robuster und zum Teil intelligenter als die damaligen Menschen waren, hätte das

Geschlecht der Riesen dann nicht die ganze Erde mit ihren Nachkommen überziehen müssen?
Wenn man von einzelnen großgewachsenen Menschen absieht, die da und dort im Zirkus die Rolle von »Riesen« übernehmen, gibt es heute keine echten Riesen mehr. Wo sind sie geblieben? Gemäß den Überlieferungen aus uralten Zeiten waren die Riesen unerwünschte Abkömmlinge der »Himmlischen«. Die Mythologien sprechen ausschließlich von Riesen männlichen Geschlechts, weibliche Giganten werden faktisch kaum erwähnt.
Dies bedeutet nicht zwingend, daß keine Riesinnen geboren wurden, doch gewinnt man aus der alten Literatur den Eindruck, als wären weibliche Riesen eine beängstigende Minderheit gewesen. Solche genetischen Defekte an einer Rasse sind nichts Außergewöhnliches.
Am Amazonas gibt es Indianerstämme, bei welchen seit Generationen auf 100 Mädchen nur ein einziger Knabe geboren wird. Diese Stämme frischen ihr Blut durch Überfälle auf Nachbarstämme auf. Dabei werden Jünglinge und Männer in der Hoffnung verschleppt, das Verhältnis von Männlein und Weiblein würde sich ausgleichen.
Die Riesen der Steinzeit standen vor einem unlösbaren Problem. Für den Begattungsakt mußten sie Frauen normalgewachsener Menschen fangen. Es wurde zur »Frauenjagd« geblasen. Die Menschen wehrten sich verständlicherweise vehement gegen diese Vergewaltigungen. Sie wußten, daß die schwangeren Frauen bei der Geburt der Riesenbabys starben.
Von einem Vergewaltigungsakt berichtet eine von N. S. Kramer übersetzte Keilschrift aus Nippur: »Meine Vagina ist zu klein, sie versteht den Beischlaf nicht. Meine Lippen sind zu klein, sie verstehen nicht zu küssen.« Im äthiopischen »Kebra Negest« ist festgehalten, daß die Frauen bei der Geburt der Riesensöhne umkamen.

Doch nicht nur die Menschen scheinen zum Untergang der Riesen beigetragen zu haben. Aus den Überlieferungen gewinnt man den Eindruck, als hätten die Himmlischen selbst bei der Vernichtung der illegalen Brut mitgewirkt. Die Azteken berichten: »Im trüben Dämmerlicht irrten hungernde Riesen umher. Sobald die Menschen mit ihnen zusammentrafen, kam es zu verzweifelten Kämpfen. Aber die Himmelsjaguare fraßen die Riesen, sie stießen aus dem dämmerigen Himmel nieder und vernichteten sie.«
Henoch, der vorsintflutliche Prophet, welcher die damaligen Verhältnisse am präzisesten festgehalten hat, weiß sogar, daß die Menschen ihren Streit mit den Riesen vor den »Höchsten« brachten: »Die Menschen fordern, daß ihr Streit mit den Riesen vor den Höchsten gebracht wird, was auch geschieht. Da sprachen die Erzengel zum Herrn: ›Semjasa und seine Genossen... sind zu den Menschentöchtern auf die Erde gegangen, haben bei ihnen geschlafen und mit den Weibern (der Menschen, Ergänzung des Autors) geschlafen und mit ihnen sich verunreinigt und haben ihnen alle Sünden offenbart. Die Weiber aber gebaren Riesen, und dadurch wurde die ganze Erde von Blut und Ungerechtigkeit voll.‹ Darauf sprach der Höchste: ›Die ganze Erde wird untergehen, und eine Wasserflut ist im Begriff, über die ganze Erde zu kommen, und alles auf ihr Befindliche wird untergehen. Belehre ihn (gemeint ist: Lamech, ein Vorvater Noahs), damit er entrinne und seine Nachkommenschaft für alle Geschlechter der Erde erhalten bleibe.‹«
Glaubt man diesen Überlieferungen des Propheten Henoch, so wäre die biblische Sintflut eine künstlich herbeigeführte Katastrophe gewesen, um die Riesen und ihren Anhang zu vernichten. Die Riesen müssen sich zu jenen Zeiten schon recht weit über den Globus ausgebreitet haben, und dem Höchsten standen offensichtlich keine differenzierteren Mittel zur Verfügung, die gezielt nur und ausschließlich die Rie-

sen ausgerottet hätten. Die Menschen wurden mit vernichtet. Dieses Unrecht des »Höchsten« kommt im sumerischen »Gilgamesch«-Epos zur Sprache:
»Sechs Tage und sechs Nächte rauschte der Regen nieder wie Wasserbäche. Am siebenten Tag ließ die Sturmflut nach; es war eine Stille wie nach der Schlacht ... alle Menschen waren zu Schlamm geworden. Ein ödes Einerlei war der Boden der Erde. Ich setze mich hin und weine, ich weine, und meine Tränen strömen herab über mein Angesicht. Ich blicke hin auf die weiten Wasseröden. Laut schreie ich, daß alle Menschen umgekommen waren.«
Nachdem sich die Götter über der Arche mit den Überlebenden »wie Fliegen« versammelt hatten, machte Ea, der Wassergott, dem »Höchsten« herbe Vorwürfe: »Du Herrschergott, du gewaltiger, wie konntest du nur so unbedacht die Sturmflut erregen? Den, der Sünde tut, laß seine Sünde tragen! Den, der Frevel verübt, laß seinen Frevel büßen! Doch siehe zu, daß nicht alle vernichtet werden! Die Bösen strafe, aber vertilge nicht alle!«
Lapidar und präzise zugleich hält Baruch das Ende der Riesen fest: »Es brachte der Höchste die Sintflut auf die Erde und tilgte alles Fleisch und auch die 4090000 Riesen. Das Wasser stand um 15 Ellen höher als je die höchsten Berge waren.«
Fazit: Die Riesen waren Produkte der Götter. Nach moderner Erkenntnis könnte es sich dabei um gentechnisch erzeugte Monsterwesen handeln, produziert von Außerirdischen. Diese Wissenschaftler aus dem All waren es auch, die die Riesen wieder mit brachialer Gewalt vernichteten.

4 *Auf Spurensuche – unter der Erde*

Nach wie vor eines der archäologisch interessantesten Länder unserer Erde ist Ägypten. Jahr für Jahr pilgern Millionen von Touristen ins Reich der Pharaonen, bestaunen Tempel und Pyramiden. An den eigentlichen Rätseln, an den großen Geheimnissen des Landes, gehen sie achtlos vorbei: Nur wenige besuchen die »unvollendete Grabkammer« tief unter der Cheopspyramide, kaum mehr verirren sich zu den gigantischen Steinsärgen unterhalb der Wüste von Sakkara, wo in tonnenschweren Särgen aus Stein vielleicht die zerstückelten Leiber der Riesen beerdigt wurden. Auf den Spuren des Pyramiden-Paradoxons besuchte ich eben jene interessanten Stätten.

Riesensärge – Särge für Riesen?

Das größte archäologische Grabungsgebiet in Ägypten überhaupt befindet sich bei Sakkara. Ständig werden hier atemberaubende Entdeckungen gemacht, oft durch Zufall. So stießen erst im Jahr 1990 französische Wissenschaftler auf die vollkommen vom Wüstensand verschlungenen Pyramiden von Pepi (2289–2255 v. Chr.) und Teti (2323–2291 v. Chr). Das eigentliche Rätsel von Sakkara aber befindet sich tief unter der Erdoberfläche, so wie sich das vielleicht größte Rätsel der »Cheopspyramide« ja auch tief unter der Erdoberfläche versteckt.

Prof. Hans Schindler-Bellamy, Wien: »Unter Sakkara gibt es

Labyrinthe von unschätzbarer Größe und unermeßlicher Ausdehnung.« Ein einheimischer Archäologe aus Kairo vertraute mir bei meiner letzten Ägyptenreise an: »Wir haben erst zehn, maximal 20 Prozent des unterirdischen Sakkara erfaßt!« Was hat das unterirdische Sakkara zu bieten außer stickiger, stinkender Luft? Riesensärge von wahrhaft gigantischen Ausmaßen!

Entdeckt hat viele der Monstersärge Auguste Mariette, Frankreich, im Jahre 1851. So ratlos wie Auguste Mariette vor rund 140 Jahren war, sind es die Archäologen unserer Tage immer noch. Wenn sie ehrlich sind, geben sie das auch zu. Sie haben nach wie vor keine echte Antwort auf die Frage, wozu die gigantischen Särge dienten.

Ihren Ausmaßen nach sind sie für Riesen geschaffen worden. Ein Beispiel mag das verdeutlichen. Länge 3,85 Meter, Breite 2,25 Meter, Höhe 2,50 Meter. Dicke der steinernen Sarkophagwand: 43 Zentimeter. Auf diesem Monster von einem Sarg ruht ein passender, nicht minder gigantisch anmutender Deckel. Er ist 62 Zentimeter dick. Vorsichtigen Schätzungen verschiedener Archäologen gemäß wiegt so ein Sarg mit Deckel rund 100 Tonnen!

Erst ein Bruchteil der riesigen unterirdischen Anlagen von Sakkara ist wirklich wissenschaftlich erforscht. Und davon ist wiederum nur ein höchst bescheidener Anteil auch der Öffentlichkeit zugänglich. Ein Besuch der unterirdischen Grüfte lohnt sich. Denn wer Ägypten, das Land der Pyramiden, bereist, gewöhnt sich rasch an Superlative und neigt dazu, die Kunst des Staunens zu verlernen. Aber die Gewölbe von Sakkara verschlagen einem den Atem, selbst einem Weltreisenden in Sachen Wunder.

Ein dickes Bakschisch öffnet mir eine eiserne Tür, die jämmerlich krächzt, nach einem Tropfen Öl lechzend. Modriger Gestank schlägt mir entgegen. Langsam stellen sich meine Augen auf die Dunkelheit ein. Ich schalte meine starke Stab-

taschenlampe ein. Die Decke des riesigen Gewölbes mag zehn Meter hoch und vier Meter breit sein. Die Länge schätze ich, meine Schritte zählend, auf 300 Meter. Rechts und links vom Hauptgewölbe reiht sich Nische an Nische. Und in jeder Nische steht ein Monstersarg aus härtestem Assuan-Granit. Jeder Sarkophag ist aus einem einzigen Klotz gefertigt und von Assuan nach Sakkara befördert worden. Entfernung: etwa 1000 Kilometer.
Wie mag man vor ungezählten Jahrtausenden solche Steinriesen befördert haben? 1000 Kilometer weit? Und warum? Wozu? Zu welchem Zweck? Die wichtigste Frage aber lautet: Wer oder was sollte hier bestattet werden? Die Antwort sei, so behauptet es die archäologische Literatur, längst gefunden worden. Sie steht in den einschlägigen Fachbüchern, auch in populärwissenschaftlichen Werken über Ägypten. Sie wird vor Ort von einheimischen Reiseführern heruntergeleiert: In diesen Särgen wurden die heiligen Apisstiere bestattet.
Wieder einmal bestätigte sich Erich von Däniken als unbequemer Zeitgenosse, der nicht alles für richtig hält, nur weil es immer wieder so behauptet wird. Der Bestsellerautor aus der Schweiz, erfolgreichster Sachbuchautor aller Zeiten, recherchierte gründlichst nach, er las die Originalberichte von Auguste Mariette, dem Mann, der als erster Europäer vor Ort ausgrub.
Richtig ist: Der französische Archäologe erwartete in der Tat Stiermumien in den Riesensärgen. Nur: Er fand keine, so intensiv er auch suchte. Viele der Monstersärge waren leer, als Mariette sie öffnete. Waren sie von Grabräubern entdeckt und geplündert worden? Das ist eigentlich schwer vorstellbar. Denn was soll so ein Räuber mit einer Stiermumie angefangen haben?
Wie ein Besessener suchte Mariette weiter. Schließlich fand er eindeutig unversehrte Särge, ganz offensichtlich noch ge-

nauso verschlossen wie vor ungezählten Jahrtausenden. Mühsam wurde einer der tonnenschweren Deckel nach dem anderen beiseite geschoben. In den Sarkophagen fanden sich... keine Stiere. In jedem Sarg lag eine stinkende, bitumige Masse, die beim kleinsten Druck zerbröselte. In der ekelerregenden Masse: Knochen, die man offenbar schon bei der Bestattung mit Ausdauer zerkleinert, zerstückelt hatte.
Bis heute konnte nicht festgestellt werden, von welchen Tierarten die Gebeine stammten. Wenn sie überhaupt auf Tiere zurückgehen! Nur Stiere, das steht eindeutig fest, waren niemals in den riesigen Steinsärgen bestattet worden. Was dann?
Laut Bericht des Alten Testaments ertranken die Riesen bei der Sintflut. Das Nachschlagewerk »Hilfe zum Verständnis der Bibel« schreibt hierzu: »Die Nephilim, die Riesen, die Nachkommen von Engeln und Frauen, waren in der Sintflut umgekommen.« Was aber geschah mit den Leichen der Riesen?
Die alten Ägypter glaubten an die Wiedergeburt. Sie waren davon überzeugt, daß ein Lebewesen nur dann dereinst wiederauferstehen könne, wenn seine Seele den wohl erhaltenen Leib vorfindet. Deshalb wurden ja Tote mumifiziert. Der Leib sollte bestmöglich konserviert werden – für ein späteres Leben. Was auch immer in den Riesensärgen beerdigt worden ist, es sollte nicht die kleinste Chance zur Wiederkehr haben. Die Leichen wurden brutal zerstückelt, mit teeriger Masse verrührt. Dann wurde das Ganze noch in gigantischen Särgen verschlossen.
Wollte man so verhindern, daß die Riesen der Vorzeit auferstehen? Fürchtete man sich so sehr vor den Giganten, daß man ihnen ein zweites Leben unmöglich machen wollte? Mein Lösungsvorschlag mag ungewöhnlich klingen. Er ist im Gegensatz zur »archäologischen Lehrmeinung« zum Thema bislang nicht widerlegt worden.

Meine Forderung: Es ist endlich an der Zeit, die Überreste in einigen der Riesensärge gentechnisch zu untersuchen. Nach Aussagen zahlreicher heiliger Bücher, wie etwa der Bibel, muß man Riesen als eine Mischung von menschlichem und göttlichem (außerirdischem?) Erbgut ansehen. Demnach müßten menschliche und fremde Gene in den sterblichen Überresten in den Särgen nachzuweisen sein. Vielleicht würde eine für heutige Labors spielerisch-leichte Untersuchung den definitiven Beweis dafür erbringen, daß einst tatsächlich Außerirdische auf der Erde waren. Dann wäre die Frage, ob es außerhalb der Erde Leben gibt, definitiv beantwortet. Und das zu einem Bruchteil der Kosten, die tagtäglich dafür aufgewandt werden, um in den Tiefen des Alls nach Spuren von Leben zu suchen.
Um kein Mißverständnis aufkommen zu lassen: Diese astronomischen Studien sind sinnvoll und wichtig. Sie müssen fortgesetzt werden. Spuren auf der Erde selbst dürfen dabei aber nicht vernachlässigt werden. Oder sollte die Welt der Wissenschaft Angst vor dieser möglichen Erkenntnis haben?

In der unvollendeten Grabkammer

Die »Große Pyramide von Kairo« gehört zu den gewaltigsten Bauwerken, die je auf Erden errichtet wurden. Die Leistung der Erbauer grenzt schon an das Wundersame, speziell wenn wir bedenken, daß der Koloß vermutlich schon vor 12000 Jahren entstand.
Mit einer Höhe von 149,59 Metern überragt das Weltwunder noch das Straßburger Münster. Ihre Grundfläche von 230 mal 230 Metern würde der Peterskirche von Rom, der Pauluskirche von London, der Westminsterabtei und den Domen von Mailand und Florenz zusammen Platz bieten.
Der eigentliche Eingang zur Pyramide liegt auf der Nord-

seite, über dem in unseren Tagen von Touristen benutzten, knapp 17 Meter über der Grundfläche. Während die »Grabkammer des Cheops« und die »Kammer der Königin« Millionen von Touristen anlocken, bleibt die dritte Kammer der Cheopspyramide fast immer unbeachtet. Oft ist sie für Besucher überhaupt gesperrt. Sie liegt im massiven Fundament aus gewachsenem Stein unter dem eigentlichen, gigantischen Bauwerk.

Durch Gesten deute ich den wachsamen Hütern der Pyramide an, daß ich in die dritte Kammer hinabsteigen möchte. Sie verhalten sich zunächst höchst ablehnend. Einer packt mich am Ärmel und will mir anscheinend den Weg zur »Kammer der Königin« weisen. Ein zweiter behauptet sogar in gutturalem Englisch, es gebe überhaupt keine dritte Kammer. (»No third chamber exist! No exist!«) Die Situation ändert sich schlagartig, als ich einige Geldscheine zücke und das Zauberwort Bakschisch raune, das schon den Helden des Dichters Karl May so manchen Weg im Orient ebnete. Es wirkt Wunder – denn schon Minuten später darf ich zur dritten Kammer tief unter der Pyramide hinabgehen.

Doch was heißt hier »gehen«! Ganze 1,20 Meter hoch und 1,06 Meter breit macht der »Gang« ein normales »Gehen« unmöglich. Vor Anstrengung keuchend und bald heftig schwitzend, so daß mir die Kleidung am Leibe klebt wie eine zweite Haut, krieche ich krabbelnd dem vielleicht eigentlichen Rätsel der Pyramide entgegen. Die Luft ist stickig, muffig, sie reizt zum trockenen, schmerzhaften Husten. Meter für Meter kämpfe ich mich weiter. Eigentlich hatte ich erwartet, rasch die unerträgliche Hitze eines ägyptischen Morgens hinter mir lassen zu können, doch weit gefehlt. Es will mir scheinen, als ob es um so heißer wird, je tiefer ich in die »Unterwelt« der Pyramide vordringe.

Endlich kann ich mich kurz aufrichten. Auf einer Länge von nur etwa einem Meter ist der Gang 1,85 Meter hoch. Leide ich an Sinnestäuschungen? Mir ist, als ob ich frische, kühle Luft im verschwitzten Gesicht verspüre. Tatsächlich endet hier eine Art »Rohrleitung«, eine Jahrtausende alte Frischluftzufuhr. Niemand weiß, wie sie wo verläuft. Hastig geht es weiter, wieder in geduckter Haltung. Einmal drehe ich mich um. Der Gang scheint sich in der Unendlichkeit zu verlieren. Meine Knochen schmerzen, als ob ich schon Ewigkeiten hier unten herumkrieche. Und vor mir sieht es so aus, als ob sich der Gang bis zum Mittelpunkt der Erde erstrecke. Er scheint nicht enden zu wollen.

Endlich geht das Gefälle in einen horizontalen Weg über. Ich weiß, daß ich noch knapp zehn Meter Gang vor mir habe – in gebückter Haltung. Schließlich stehe ich in der unvollendeten Grabkammer, 120 qualvolle Meter liegen hinter mir.

Wie groß mag die Kammer sein? Ich krieche mit einem Meßband am Boden entlang, klettere über aus dem Boden wachsende Steingebilde. Die Kammer ist, zu diesem Ergebnis komme ich, 14 Meter lang, etwas über acht Meter breit und bis zu 3,50 Meter hoch. »Unvollendete Grabkammer«, so heißt dieser Raum unter der Großen Pyramide in der Literatur. Wenn er überhaupt erwähnt wird. Auf den ersten Blick scheint der Name zuzutreffen.

Den Abstieg habe ich, mit zwei Kameras versehen, schon als wirklich sehr anstrengend empfunden. Unvorstellbar strapaziös muß es gewesen sein, die Kammer aus dem massiven Stein zu schlagen und dann den Abraum durch die 120 Meter lange enge Röhre ins Freie zu schaffen. Wie mag das geschehen sein? Ob man den Schutt auf Schlitten noch oben schob oder zerrte? Zwang man Sklaven mit roher Gewalt unter Todesandrohung zu dieser Arbeit? Die Bedingungen müssen unvorstellbar, schlimmer als katastrophal gewesen sein!

Wie sorgte man für Licht? Mit Fackeln? Mit Öllampen? Mußten sich die gepeinigten Sklaven durch 120 Meter Gang

quälen, durch ein Gemisch aus wenig Luft, viel Schweiß, Qualm, Ruß, Dreck und Staub? Oder waren gar keine peitschenschwingenden Antreiber nötig? Schuftete man freiwillig, von verschlagenen Priestern mit kostenlosen Visionen von einem paradiesischen Jenseits gelockt?
Ein großer Teil des unseligen Ganges führt durch das unterirdische Steinfundament in die geheimnisvolle »Unterwelt«, nur ein sehr kurzes Stück hingegen durch die Pyramide selbst. Es hätte also keine nennenswerte Arbeitserleichterung gebracht, erst den Gang in den Fels zu treiben und dann darüber die Pyramide zu errichten.
Der höllisch unbequeme Abstieg ist zudem auf ganzer Wegstrecke mit fein poliertem weißen Tura-Sandstein ausgekleidet. Natürlich wäre es geradezu verrückt gewesen, erst Wände, Boden und Decke des Ganges in Tura zu hüllen und dann durch eben diesen Gang den unterirdisch anfallenden Abraum der unvollendeten Grabkammer zu transportieren. Dabei wäre unweigerlich die feine Politur zerstört worden. Dem ist aber nicht so, wie ich selbst vor Ort feststellen konnte.
Hat man also erst die Kammer ausgeschachtet, das Geröll durch den zunächst nur roh ausgearbeiteten Gang befördert und zum Schluß Boden, Seiten und Decke sorgsam ausgekleidet? Diese Vermutung scheint auf der Hand zu liegen. Sie wäre vernünftig, wenn die Kammer unter der Pyramide nicht anscheinend unvollendet geblieben wäre. Da man anscheinend die Arbeiten an dieser Kammer irgendwann einfach abbrach, macht es keinen Sinn, daß man noch den gesamten Gang so sorgsam auskleidete. Man hätte die enge Röhre ebenso unvollendet gelassen wie die Grabkammer selbst! Wenn die besagte Kammer wirklich unvollendet ist und nicht nur so aussehen soll!
Seit Jahrtausenden wird nach verborgenen Schätzen in der »Großen Pyramide« gesucht, bislang vergeblich. Antike

Texte fabulieren von zahlreichen geheimen Kammern, die unvorstellbare Reichtümer bergen sollen. Vielleicht ruht auch noch irgendwo in der Pyramide der Leichnam eines Herrschers, ausgestattet mit Schätzen von märchenhaften Ausmaßen?
In der »Königskammer« ist auch heute noch ein Steinsarg zu sehen. Barg er je einen toten Regenten Ägyptens? Das aus schwarzem Granit gefertigte Steinmonster stellt ein echtes Problem dar. Mit seinen unhandlichen Ausmaßen (2,28 x 0,94 x 1,04 Meter) paßt er nicht durch den Eingang zur Königskammer. Wie kam also der schwere Steinsarg an seinen Bestimmungsort? Wurde er während des Baus der Pyramide, als das Bauwerk noch unvollendet war, durch die offene Decke in die Kammer gelassen?
Einer uralten Überlieferung zufolge erforschte bereits Kalif Abdullah Al Ma'mun, 820 bis 827 Herrscher über Ägypten, die rätselhaften Kammern der Pyramide. Er suchte vergeblich nach den 30 geheimen Schatzkammern, die sich nach antiken Schriften in der Pyramide befinden sollen.
Versuchen wir uns mit etwas Phantasie in die Zeit von Kalif Abdullah zurückzuversetzen. Er dringt in die »Königskammer« ein, wo er einen leeren steinernen Sarg vorfindet. Ansonsten ist die Grabkammer leer. Der potentielle Grabräuber ist enttäuscht. Sind ihm »Kollegen« zuvorgekommen? Fast sieht es so aus. So schnell will er aber nicht aufgeben. Er sucht also weiter und findet eine zweite Grabkammer. Auch sie ist leer. Auch von »Kollegen« ausgeräumt und geplündert? Ja hat denn niemand mehr Angst vor furchteinflößenden Flüchen? Die Enttäuschung wächst. Und erreicht schließlich ihren Höhepunkt in der »unvollendeten Grabkammer«, tief unter der Pyramide. Hier hat es wohl nie etwas von nennenswertem Wert gegeben. Der unterirdische Raum ist ja nicht einmal fertiggestellt worden!
Frage: Wo würden Sherlock Holmes oder Karl Mays Kara

Ben Nemsi einen Zugang zu verborgenen Schatzkammern suchen? Vermutlich dort, wo man ihn überhaupt nicht vermutet, wo man also wahrscheinlich noch nie gesucht hat: in der unvollendeten Grabkammer.

Die Decke jenes geheimnisvollen Raumes hat eine Fläche von etwas weniger als 120 Quadratmetern. Ich habe stundenlang auf dem Rücken liegend eben diese Decke mit einer starken Taschenlampe abgeleuchtet. Sie scheint durchgehend aus natürlich gewachsenem Stein zu bestehen, wirkt aber an vielen Stellen auch wie glatter Beton, als habe man erst kürzlich die Verschalungsbretter abgenommen. Laut Prof. Dr. Davidovits ist der Kunststein der alten Ägypter vom Aussehen her kaum, ja eigentlich gar nicht von natürlichem Stein zu unterscheiden. Es könnte also sehr wohl von der Decke der unvollendeten Grabkammer aus ein Gang nach oben in die Pyramide führen, der geschickt zubetoniert worden ist. Er könnte auch im Boden oder in den Wänden seinen Anfang nehmen.

Nun dürfte es doch wohl die Wissenschaft unserer Tage nicht vor ein unlösbares Problem stellen, herauszufinden, was da in der unvollendeten Grabkammer wirklich Naturstein, was Kunststein ist. Dahinter könnte sich ein Gang zu unermeßlichen Schätzen verbergen.

Für Frühjahr 1996 hatte ich eine weitere Reise nach Ägypten vorgesehen, ich wollte nochmals in die unvollendete Grabkammer hinabsteigen. Mit Spezialfilmen wollte ich die Decke aufnehmen, Quadratzentimeter für Quadratzentimeter. Doch aus sicherer Quelle mußte ich erfahren, daß der geheimnisvolle Raum zur »Tabuzone« erklärt worden ist und inzwischen nicht mehr betreten werden darf. Ob inzwischen unter Ausschluß der Öffentlichkeit nach einem bislang verborgenen Weg in das Innere der Pyramide gesucht wird? Nach meinen Informationen ist das tatsächlich der Fall!

Gott Chnum hat, so berichtet es eine heilige Stele, den alten Ägyptern die Kunst beigebracht, wie man synthetischen Stein herstellt. War Chnum ein Außerirdischer? In den verborgenen Kammern soll das vorzeitliche Wissen der Pyramidenbauer verewigt worden sein – das Wissen außerirdischer Besucher aus dem All? Mir wird angst und bange bei der Vorstellung, Jahrtausende alte Artefakte könnten bei geheimen Nachforschungen entdeckt werden. Wird man sie der Öffentlichkeit zugänglich machen? Oder werden Fundgegenstände, die nicht in das herkömmliche Bild von der Vergangenheit von Erde und Menschheit passen, stillschweigend in geheimen Depots verstaut, ohne daß je die Öffentlichkeit darüber informiert wird?
Ich meine: Die Geheimniskrämerei um die Suche nach verborgenen Kammern in der »Großen Pyramide« muß endlich ein Ende finden. Die Pyramide gehört nicht einem auserwählten Kreis von Wissenschaftlern. Sie ist ein Erbe der gesamten Menschheit!

Teil II

Im Reich der Hethiter

»Um Antworten zu bekommen,
muß man zunächst einmal die
richtigen Fragen stellen.«

Eric Ambler

5 *Auf den Spuren eines verschwundenen Volkes*

Astronautengott Chnum soll vor Jahrtausenden den alten Ägyptern erstaunliches Wissen vermittelt haben: die Kunst der Herstellung von synthetischem Stein. Sollten die Götter aus dem All auch dem Reich der Hethiter ihre Aufwartung gemacht haben? Für diese Annahme spricht ein erstaunliches Artefakt, das in Istanbul gefunden wurde.

Eine prähistorische Rakete?

Im archäologischen Museum von Istanbul wird ein Artefakt aufbewahrt, das vorzeitliche Besuche von Außerirdischen auf der Erde beweisen könnte. Das Fachblatt »Fortean Times« stellte kurz und bündig fest: »Dieses Objekt wurde in der Stadt Toprakale, in uralten Tagen als Tuspa bekannt, ausgegraben. Es ist 22 Zentimeter lang, hat eine Breite von 7,5 Zentimetern und ist acht Zentimeter hoch. Alter: geschätzte drei Jahrtausende. Für den heutigen Betrachter scheint es ein Raumfahrzeug für einen Passagier darzustellen. Der Kopf des Piloten fehlt. Manche Wissenschaftler bezweifeln das Alter. Es wird im Museum für Archäologie aufbewahrt, aber nicht ausgestellt.«
Kaum wurde der Fund bekannt, meldeten sich lautstark Zweifler. Das Objekt sei eine Fälschung. Diese These vertreten etwa Jonny R. Hefner und Jörg Dendl im Fachblatt »Gral«. Michael Hesemann, der als UFO-Forscher und Buchautor weit über die Grenzen Deutschlands hinaus be-

kannt ist und der seit vielen Jahren »Magazin 2000« als Herausgeber und Chefredakteur betreut, hält den Fund für echt.
Ich möchte den umstrittenen Fund, den ich als einer der ersten Autoren in »Para«, Österreich, vorstellte, auch im vorliegenden Buch zur Diskussion stellen: echt oder falsch? Handelt es sich um ein 3000 Jahre altes Raumschiffmodell? Liegt eine uralte Kopie eines noch älteren Artefakts vor? Oder haben die Skeptiker recht, die eine moderne Fälschung vermuten? Vor voreiligen Schlüssen sei gewarnt: Im Laufe der Wissenschaftsgeschichte wurden oftmals Funde, die nicht in das herkömmliche Bild von der Vergangenheit der Menschheit zu passen schienen, hastig zu Fälschungen ernannt. Und erwiesen sich dann doch als echt.
Zwei Beispiele seien genannt: zum einen die Batterien von Bagdad. Voreilig als »Fälschungen« abgestempelt, sind sie doch echt. Und mehr als 2000 Jahre alt. Beispiel Nr. 2: Ende der 20er Jahre unseres Jahrhunderts wurden in der Nähe von Vichy, Frankreich, bei Glozel, zahllose Schrifttafeln mit geheimnisvollen Zeichen ausgegraben. Noch heute ist in wissenschaftlichen Abhandlungen zu lesen, es handle sich dabei um plumpe Fälschungen. Fakt ist: Bereits in den 70ern wurden die Glozel-Funde unabhängig von Wissenschaftlern untersucht. Experten aus Schottland und Dänemark kamen nach Thermolumineszenz-Datierungen zum eindeutigen Ergebnis, daß die Schrifttafeln »mehrere Jahrhunderte vor Christi Geburt« hergestellt wurden – also in keinem Fall in unserem Jahrhundert gefälscht worden sein können.
Doch zurück in die Türkei. Vor Ort recherchierte ich – und fand erstaunliche Fakten. Ich will die Tatsachen zur Diskussion stellen. Der Leser soll selbst entscheiden, ob das Reich der Hethiter von Außerirdischen beeinflußt wurde!
Vielleicht haben Außerirdische in einer Pyramide auf dem Heiligen Nemrud-Berg Artefakte hinterlassen. Und giganti-

sche unterirdische Städte könnten angelegt worden sein, weil sich Menschen vor Jahrtausenden vor den am Himmel dahinbrausenden Göttervehikeln fürchteten und versteckten. Eine rätselhafte Karte schließlich ist teilweise so präzise und exakt, daß sich die Vermutung aufdrängt, sie sei unter Verwendung von Satellitenaufnahmen hergestellt worden.

Auf den Spuren der Hethiter

Zu den großen Rätseln der Geschichte zählt auch heute noch das Volk der Hethiter. Prof. Hans Schindler-Bellamy, Wien: »Jahrhundertelang war umstritten, ob es die Hethiter als Volk überhaupt wirklich gegeben hat.« Martin Noth äußert Zweifel: »Der Ausdruck ›hethitisch‹ ist eine nicht in alten Texten belegte, sondern von der modernen Wissenschaft gewählte Bezeichnung, die auf der geschichtlichen Verbindung dieser Sprache mit dem Reich Hatti in Kleinasien beruht.«

E. A. Speiser befürchtet, daß die Hethiter sich für immer der Erforschung entziehen werden, schon allein deshalb, weil es anscheinend mehrere Volksgruppen gab, die alle als »Hethiter« bezeichnet werden können: die Hattier, indoeuropäische Hethiter und die Hieroglyphen-Hethiter.

Prof. Schindler-Bellamy fragt: »Hat es nun ein einziges, einiges Volk der Hethiter gegeben? Oder waren es mehrere Volksgruppen, die sich alle so genannt haben? Wir stehen vor einem historischen Rätsel!«

Spuren im »Buch der Bücher«

Bei der Suche nach den Hethitern sind wir zunächst einmal auf die Bibel angewiesen. Dann führen Spuren nach Ägyp-

ten und in die Türkei. Nach den Überlieferungen des biblischen Alten Testaments gehen die Hethiter auf ihren Vorvater Kanaan zurück. Im 1. Buch Mose heißt es im 10. Kapitel, Vers 15: »Und Kanaan wurde der Vater von Sidon, seinem Erstgeborenen, und Heth.« Eben dieser Heth soll der Urvater der Hethiter gewesen sein.
Wenig später, im 15. Kapitel (Verse 18–21) wird dann erstmals im Buch Mose das Volk der Hethiter ausdrücklich erwähnt. Wo freilich ihr Reich lag, das kann auch der Bibel nicht entnommen werden. Nähere geographische, heute noch auswertbare Angaben fehlen leider, mag die Bibel auch noch so recht haben.
Recht deutliche Spuren der Hethiter fanden sich freilich in Ägypten. Entdeckt wurden sie von einer der schillerndsten Figuren aus den Kindertagen der modernen Archäologie, von Giovanni Battista Belzoni (1778–1823).
Belzoni war der Sohn einer armen, in den Norden Italiens ausgewanderten römischen Familie. Allein schon durch seine körperliche Größe fiel der Entdecker und Abenteurer auf. Mit seinen fast zwei Metern überragte er wohl alle seine Zeitgenossen.
1815 kam Belzoni, zusammen mit seiner Frau, über London reisend, in Ägypten an. Es waren freilich zunächst gar nicht die Altertümer, die den Italiener ins Land am Nil lockten, sondern ganz alltägliche, trocken-nüchterne Geschäfte. Er wollte dem Vizekönig von Ägypten, Mohamed Ali, eine hydraulische Maschine verkaufen. Derlei Handelsgeschäfte empfand Belzoni als sehr langweilig, was kein Wunder war. Hatte er doch schon manches Abenteuer bestanden, als er die Länder Europas bereiste. Seinen Lebensunterhalt verdiente er dabei zum Beispiel als geschickter Jongleur und als »Kraftmensch«. Scheinbar mühelos konnte er fünf erwachsene Männer gleichzeitig hochstemmen. Der Vizekönig von Ägypten war nicht am Kauf einer hydraulischen Presse in-

teressiert. Trotzdem ergab sich für den vielseitig interessierten Italiener eine andere Möglichkeit, mit Geschick Geld zu verdienen. Er transportierte den oberen Teil einer gigantischen Kolossalsäule von Ramses II. (1290–1224 v. Chr.) von dessen Totentempel von Theben nach Alexandria.

Abu Simbel

Belzoni löste die ihm gestellte Aufgabe so bravourös, daß ihm eine weitere archäologische Arbeit übertragen wurde. Wieder schaffte der Italiener, woran andere kläglich gescheitert waren. Diplomatisch verhandelte er geduldig mit verschiedenen örtlichen Behörden und bekam schließlich die Genehmigung, in die noch weitestgehend unter Sandmassen verborgen liegende Tempelanlage von Abu Simbel einzudringen.

Am 1. August 1817 besichtigte Belzoni den Großen Tempel von Abu Simbel beim gespenstischen Schein von flackernden Kerzen. Seit Jahrtausenden war er der erste Mensch, der die rätselhaften Monumente einer längst verblühten Kultur bestaunte. Später notierte er in seinem Tagebuch:

»Unser erster Eindruck war der, daß es sich offensichtlich um ein großes Bauwerk handelte. Unser Erstaunen wuchs, als wir entdeckten, daß es ein außerordentlich reiches Heiligtum war, ausgeschmückt mit Flachreliefs, Gemälden und Kolossalstatuen von großer Schönheit. Zuerst betraten wir eine große Halle. Sie war etwa 17 Meter lang und 15,80 Meter breit. Die Decke wird von zwei Reihen quadratischer Pfeiler getragen, die von der Eingangstür bis zur Tür des Heiligtums verlaufen. An jedem Pfeiler lehnt eine Statue.«

So weit der eindrucksvolle Bericht Belzonis.

Auch heute noch ist die Tempelanlage von Abu Simbel ein atemberaubendes Monument, in welchem sich der Mensch wie ein ameisenkleines Insekt vorkommt. Einen ganzen Tag habe ich darin verbracht. Dabei fiel mir auf, daß anscheinend nur die zentrale Pfeilerhalle vollständig dekoriert worden war. Sollte die Tempelanlage vielleicht unvollendet geblieben sein? Und wenn ja, warum wurde sie nicht vollkommen ausgeschmückt? Oder sollte es daran liegen, daß 1964 »gepfuscht« wurde? Damals begann eine großangelegte Rettungsaktion. Durch den Bau des Assuanstaudamms mußte die Tempelanlage von Abu Simbel komplett abgetragen und 60 Meter weiter oberhalb des ursprünglichen Standorts wieder aufgebaut werden.

Jahrelang hatten die führenden Experten der Welt über die Verwirklichung dieses ehrgeizigen Projekts diskutiert. Dank der guten Zusammenarbeit mehrerer Länder, die die modernsten technischen Hilfsmittel einsetzten, gelang die Aktion. Da die Riesenfiguren auch nicht mit Hilfe der größten Kräne befördert werden konnten, mußten sie sorgsam zersägt werden. Hinterher wurde das Ganze als eine Art Riesenpuzzle wieder zusammengesetzt.

Meine direkten Nachfragen vor Ort, ob vielleicht beim Zerteilen, Abbau, Transport und Wiederaufbau des Tempels Teile der Innenausschmückung verlorengegangen oder gestohlen wurden, löste helle Empörung aus. Gewiß, in Ägypten gebe es seit gut 5000 Jahren Kunstdiebstähle, aber Abu Simbel sei Stein für Stein wieder erstanden, so wie es einst geschaffen worden war, da fehle nichts. Es bleibt also ungeklärt, wieso Teile der Innenanlage schmucklos blieben, während andere geradezu verschwenderisch mit Dekorationen ausgestattet wurden.

Durchschreiten wir zusammen das Eingangsportal. Der gewaltige Raum, in dem wir uns befinden, war ursprünglich aus dem gewachsenen Naturstein gehauen. Er wird durch zwei Reihen quadratischer Pfeiler in drei Schiffe unterteilt. Besonders imposant wirken acht Riesenstatuen, alle dem mittleren Gang zugewandt. Sie sind sieben Meter hoch und lehnen an gigantischen Säulen. Etwas unscheinbarer: An der Rückseite führen Zugänge zu Vorratskammern.

Rechts vom Eingang befinden sich zwei Türen. Es sind die Zugänge zu weiteren rechteckigen Räumen. Jahrtausendealt und noch immer atemberaubend schön sind die kunstvoll bemalten Reliefs. Doch zurück in die Haupthalle. Neben dem Eingang sind Szenen aus der ägyptischen Geschichte dargestellt. Ich fühle mich an Horrorcomics aus unseren Tagen erinnert. Da erschlägt der Pharao Ägyptens mit brutaler Grausamkeit seine Feinde. Wohlgefällig schauen die Götter Amun und Re-Harachte dem blutrünstigen Treiben zu.

An der Nordwand begegnen wir endlich den Hethitern. In Einzelbildern werden da Szenen aus einer gewaltigen Schlacht gezeigt. Spione werden gefangengenommen, ägyptische Offiziere beraten den weiteren Fortgang der Kämpfe. Und besonders imposant: Der König selbst wird als Kraftprotz gezeigt, mitten im Schlachtengetümmel, als ein Urahn eines Terminators.

Was Giovanni Battista Belzoni nicht wissen konnte, gilt heute als sicher, als bewiesen: Die bildliche Darstellung zeigt die sogenannte Schlacht von Kadesch zwischen Ägyptern und Hethitern.

Zufallsfunde

Wir schreiben das Jahr 1887. Tell el Amarna am Nil. Eine alte Bauersfrau gräbt ächzend im von der unbarmherzigen Sonne förmlich steinhart gebackenen Boden. Sie sucht zwischen vor Jahrtausenden entstandenen, längst verfallenen Mauern nach einem ganz besonderen Dünger, nach einem salpeterhaltigen Stoff. Er entsteht bei der Zersetzung von antiken roten Erdziegeln. Die Arbeit geht der müden alten

Frau nur schwer von den Hand, mühsamer als sonst, stößt sie doch immer wieder auf »störende Steine«. Einen Moment lang überlegt sie, ob sie das Zeug wegwerfen oder doch lieber aufheben soll. Dann fallen ihr seltsame Schriftzeichen auf, die in die »Steine«, in Wirklichkeit handelt es sich um Tontäfelchen, geritzt sind. Vielleicht läßt sich ja das »Steingelumpe« an irgendwelche dummen Touristen verkaufen? Die zahlen doch noch für den allerletzten Plunder schönes Geld, diese schwitzenden, dickleibigen Bleichlinge aus fernen Ländern, so lange sie nur glauben, etwas »Antikes« erstehen zu können.
Touristen sind freilich an den unattraktiven Tafeln nicht interessiert. So wandern sie von einem Händler zum anderen. Höchst unachtsam geht man dabei mit den wertvollen Stücken um, von den ursprünglich 350 Täfelchen ist bald ein Drittel verloren.
Besonders peinlich: Wissenschaftler von Rang und Namen, die ruhig vergessen werden können, bezeichnen die kostbaren Funde als »primitive Fälschungen ohne jeglichen Wert«. Wohl weil man immer noch auf »dumme Touristen« hofft, denen man den »Plunder« andrehen kann, werden die Täfelchen trotzdem noch aufgehoben. Die Herren Wissenschaftler hätten alles weggeworfen. So grenzt es fast schon an ein Wunder, daß schließlich der unschätzbare Wert des Fundes doch noch erkannt wird. Es handelt sich um in akkadischer Keilschrift verfaßte Briefe. Es sind die vor Jahrtausenden entstandenen Schriftstücke, die Sir William Flinders Petrie veranlassen, 1891/1892 archäologische Grabungen auszuführen. Und zwar just da, wo die Bauersfrau ursprünglich fündig geworden war.
Howard Carter, der später selbst als Entdecker Tutanchamuns weltberühmt werden sollte, damals eben 19 Jahre alt, hält die Funde in zahlreichen Zeichnungen fest. Später werden die Ausgrabungen von John Pendelbury fortgeführt,

aber auch er stößt nicht auf die erhofften Schätze. Ausgegraben wurde aber eine einstmals gigantische Stadt, gegründet von Amenophis IV. Einst müssen zahlreiche prächtige Tempel die Stadt geschmückt haben. Reiche lebten in luxuriösen Villen, ließen sich künstliche Seen anlegen, wohl um das heiße Klima erträglicher zu machen. Ein kompliziertes System von künstlich angelegten Kanälen versorgte eine vormals herrliche Parkanlage, in der wohlbetuchte Müßiggänger philosophischen Gedanken nachgingen, mit Wasser.

Erst in den Jahren 1907 bis 1915 werden die Täfelchen von Amarna von Alexander Knudtzon in mühevoller Kleinarbeit entziffert und veröffentlicht. Die Sensation ist perfekt: Es handelt sich um Briefe aus dem Reich der Hethiter an die Herrscher Ägyptens.

Ein ans Unmögliche grenzender Zufall wollte es so, daß dann auch noch Hugo Winckler in der heutigen Türkei auf das königliche Archiv der Hethiter stieß. So wurde die Korrespondenz zwischen Ägypten und dem Hethiterreich komplett.

Um 1370 vor Christus hatte Suppilulima, der Herrscher der Hethiter, ein mächtiges Heer aufgestellt. Er griff das Reich der Wagenlenker an, über das wir auch heute nur erst wenig wissen. Er siegte. Dann rückte er gegen die Region der Libanonberge vor. In Ägypten sah man das mit Angst und Schrecken. Man mußte mit einem Angriff, ja mit Unterwerfung, rechnen.

Ägyptens Pharao, Tutanchamun, war gestorben. Seine Witwe, die 21jährige Anchesenamun, wollte auf alle Fälle ein Blutvergießen vermeiden und schlug eine Ehe auf höchster Ebene vor. Eine ähnliche Politik hatte Jahrtausende später bei den Österreichern erstaunliche Erfolge zu verbuchen.

Anchesenamun schrieb also an Suppilulima: »Mein Gemahl

ist gestorben, ich habe keinen Sohn. Aber du, so sagt man, hast vier Söhne. Wenn du mir einen deiner Söhne geben wolltest, könnte er mein Gemahl werden. Niemals werde ich einen meiner Diener zum Gatten machen. Ich habe Angst.«
Bei den Hethitern löste dieses Ansinnen der Herrscherin Ägyptens Hektik und Mißtrauen aus. Man schickte einen Beamten ins Land am Nil, um die Lage zu peilen. Die Ägypterin zeigte sich ob des fehlenden Vertrauens gekränkt. Sie schrieb neuerlich:
»Weshalb hast du auf diese Weise dein Mißtrauen zum Ausdruck gebracht? Wenn ich einen Sohn hätte, würde ich dann vielleicht von meiner Schmach und der meines Landes an ein fremdes Land schreiben? Du hast mir nicht geglaubt und sogar auf diese Weise mit mir gesprochen! Jener, der mein Gemahl war, ist tot. Ich habe keinen Sohn! Niemals werde ich mir einen Diener nehmen, um ihn zu meinem Gemahl zu machen! Ich habe an kein anderes Land geschrieben! Man sagte mir, daß deine Söhne zahlreich sind. Also gib mir einen deiner Söhne! Für mich wird er ein Gemahl sein, aber in Ägypten wird er König sein!«
Der neuerliche Brief zeigte bei den Hethitern Wirkung. Prinz Zannanza reiste mit ansehnlicher Eskorte gen Ägypten, kam aber nie an. Er wurde unterwegs ermordet. Wurde er das Opfer einer politischen Verschwörung? Heute wird spekuliert, Präsident John F. Kennedy könne das Opfer einer in höchsten Regierungskreisen ausgeheckten Verschwörung gewesen sein. So war es vielleicht auch schon vor Jahrtausenden bei den Hethitern.
Hauptverdächtiger als Urheber des Mordkomplotts ist General Haremhab. War er der »Diener«, den die Witwe Tutanchamuns auf keinen Fall heiraten wollte? Hatte sie vor dem machtgierigen Politiker Angst? Nach dem spektakulären Mordfall heiratete die Herrscherin den General

nicht, sie machte den alten Wesir Ay, ihren eigenen Großvater, zum Mitregenten.
Pikantes Detail am Rande: Manche Forscher meinen, sie habe ihn sogar geheiratet, den Großpapa. Als Indiz für eine solch blutschänderische Ehe wird ein kostbares Schmuckstück gewertet. Es ist ein Ring mit einem Skarabäus, auf dessen flacher Seite die Namen von Anchesenamun und Ay, wie das bei herrschaftlichen Eheleuten üblich war, eingeritzt sind.
Dann verschwindet die kluge Herrscherin aus den Aufzeichnungen. Was geschah mit ihr? Wurde sie vielleicht von Haremhab, der später das Ziel seiner ehrgeizigen Wünsche erreichte und Pharao wurde, ermordet? Wir wissen es nicht, werden es vielleicht niemals erfahren.

Das Gemetzel von Kadesch

Etwa 75 Jahre später hatte sich das Blatt gewendet. Jetzt war es ein Ägypter, Ramses II., der das Reich der Hethiter bedrohte. Bei Kadesch kam es zur entscheidenden Schlacht. Wo genau das Gemetzel stattfand, das ist auch heute noch umstritten. Und wie die Schlacht ausging, ist auch nicht wirklich sicher.
Wahrscheinlich kam es zu einem »Unentschieden«, wenn dieser sportive Ausdruck im Zusammenhang mit einem blutigen Massenmord überhaupt angebracht ist. Beide Seiten behaupten jedenfalls später, den Kampf gewonnen zu haben. Auch hier bietet sich eine Parallele zur jüngsten Geschichte an. In einigen Jahrtausenden werden Wissenschaftler feststellen, daß sowohl US-Präsident George Bush als auch Iraks Diktator Saddam Hussein jeweils von sich behaupten, den Golfkrieg von 1991 gewonnen zu haben. Vor Jahrtausenden ging es aber scheinbar vernünftiger zu: 1820 vor

Christus schlossen die Hethiter mit den Ägyptern einen Nichtangriffspakt. Eine Hochzeit zwischen Ramses II. und einer Hethiterprinzessin sollte das Abkommen besiegeln und für die Zukunft den Frieden sichern.
Offenbar hoffte man schon damals, daß sich Eheleute zumindest nicht auf der politischen Bühne bekriegen.

Ein türkisches Rom

Die Hauptstadt der im Alten Testament mehrfach erwähnten Hethiter wurde freilich erst zu Beginn des 20. Jahrhunderts entdeckt: in der Zentraltürkei. Östlich von der Hauptstadt Ankara fließt der Halys-Fluß in Richtung Schwarzes Meer. Am Fluß: das Dorf Baghazköi. Wörtlich übersetzt bedeutet das »Dorf in der Schlucht«. Hugo Winckler entdeckte hier auch bis dahin unbekannte Bilderschriften. Sorgsame Übersetzungen der Texte ergaben: Hier ist von jenem Volk die Rede, das in der Bibel »Kinder Heth« genannt wird.
1907 leitet Otto Puchstein eine Expedition nach Baghazköi. Der weithin geachtete Präsident des »Berliner Archäologischen Instituts« untersucht besonders gründlich ein Ruinenfeld oberhalb des kleinen Dörfchens. Bald steht fest, daß man Hattusa, die Hauptstadt des Hethiterreiches, gefunden hatte.
Mit einer Grundfläche von annähernd 200 Hektar war sie ungefähr so groß wie die fränkische Metropole Nürnberg im Mittelalter. Ihre Schutzmauer ist einst mehr als imposant gewesen, was heute noch zu erkennen ist.
Übrigens: Auf dem südlichen Hochland Indiens, dem Dekkan, gibt es eine ganz ähnliche Stadt. Auch sie war einst mit einer gewaltigen Mauer umgeben. Im November 1995 besuchte ich den rätselhaften Ort. Und erfuhr, daß sich hier einst Götter und Könige getroffen haben sollen.

6 *Von Zyklopenmauern und unterirdischen Städten*

Staunend stehe ich vor dem legendären »Löwenthor von Hattusa«. Das zum Teil stark verwitterte Tor ist rund 4000 Jahre alt. Acht Meter, messe ich, ist die Mauer dick. Unglaublich, mit welcher Präzision hethitische Handwerker vor Jahrtausenden mit gigantischen Steinkolossen umzugehen wußten, als seien es Bauklötzchen für Kinder.
Ohne Bindemittel wurden die Zyklopensteine aufeinandergetürmt und ineinandergefügt. Einzelne davon sollen mehrere hundert Tonnen wiegen. Hier kamen unbekannte Werkzeuge zum Einsatz; über Bautechniken, die angewandt wurden, kann nur spekuliert werden.
Die Ähnlichkeit mit Kolossalmauern, wie sie vorinkaische Stämme Perus bauten, ist mehr als augenfällig. Dabei liegen zwischen den türkischen Steinmauern und den südamerikanischen rund 15 000 Kilometer Luftlinie. Außerdem lebten die vorinkaischen Stämme grob gesagt um 1000 nach Christus, die Hethiter reichlich zwei Jahrtausende früher.
Da drängt sich eine Frage auf: Wie ist es möglich, daß zwei Völker, getrennt durch gigantische Abstände in Zeit und Raum, anscheinend die gleichen rätselhaften Bautechniken verwendeten? Eine Antwort auf diese Frage fand ich bei ausgiebiger Lektüre der wissenschaftlichen Literatur nicht.
Erich von Däniken bietet eine Lösung an: Sowohl in Südamerika als auch in der Türkei halfen Besucher aus dem Weltall eventuell nicht nur mit Know-how, sondern auch mit Werkzeugen aus. Doch zurück zu den irdischen Tatsachen.

Wie gigantisch Hattusa vor Jahrtausenden war, das läßt sich auch heute vor Ort kaum noch erahnen. Leider fehlt es auch hier an den erforderlichen finanziellen Mitteln, um archäologische Grabungen auszuführen. Dabei erkennt man auch als Laie zahllose Erdhügel und Wälle, unter denen ganz offensichtlich Ruinen auf ihre Wiederentdeckung warten. Wie lange noch?

Ein Muß für alle Hattusa-Besucher ist der unterirdische Gang von Yerkapu. Er führte einst vom Inneren der Stadt unter der gewaltigen Schutzmauer hindurch ins Freie. Warum wurde er gebaut? Vermutlich als geheimer Fluchtweg, um im Falle einer Belagerung in aussichtsloser Lage die Stadt unbemerkt von den Feinden verlassen zu können. Man konnte aber auch mit Hilfe des Tunnels unvermutet die Belagerer angreifen.

Ich rate Besuchern dringend, eine Taschenlampe mitzubringen. Im langen Gang ist es stockdunkel, leicht stößt man sich an den aus dem dreieckigen Gewölbe herausragenden Steinbrocken.

Seltsamer »Zufall«: Ein fast identisches Gewölbe hat auch der Gang im Tempel der Inschriften von Palenque, Mexiko, der zur unterirdischen Grabkammer führt. (Auf die geheimnisvolle Grabkammer von Palenque mit dem »Raumfahrermotiv« werde ich in Teil IV des vorliegenden Buchs ausführlich eingehen!)

Am Gang von Yerkapu, Türkei, sprach mich der einheimische Archäologe Dr. Ülgür Gökovali an. Wenn ich wirklich imposante unterirdische Anlagen sehen wolle, dann müsse ich unbedingt die unterirdischen Städte Kapadokiens besichtigen.

Er lieferte auch gleich eine Erklärung mit: Um 1400 vor Christus hätten die Hethiter unterirdische Städte angelegt, um sich vor den befürchteten Angriffen der mächtigen, kriegslüsternen Ägypter verstecken zu können.

Unterirdische Städte

Aus der Literatur waren mir die unterirdischen Städte der Türkei wohlbekannt. Freilich wurden jene Bauten dort nachchristlichen Jahrhunderten zugeordnet. Sie seien von Christen geschaffen worden, die sich im 7. Jahrhundert nach der Zeitenwende vor den Arabern verborgen hätten. Neuerdings wird diese Erklärung in Fachkreisen abgelehnt – und damit Dr. h. c. Erich von Däniken bestätigt, der von jeher von einem weit höheren Alter der gigantischen Anlagen ausging.

Martin Urban, führender deutscher Experte in Sachen »unterirdische Städte der Türkei«, hält eine Erschaffung in nachchristlichen Zeiten für unmöglich. Von Christen erschaffen worden sind ohne Zweifel die Tausende von Mönchszellen, Kirchen und Kapellen Kapadokiens: allesamt überirdisch angelegt. Und das in einer Landschaft, die zu den geheimnisvollsten und schönsten der Welt zählt.

Vor Jahrmillionen schütteten die Vulkane Erciyes Dagi (3916 Meter) und Hasan Dagi (3253 Meter) Lavamassen auf das Land zwischen den heutigen Ortschaften Kayseri und Aksaray. Dann arbeiteten Wind und Wetter Ewigkeiten lang an der zu bizarren Formen erstarrten Lavamasse. Es entstanden oft kurios, oft phantastisch anmutende Riesengebilde. Sie muten an, als seien sie von spielenden Kindern gebaut, vielleicht nach Anleitung von Hundertwasser. Da erheben sich spitz zulaufende Nadeln in den Himmel, da warten dickstämmige Pilze und massive Säulen unvorstellbaren Ausmaßes auf wagemutige Kletterer. Viele dieser Figuren sind innen ausgehöhlt worden – eben von mönchischen Christen, deren Behausungen zum Teil bis in unser Jahrhundert bewohnt waren.

Es nimmt wirklich nicht Wunder, daß diese bizarre Landschaft im Herzen Anatoliens unzählige Touristen anlockt. Man fühlt sich auf einen fernen, fremden Planeten eines

exotischen Sonnensystems versetzt. Science-fiction-Filmer kämen hier ohne künstliche Kulisse aus. Die Natur bietet alles gratis.
Die Mönchszellen im Inneren der Steinformationen sind oft von frommen Künstlern mit zahllosen christlichen Motiven verziert worden. Auf naiv wirkenden Gemälden sind Szenen aus dem Leben Jesu dargestellt, die Farben wirken noch erstaunlich frisch, obwohl die religiöse Kunst oft viele Jahrhunderte alt ist, ja zum Teil aus der ersten Hälfte des ersten Jahrtausends unserer Zeitrechnung stammt. Die unterirdischen Städte aber sind wesentlich älter, Jahrtausende älter!
Derinkuyu zum Beispiel liegt in Mittelanatolien an der Landstraße Nevsehir–Nigde, knapp 55 Kilometer von Nigde entfernt. Entdeckt wurde die unterirdische Stadt erst 1963, rein zufällig. Auch Kaymakli, eine weitere unterirdische Stadt, ist an der gleichen Straße zu finden, acht Kilometer von Derinkuyu und 20 Kilometer von Nevsehir entfernt. Kaymakli schlug 1964 die Stunde der Entdeckung.
Es dauert einige Zeit, bis sich meine Augen vom gleißenden Tageslicht auf die Dunkelheit umgestellt haben. Die angenehme, milde Kühle, die ich schon nach den ersten Metern im Eingangstunnel verspüre, ist ein erfreulicher Kontrast zur Sonnenglut draußen.
Vorsichtig taste ich mich voran, fühle mich bald in eine andere Welt versetzt. Hatte ich erwartet, bald unangenehmmuffige, staubige Luft atmen zu müssen, so werde ich jetzt überrascht. Die Luft ist auch in den tiefsten Räumen, weit unter der Erdoberfläche, erstaunlich frisch: dank eines komplizierten, uralten, ausgeklügelten Systems von Luftschächten, die erst zum kleinsten Teil erforscht wurden.
1500 kleinere und 52 größere Be- und Entlüftungsschächte, bis zu 85 Meter tief, hat man bisher entdeckt. Und kein Wissenschaftler kann wirklich schlüssig erklären, wie das verzweigte, komplizierte System angelegt wurde. Es setzt

umfangreiche Berechnungen voraus – und doch billigt man den Erbauern allenfalls einfache mathematische Kenntnisse zu.
Manche Röhren scheinen, das beweist eine Probe mit Zigarettenrauch, ausschließlich verbrauchte Luft abzusaugen, andere wiederum schaffen nur frische Luft hinab in die unheimlich wirkenden unterirdischen Gefilde. Wie das funktioniert, konnte mir niemand sagen.
Mühsam wuchte ich ein massives Eisengitter zur Seite, krieche in einen pechschwarzen, kaum einen Meter »hohen«, steil abwärts fallenden Gang, krabble immer weiter. Die Grubenlampe an meiner Stirn setzt aus, ich taste mich im Dunkeln weiter. Plötzlich blendet mich helles Licht. Vor mir liegt ein riesiger Raum, ausgestattet mit zahllosen Nischen. In seinem Zentrum befindet sich so etwas wie ein riesiger »Mühlstein«. Ich messe nach. Er ist zwei Meter hoch, 30 Zentimeter dick. Davon gibt es viele. Angeblich wurden sie, vergleichbar mit heutigen Tresortüren, vor Eingänge gerollt, um angreifende Feinde daran zu hindern, einzudringen. Manche dieser Steine haben in der Mitte Löcher, die als Schießscharten für Pfeil und Bogen gedient haben sollen.
Schmale, steile Treppen führen abwärts. Plötzlich höre ich die Stimme meines Reisegefährten Erich von Däniken, sie scheint ganz nah zu sein. Aber das täuscht. Die ganze unterirdische Stadt ist mit einem akustischen Röhrensystem durchzogen, das als simple, aber überaus wirksame »Telefonanlage« funktionierte.
Datenschutzbeauftragte, so wie wir sie heute kennen, scheint es damals nicht gegeben zu haben. Oder sie haben ihre Aufgabe nicht besonders ernst genommen, denn was irgendwo über die Röhrenanlage gesprochen wurde, konnte jeder mithören.
Es geht immer steiler nach unten. Jetzt dürfte ich, schätze ich, in der siebten oder achten Etage unter der Erdoberfläche

sein. Ein unübersichtlicher Raum breitet sich vor mir aus, unterteilt von mehreren massiven, wuchtigen Steinsäulen. Einen anderen Gang benutzend, bewege ich mich, oft auf allen vieren kriechend, um wieder nach oben zu gelangen. In der dritten Etage suche ich einen Geheimgang – und finde ihn. Er ist gut zwei Meter hoch, fast vier Meter breit, also kaum zu übersehen. Laut Aussagen einheimischer Forscher ist er stolze neun Kilometer lang und führt zur unterirdischen Schwesterstadt Kaymakli. Angeblich waren einst viele der unterirdischen Wohnanlagen durch weitläufige, viele Kilometer lange Gänge miteinander verbunden. Ich habe mir vorgenommen, bei einem späteren Besuch in der mysteriösen Welt solche Gänge zu erkunden.
Wieder wage ich mich in einen kaum 1,20 Meter »hohen« Tunnel. Die Krabbelei erinnert mich an die enge Röhre, die mich in die rätselhafte Kammer unter der Cheopspyramide führte. Auch hier sind die Wände wie glatt poliert.
Wieder erlischt meine Grubenlampe. Trotzdem geht es weiter. Ein Steinchen löst sich, fällt in einen Schacht. Einen Aufprall höre ich nicht. Beim Licht eines Streichholzes bringe ich meine Grubenlampe wieder zum Funktionieren. Ich starre in einen senkrecht abfallenden, scheinbar abgrundtiefen Schacht. Ein Ende ist nicht zu erkennen.
Schließlich zünde ich ein Stück Papier an, werfe es hinab. Flackernd schwebt es tanzend in die Tiefe. Ich erkenne Kerben in der Wand, die wohl einst als »Leitersprossen« gedient haben mögen. Sie zu benutzen verkneife ich mir. Das ist mir nun doch zu gefährlich. Immer kleiner wird das verbrennende Papier, nach 30, 40 Metern entschwindet es aus meinem Gesichtsfeld.
Bevor ich das unterirdische Reich von Derinkuyu wieder verlasse, will ich noch zumindest eines der vier »Weinfässer« besichtigen, die angeblich schon vor Jahrtausenden unterirdisch ins Gestein gemeißelt wurden. Eines finde ich,

aber es wirkt auf mich mehr wie ein unterirdischer Öltank unserer Tage. Aus der Literatur weiß ich, daß bisher vier solcher »Weinfässer« gefunden wurden – mit einem Fassungsvermögen von mindestens 30000 Litern. Sollte hier wirklich Wein gelagert worden sein, dann müssen die Bewohner von Derinkuyu recht trinkfreudige Gesellen gewesen sein.

Bei meiner intensiven Erkundung in der unterirdischen Stadt Derinkuyu achte ich bewußt auf christliche Motive – ich finde keine. Dabei mag es durchaus vorgekommen sein, daß Christen in den uralten Städten hausten. Erbaut haben sie sie aber nicht.

Martin Urban vermutet: Die Anlagen entstanden um die Wende vom neunten zum achten vorchristlichen Jahrhundert. Damals drangen die Phryger in das Gebiet der heutigen Türkei ein. Sie fanden bescheidene unterirdische Wohnanlagen vor – und bauten sie gewaltig aus. Zu einem mächtigen Bollwerk gegen die wehrhaften Truppen der Assyrer. Auch der türkische Archäologe Dr. Ülgür Gökovali geht von einer militärischen Verwendung der unterirdischen Städte aus. Er meint aber, sie seien bereits 1400 vor Christus entstanden, angelegt von den Hethitern, die massive Angriffe der ägyptischen Invasionstruppen befürchteten.

Erich von Däniken bietet eine andere Erklärung für die gewaltigen unterirdischen Anlagen an: Demnach wurden sie von Menschen aus Furcht vor den am Himmel dahinbrausenden Fahrzeugen der Götter tief ins Erdreich gegraben. Mit unvoreingenommenen Augen betrachtet, erinnern uns die unterirdischen Räume tatsächlich an Luftschutzbunker für Zigtausende von Menschen.

Welchem Zweck sie auch gedient haben mögen, sie werden völlig mit Recht immer wieder als ein »achtes Weltwunder« bezeichnet. Und im Konzert der Meinungen ist Erich von Dänikens These, so kühn sie auch klingen mag, eine mögli-

che Erklärung, die besonders einleuchtend wirkt, wenn man vor Ort die unterirdischen Anlagen besichtigt und sich nicht mit Theoretisieren am »grünen Tisch« begnügt.
Mindestens ebenso imposant ist ein weiteres Mysterium im Reich der Hethiter: eine rätselhafte Pyramide auf dem heiligen Nemrud-Berg, bewacht von Kolossalstatuen.

7 *Der Götterberg*

Der Nemrud-Berg liegt im Osten der Türkei, er ist 2150 Meter hoch und gilt wohl schon seit Jahrtausenden als sakrosankt. Im Winter des Jahres 1891/92 erhielt die »Königlich Preußische Akademie der Wissenschaften« einen Brief aus der Türkei. Der deutsche Vizekonsul Müller-Raschdau vermeldete, in Smyrna sei eine Entdeckung von angeblich größter Wichtigkeit gelungen. Karl Sester, ein deutscher Vermessungstechniker, habe auf dem Berggipfel des Nemrud im östlichen Antitauros gelegen, riesige Figuren gefunden, die auf zwei einander gegenüberliegenden Terrassen stünden. Dazwischen befinde sich ein Hügel, der wohl künstlich aufgeschüttet worden sei.

Die Herren der »Königlich Preußischen Akademie der Wissenschaften« konnten freilich nicht so recht glauben, was sie da lasen. Denn just jenes Gebiet, aus dem die sensationelle Entdeckung berichtet wurde, hatte Helmuth von Moltke bereist und sorgsam kartographiert. Von riesigen Statuen war in seinem Bericht freilich nichts zu lesen. Sollte es sie gar nicht geben?

In Berlin war man jedenfalls mehr als skeptisch. Karl Sester hatte die Figuren als »wahrscheinlich assyrisch« bezeichnet. Und »assyrische Reliefs« beschrieb auch die Asienreisende Mrs. Mary Gewendoline Scott-Stevenson, die sie im Bereich des Nemrud-Berges gesehen haben will. Man habe die Kunstwerke bei einem Wirtshaus im Dörfchen Sakcagözü ins Mauerwerk eingesetzt – ganz in der Nähe des Nemrud-Berges also. Assyrische Fundstücke waren damals sehr in

Mode. So beschloß man, die Sache überprüfen zu lassen. Der junge Forscher Otto Puchstein erhielt den Auftrag, die Sache mit den Statuen vor Ort zu recherchieren.
Schon im Sommer 1882 löste er die ihm gestellte Aufgabe mit Bravour. Jetzt gab es keinen Zweifel mehr: Das Bergheiligtum existierte, war nicht der Phantasie eines tagträumenden Reisenden entsprungen. 1883 startete Car Human zu einer großen Nemrud-Expedition. Am 7. Juni 1883 erreichte der weithin anerkannte Wissenschaftler nach einer mehr als strapaziösen Reise sein Ziel.
Er notierte in seinem Tagebuch: »Der erste Eindruck war ein wahrhaft überwältigender. Wie ein Berg auf dem Berge erhob sich auf dem höchsten Felsgipfel der Grabhügel, noch 40 Meter über die Terrasse, die wir erstiegen hatten, emporragend.
Ihm den Rücken wendend, saßen da auf erhöhter Felsbank die Riesenfiguren von fünf Gottheiten, von denen nur eins ganz unversehrt geblieben war … Vor uns lagen die herabgestürzten Köpfe der Statuen, jeder einzelne größer als eines Mannes Länge … Wir gingen um den Tumulus (Grabhügel, der Autor) herum. An der anderen Seite … erreichten wir im Westen wieder eine Terrasse, die bedeutend tiefer lag als die erste. Hier sind die Statuen ganz zerstört, die einzelnen Blöcke, aus denen sie ausgeführt gewesen, zuhauf daliegend, die Köpfe weit über die Terrasse hingerollt.«
Heute, mehr als 100 Jahre später, muß man nicht mehr monatelang per Pferd anreisen, um auf den Götterberg zu gelangen. Per Jeep kommt man, auf freilich zum Teil engen, holprigen Straßen, bis fast ans Ziel. Nur die letzten 1000 Meter muß man noch zu Fuß zurücklegen, die aber haben es in sich. Es geht steil bergauf, und das auf sehr schmalen, steinigen »Pfaden«.
Die Anstrengung lohnt sich aber. Oben angekommen, steht man auf der Ostterrasse. Die Szenerie wirkt unheimlich. Vor

der eindeutig künstlich aufgeschütteten Bergspitze sitzen sechs riesige Steinfiguren. Ihre Köpfe liegen, als habe man die Giganten mit einem angemessen gewaltigen Beil enthauptet, zu ihren Füßen. Nachweislich stürzte das letzte Haupt erst 1964 zu Boden. Acht bis zehn Meter hoch waren die Statuen einst von Kopf bis Fuß, Sockel oder Thron inklusive.
Ein Einheimischer erklärte mir: Von links nach rechts sind da Apollo, Fortuna, Zeus, Herakles und Antiochos dargestellt. König Antiochos I. regierte im ersten Jahrhundert vor Christus. Er gilt als der Erbauer des Bergheiligtums.
Wie aus einer der vielen an den Rückseiten der Statuen angebrachten Inschriften hervorgeht, wollte der Regent durch sein Bauprojekt »unsterblich« werden. Um sicher zu gehen und um im Jenseits von gleich mehreren wichtigen Göttern huldvoll empfangen zu werden, setzte er Apollo, Fortuna und Herakles Denkmäler und sich selbst als Statue direkt zu ihnen in wahrhaft erlauchte Gesellschaft.
Gott Apollo wurde bei den Hethitern als Apulanos verehrt. In der klassischen Mythologie gilt er als Sohn des Zeus. Der hatte sich in die Göttin der Nacht, Leto, verliebt. Ihr Anblick soll ihn überwältigt haben, als er die Schöne zum ersten Mal sah – schlafend, ihre Reize mit einem Schleier aus Sternen bedeckend.
Fortuna ist die einzige weibliche Gottheit vom Nemrud-Berg. Als Kopfschmuck trägt sie, so sieht es aus, Obst und Gemüse. Sie war wohl für die Landwirtschaft zuständig. 1964 trug die Riesenstatue der Fortuna, anders als ihre männlichen Kollegen, ihr Haupt noch zwischen den Schultern. Aber auch ihr Glück sollte nicht ewig währen. Sie wurde vom Blitz getroffen und verlor den Kopf.
Ob da der alte Gottvater Zeus seine Hände im Spiel hatte? Der galt in der klassischen Mythologie als zorniger Götterchef. Bei den Römern wurde er als Jupiter verehrt. »Wol-

kensammler« und »Blitzschleuderer« sind zwei seiner Beinamen.
Herakles schließlich war bei den Römern als Herkules bekannt. Der Mythologie nach verliebte sich Gottvater Zeus in Alkmene, Frau des Amphityou. Darüber ärgerte sich die stets eifersüchtige Hera maßlos. Als dann gar noch als Ergebnis dieser amourösen Verbindung Zwillinge geboren werden, nämlich Herakles und Iphikles, heckt Hera einen mörderischen Plan aus. Zwei große Schlangen sollen die arglosen Babys töten. Beim Anblick der furchteinflößenden Reptilien kreischt Iphikles in panischer Angst entsetzt auf. Herakles, eben acht Monate alt, ergreift die Schlangen. Mit jedem Babyhändchen packt er je eines der Kriechtiere und erwürgt sie. Kein Wunder, daß er später als strahlender Held in die Mythologie eingeht.
Bei näherem Betrachten der Statuen und ihrer Throne fällt auf, daß sie aus sauber zugehauenen Steinblöcken bestehen und innen hohl sind. Durch ein Loch in einem der Thronsessel kann man sogar in das Innere der Figur hineinkriechen. Ich habe es getan: Es lohnt sich nicht.
Zu Füßen der Figuren liegt ein steinernes Podest. 13,5 mal 13,5 Meter sind seine Maße. Man könnte meinen, es handle sich um einen Landeplatz für Hubschrauber, also ein Produkt unseres Jahrhunderts. Und in der Tat wird die steinerne Plattform auch dann und wann als Landeplatz für Helikopter benutzt, wenn erlauchte Staatsgäste dem türkischen Götterberg eine Kurzvisite abstatten und man ihnen den mühsamen Aufstieg per pedes nicht zumuten mag.
Ob den eiligen Politikern dabei bewußt ist, daß sie mit ihren modernen »mechanischen Himmelsvögeln« auf einem über 2000 Jahre alten »Feueraltar« niedergehen? Sein ursprünglicher Zweck, so lautet die archäologische Lehrmeinung: Hier wurden Opfertiere geschlachtet und den Göttern Brandopfer dargebracht, um sie gnädig zu stimmen.

Exkurs nach Südamerika: Auf Feueraltären sollen sich einst Götter »verbrannt« haben. Mythologe Karl F. Kohlenberg, einer der Väter der Präastronautik, sieht darin eine Erinnerung an Raketenstarts vorgeschichtlicher Astronautengötter. Sie brausten ins All, verschwanden. Die zurückbleibenden Menschen standen vor einem scheinbar unlösbaren Rätsel. Feuer und Rauch, Begleiterscheinungen des Raketenstarts, waren ihnen wohlbekannt. Was war also mit den Göttern geschehen? Sie waren verbrannt! Sollte der »Feueraltar« vom Nemrud-Berg einen ähnlichen, nämlich präastronautisch-technischen Ursprung haben?
Fast noch imposanter sind die steinernen Figuren auf der Westterrasse. Da stehen zunächst sechs kunstvoll ausgearbeitete Steinreliefs nebeneinander.

Galerie der Tiere

Das wohl interessanteste davon zeigt einen stolzen Löwen. Es handelt sich dabei um die wohl älteste Darstellung eines Horoskops überhaupt, die bislang auf der Erde gefunden wurde. Symbolisch dargestellt ist der 7. Juni 62 vor Christus. An diesem Tag bestieg Antiochos seinen Thron. Verständlich, daß er sich für diesen wichtigen Tag ein Horoskop erstellen ließ. Monarchen unserer Tage verfahren ja, wie man aus der Presse entnehmen kann, ähnlich, konsultieren ihre Hofastrologen.
Es folgen in der Reihe der Reliefs: ein kleiner Adler, ein weiterer, kleinerer Löwe, ein großer Löwe, ein recht großer stolzer Adler und dann wieder Götterfiguren (Antiochos, Fortuna, Zeus, Apollo, Herakles).
Ich kann mein Studium der Theologie nicht leugnen. Auf dem Nemrud sind Adler, Löwe und Ochse in Stein verewigt – neben zahlreichen Menschengesichtern. Bei Hese-

kiel, dem biblischen Propheten aber, heißt es (im 1. Kapitel, Vers 10): »Ihre Gesichter aber sahen so aus: ein Menschengesicht nach vorn bei allen vieren, ein Löwengesicht auf der rechten Seite bei allen vieren, ein Stiergesicht auf der linken Seite bei allen vieren, und ein Adlergesicht bei allen vieren nach innen.«

Man muß wohl bei dieser Übereinstimmung zwischen Nemrud-Berg und Bibeltext von einem Zufall ausgehen, wurde doch Hesekiels Bericht 592 vor Christus verfaßt, rund 500 Jahre bevor die Bauarbeiten auf dem Nemrud-Berg begannen. Und wie sollte Prophet Hesekiel auf den türkischen Götterberg gekommen sein? Etwa mit dem seltsamen Flugapparat, den er laut Ex-NASA-Ingenieur Josef F. Blumrich angeblich mehrfach sah und benutzte? (Siehe hierzu auch Kapitel 1 meines Buches »Die großen Rätsel der letzten 2500 Jahre«, Augsburg 1992!)

Eine unsterbliche Botschaft

Das eigentliche Rätsel des Nemrud-Dag ist aber irgendwo in der aus faustgroßen Steinen angehäuften künstlichen Pyramide zwischen den beiden Terrassen verborgen. Die Pyramide ist 50 Meter hoch und hat am Fuß einen Durchmesser von etwa 150 Metern. Im Gegensatz zu den meisten steinernen Pyramiden in aller Welt ist die vom Nemrud bislang nicht von Grabräubern geplündert worden.

Antiochos selbst ließ unweit von der Pyramide eine Inschrift anbringen: »Ich habe diesem unantastbaren Monument eine unsterbliche Botschaft anvertraut.« Was für eine Botschaft?

Heutige Wissenschaftler gehen davon aus, daß irgendwo in der Schotterpyramide Antiochos begraben liegt. Zusammen mit kostbaren Schätzen? Man muß es, darf es vermuten,

auch wenn der Grabhügel auf den ersten Blick eher unscheinbar anmutet, einen Vergleich mit den ägyptischen Pyramiden als unangebracht erscheinen läßt. Doch man bedenke: Herkömmliche Pyramiden, wie die Ägyptens, sind relativ leicht zu »knacken« – und deshalb ja auch bevorzugtes Ziel von Grabräubern gewesen.
Die Nemrud-Pyramide ist weitaus standhafter als die ägyptischen »Kollegen«. Wollte man auf dem türkischen Götterberg fündig werden, müßte man wohl den 50 Meter hohen Schotterberg vollkommen abtragen. Denn fängt man irgendwo zu graben an, rutschen gleich Steine in Massen nach. Bezeichnete deshalb Antiochos selbstbewußt seine Anlage als »unantastbar«?
Ich fragte den Archäologen Dr. Ülgür Gökovali. Der lächelte verschmitzt: »Vielleicht ist damit auch der Fluch des Antiochos gemeint!« Der Wissenschaftler weiter: »Immer wieder ist vom Fluch des Tutanchamun die Rede. Vom Fluch des Antiochos spricht kaum jemand!«
So lautet er, der Fluch des Antiochos:
»Wenn du diesen Ort versehentlich entweiht hast, so geh schnell von hinnen! Begib dich in die Einsamkeit! Dort machst du den Frevel ungeschehen! Bist du aber mit Absicht gekommen, so wirst du nimmermehr glücklich sein!«

Tips für Nemrud-Dag-Besucher

Wenn Sie der Fluch des Antiochos nicht abschreckt, beachten Sie bitte folgende Hinweise. Am günstigsten ist es, wenn Sie von Kahta nach Eski Kahta (»Alt Kahta«) fahren. Die recht enge Straße ist wohl ein uralter Handelsweg. Eski Kahta hat eine jahrtausendealte Vergangenheit, einstmals residierten hier die Fürsten der Kommagene.
Leicht übersieht man einen großen, künstlich angelegten

1

2

3

4

5

6

7

8

10

11

12

13

1 Die Sphinx, Inbegriff des Rätselhaften und Mysteriösen. Nach neuesten wissenschaftlichen Erkenntnissen ist sie viele Jahrtausende älter als bisher angenommen.

2 Die »Große Pyramide«: Stammt sie gar nicht von Cheops? Entstand sie wie ihre Wächterin, die Sphinx, bevor die Sintflut kam?

3 Vieles spricht dafür, daß die oft gewaltigen »Bausteine« der »Großen Pyramide« aus synthetischem Stein bestehen.

4 Das Rezept für den »Pyramidenbeton«, es ist uns erhalten geblieben, stammt angeblich von einem Gott namens Chnum. War das ein Außerirdischer?

5 Autor Walter-Jörg Langbein im Inneren der »Großen Pyramide« – unterwegs zur »unvollendeten Grabkammer«.

6 Im geheimnisvollen Raum im massiven Stein – tief unter dem Fundament der »Großen Pyramide«. Liegt hier irgendwo der Eingang zu noch nicht entdeckten Kammern?

7 Eines der großen Rätsel Ägyptens verbirgt sich unter dieser eher unscheinbaren Pyramide.

8 In gigantischen unterirdischen Grüften ruhen riesige, tonnenschwere Steinsärge.

9 Wer oder was wurde einst in diesen Monstersärgen bestattet? Apisstiere waren es jedenfalls nicht!

10 Wurden hier einst die zerstückelten Leichname der legendären Riesen zur letzten Ruhe gebettet? Wollte man unbedingt ihre Wiederauferstehung verhindern?

11 Im Riesentempel von Abu Simbel finden sich deutliche Hinweise auf das geheimnisvolle Volk der Hethiter.

12 Jahrtausendealtes Modell einer vorgeschichtlichen Rakete? Beweis für den Besuch von Außerirdischen vor Jahrtausenden oder gefälschtes Museumsartefakt?

13 Unter der geheimnisvollen Felsenwelt der Commagene verbirgt sich eine mysteriöse »Unterwelt«.

14, 15 Dutzende »unterirdische Städte« bieten in zahllosen, oft riesigen Hallen Zigtausenden von Menschen Unterschlupf.

16 Die unterirdischen Städte konnten mit tonnenschweren, steinernen »Tresortüren« verschlossen werden. Vor wem flohen die Menschen in die Unterwelt? Und wann?

Hügel, ein Grab für die Frauen aus dem Clan des Antiochos. Für seine Damen gab es auch nach dem Tode des Herrschers keine Gleichberechtigung, sie durften nicht auf dem Nemrud-Berg bestattet werden.

Weiter geht es in Serpentinen, in ein weitläufiges Tal. Dann überquert man eine steinerne Brücke. Es lohnt sich, die kühne Bogenkonstruktion näher anzusehen. Kaum zu glauben, daß sie in der heutigen Form, von geringfügigen Renovierungen einmal abgesehen, 1800 Jahre alt ist, von den Römern erbaut wurde. Wie lange noch wird sie wohl dem modernen Straßenverkehr standhalten?

Die zwei steinernen Säulen am Südende der Brücke über den Cendre-Fluß wurden einst dem Kaiser Serpentinus Severus und seiner Gattin Julia Domina gewidmet. Auch an der Nordseite der Brücke standen ursprünglich zwei Säulen, zu Ehren der Kaisersöhne Caracella und Geta erbaut. Nur ein Jahr lang herrschten die beiden gemeinsam nach dem Tod ihres Vaters, dann riß Caracella die Macht an sich und ließ seinen Bruder ermorden.

Ist man über die Brücke gekommen, geht es bald bergan, durch eine steinige Gebirgslandschaft zum Nemrud-Berg. Für den Besuch oben auf dem Nemrud sollten Sie sich wirklich ausreichend Zeit nehmen. Leider sind auch in der Türkei unruhige Zeiten angebrochen, so daß von einer Übernachtung zwischen den steinernen Monumenten abzuraten ist. Man sollte aber, wenn es irgendwie geht, einen Sonnenauf- oder Untergang oben auf dem Berg erleben. Es lohnt sich wirklich. Das wechselnde Farbenspiel aus Licht und Schatten auf den rätselhaften Steingesichtern ist faszinierend, läßt die Figuren manchmal fast lebendig erscheinen.

Besonders günstig ist es, wenn Sie morgens gegen zehn Uhr zum Nemrud hinauffahren. Dann findet man den Weg leichter und riskiert nicht, zu stolpern oder zu stürzen. Gegen Abend geht es dann wieder zurück. Ein Muß ist auf jeden

Fall warme Kleidung, ein dicker Pullover, eine feste Kopfbedeckung sind wirklich unverzichtbar. Wichtig ist auch eine windundurchlässige Jacke. Oben auf dem Nemrud weht zu allen Jahreszeiten immer wieder schneidend kalter Wind.
Für den Rückweg am Abend sollte man eine Taschenlampe dabei haben. Schnell wird man von der einbrechenden Dunkelheit überrascht.
Vom »Götterberg« zu einer wahrhaft rätselhaften alten Karte.

8 *Eine alte Karte, die Antarktis und Atlantis*

Gelegentlich wird sie im Topkapi-Museum in Istanbul gezeigt: die Piri-Reis-Karte – und von den meisten Besuchern übersehen. Dabei handelt es sich bei dem Schmuckstück um eine echte Rarität, um ein wirkliches Rätsel. Zeigt die geheimnisvolle Karte doch, obwohl sie 1513 gezeichnet wurde, den exakten Verlauf der Antarktisküste, und zwar wie sie unter dem Eis verläuft.

Kemal Reis war gegen Ende des 15. Jahrhunderts ein im gesamten Mittelmeerraum gefürchteter und verhaßter Pirat. Sein Sultan hatte jegliche Hoffnung aufgegeben, den Gesetzlosen vor ein ordentliches Gericht zu stellen und verurteilen zu lassen. Also nahm er ihn in den Staatsdienst auf.

Dem alten Haudegen war aber wohl sein Sold zu gering, vielleicht brauchte er auch die Adrenalinschocks, die so ein Seeräuberleben mit sich bringt. Jedenfalls wurde er dann und wann rückfällig und verdiente sich in seinem alten Beruf etwas hinzu.

1501 nahm Kemal seinen jungen Neffen mit auf große Fahrt und kaperte bei Valencia sieben spanische Segelschiffe. 1511 kam er bei einem Schiffbruch vor Naxos ums Leben. Neffe Reis ging, wie sein Onkel, auch zur See. Er unterstützte als erfahrener Seemann zunächst Yavus Selim (1512–1520), dann Suleiman II. Er stieg zum Admiral und Befehlshaber der Flotte auf und wurde außerdem zum geachteten, ja bewunderten Wissenschaftler. Außer seiner Muttersprache beherrschte er Griechisch, Portugiesisch, Italienisch und Spanisch fließend. Sein Werk über die

Kunst des Segelns galt bald als das Standardwerk schlechthin.
Wie nur wenige seiner Zeitgenossen unternahm er weite Reisen, die ihn bis in den Persischen Golf brachten. 1551 wurde er Kommandeur der ägyptischen Flotte, belagerte die Inseln in der Straße von Hormus. Nach zähen Verhandlungen kauften sich die Inselbewohner frei. Drei Schiffe wurden benötigt, um die reiche Kriegsbeute aufzunehmen. Kurz bevor Piri Reis in die Heimat zurückkehren wollte, trafen schlechte Nachrichten ein. Die portugiesische Flotte wollte ihm den Rückweg abschneiden. Piri Reis disponierte kurzfristig um, ließ 28 seiner 31 Schiffe in Al-Basra zurück und segelte mit den drei »Schatzschiffen« nach Suez.
Mit List und Tücke gelang es ihm, die portugiesische Blokkade zu durchbrechen. Dabei verlor er allerdings eines seiner drei Schiffe. Zurück in Ägypten wurde er freilich alles andere als mit offenen Armen empfangen. Ein intriganter Gegner berichtete dem Sultan, Piri Reis sei mit 31 Schiffen losgefahren und nur mit zwei zurückgekehrt. Für diese total fehlgeschlagene Unternehmung trage er als Flottenchef die Verantwortung und müsse hart bestraft werden. Daß die zwei heimgekehrten Schiffe mit unvorstellbaren Schätzen förmlich überladen waren, vergaß der Verleumder freilich zu erwähnen. Sultan Suleiman II. tobte vor Wut und ließ Piri Reis im gesegneten Alter von 84 Jahren auf der Stelle hinrichten.
Ende der 20er Jahre unseres Jahrhunderts arbeitete der deutsche Theologe Adolf Deissmann im Topkapi-Palast in Istanbul. Eine seiner Aufgaben bestand darin, alte Karten zu sichten und in die Bibliothek des Museums einzuordnen. Am 9. Oktober 1929 erhielt er vom Direktor des Museums einen ganzen Packen verstaubter alter Karten, die über die Jahrhunderte anscheinend vergessen, jedenfalls nicht beach-

tet worden waren. Darunter befand sich, wie erst später erkannt wurde, eine Karte, die Piri Reis bereits 1513 gezeichnet hatte.

Eine Karte wird entschlüsselt

Genauer gesagt: Es handelte sich dabei um ein Kartenfragment, 85 mal 60 Zentimeter groß, mit zahlreichen kurzen Textpassagen versehen. Eben wiederentdeckt, geriet die Piri-Reis-Karte auch schon wieder in Vergessenheit. Erst 1956 stieß M.J. Walters vom »Amt für Hydrographie« der US-Navy auf einen Faksimiledruck der Karte. Walters, Kapitän a.D. und Kartenfachmann, Arlington Mallery, Kartenexperte, und P.R. Linehan, Seismologe und Mitarbeiter am Boston College, untersuchten die Karte. Ihr verblüffendes Ergebnis: Sie ist zumindest in Teilen erstaunlich exakt. Davon wiederum hörte Prof. Charles H. Hapgood vom Keene-State-College. Sieben Jahre lang untersuchte er, zusammen mit einigen seiner Studenten die Piri-Reis-Karte. Auf den ersten Blick schien sie in weiten Teilen sehr ungenau zu sein. Lohnte es sich überhaupt, sich näher damit zu beschäftigen? Offenbarte sie nicht mangelhafte geographische Kenntnisse ihres Urhebers?
Doch dann zeigte es sich, daß die Karte, mit Hilfe eines Sets von Lesegittern entschlüsselt, zum Teil erstaunlich exakt ist. Und am verblüffendsten: Die Küstenlinie der Antarktis ist unglaublich genau verzeichnet, und zwar so, wie sie unter dem Eis verläuft.
Diese Umrisse der Küstenlinie sind erst 1957, im Geophysikalischen Jahr, durch Echolotungen ermittelt worden: Derlei hochmoderne technisch-wissenschaftliche Gerätschaften standen aber Piri Reis zweifelsohne anno 1513 nicht zur Verfügung. Wie konnte aber dann Piri Reis 1513 unter

dicken Eisschichten verborgen liegende Küstenverläufe kennen?
Aus den Randnotizen zur Piri-Reis-Karte geht eindeutig hervor, daß ursprünglich eine Art Atlas vorlag. Offensichtlich ist ein großer Teil des Gesamtwerks im Verlauf der Jahrhunderte verlorengegangen. Mag sein, daß so auch Hinweise des Seemanns verschwunden sind, die Aufschlüsse darauf gegeben hätten, wie er seinerzeit das Antarktisrätsel löste. Da uns also wesentliche Informationen fehlen, können wir nur spekulieren.
Sollte Piri Reis über »übersinnliche« Fähigkeiten verfügt haben und die Polarregion hellseherisch eisfrei »gesehen« haben? Oder standen ihm ältere Karten zur Verfügung, die er nur kopierte? Diese Vorlagen müßten freilich sehr alt gewesen sein!
Howard Z. Obermeyer, Kommandant der US-Airforce, stellte fest: »Die Küstenlinien müssen kartographiert worden sein, bevor die Antarktis mit Eis bedeckt war. Das Eis in diesem Gebiet ist heute etwa eine Meile dick. Wir haben keine Ahnung, wie die Daten auf dieser Karte mit dem geographischen Wissen von 1513 vereinbart werden können.«
Hilft ein Hinweis auf der Karte des Piri Reis selbst weiter? Manche Kritiker führen eine Randnotiz für dessen Unkenntnis heran, schreibt er doch auf der Karte, und zwar just an der Stelle, wo die Küstenlinie der Antarktis so verblüffend exakt eingezeichnet worden ist: »Von diesem Land sagt man, es sei sehr heiß!« Hämisch macht auf diesen Sachverhalt der inzwischen in Vergessenheit geratene, einst prominente Däniken-Gegner Gerhard Gadow aufmerksam. Die Antarktis – sehr heiß? Ohne Zweifel kann Piri Reis niemals in der Antarktis gewesen sein.
Ich frage nochmals: Sollten ihm Karten, Aufzeichnungen vorgelegen haben, die aus Zeiten stammten, da die Antarktis eisfrei war? Als jene Gefilde heiß waren? Unmöglich?

Atlantis in der Antarktis?

1989 traten die Buchautoren Thomas Riemer und Fritz Nestke mit einer ungewöhnlichen These an die Öffentlichkeit. In ihrem umfangreichen Werk »Atlantis – Ein Kontinent tau(ch)t auf« (Mysteria, Halver und Dortmund 1989) behaupten die beiden: Atlantis lag in der Antarktis – vor der Vereisung.

Sollte Platon (427–347 v. Chr.) bei seinem Atlantisbericht wirklich die Gefilde der Antarktis vor Augen gehabt haben? Tatsächlich gibt es im griechischen Text Platons zahlreiche Hinweise, die diese These untermauern, man erkennt sie aber erst, wenn der Text wortwörtlich übersetzt wird.

Wie bei allen Texten gilt auch hier: Nie gibt es nur eine einzige richtige, sondern stets mehrere mögliche Übersetzungen, wie ich selbst immer wieder etwa bei Übertragungen des hebräischen Originals des Alten Testaments in heutiges Deutsch feststellen mußte. Welche Variante gewählt wird, das bleibt stets dem jeweiligen Übersetzer überlassen. Leider tun aber viele Übersetzer so, als sei die von ihnen erarbeitete Version die einzig mögliche und einzig gültige.

Wir erfahren bei Platon (»Timaios« 25 D), das Meer bei Atlantis sei nach dem Verschwinden des mysteriösen Kontinents nicht mehr schiffbar gewesen, wegen – und jetzt sind verschiedene Übersetzungen möglich: »wegen der ungeheuren Schlamm-Massen« oder, auch diese Übersetzung ist korrekt, »wegen des geronnenen/gefrorenen Meeres«.

Fritz Nestke und Thomas Riemer arbeiteten in mühsamer Kleinarbeit mit dem griechischen Originaltext Platons. Immer wieder stießen sie im Zusammenhang mit Atlantis auf Textpassagen, die davon zu berichten scheinen, daß das mythische Land unter ewigem Eis versank.

Fest steht: Platon datiert den Untergang von Atlantis auf die Zeit um 8500 v. Chr. Sollte damals wieder eine Vereisung eingesetzt haben, nachdem in einer Wärmephase die Antarktis eisfrei war? Eine solche Wärmephase begann vor rund 12 000 Jahren. Zur Erinnerung: Damals schmolzen Gletscher, wurden weltweit zumindest regional Überschwemmungen ausgelöst. Die rätselhafte Sphinx wurde dabei stark beschädigt. Und die Pyramiden von Wisconsin, USA, verschwanden, ein See bildete sich über ihnen!

Verfügte Platon über uralte Quellen zum Thema Atlantis? Standen Piri Reis ähnliche Überlieferungen aus grauer Vergangenheit zur Verfügung? Und besuchten damals, vor etwa 12 000 Jahren, Außerirdische, die aus den Tiefen des Alls kamen, die Erde?

Teil III

Nordamerika –
Neue Welt, alte Rätsel

»Heiliger Schrecken herrscht
in den Vorhallen des Rätsels.«

VICTOR HUGO

9 *Kolumbus war nicht der erste*

Paradox wie Pyramiden, die auf dem Grund eines Sees zu finden sind, oder eine prähistorische Rakete, die in einem archäologischen Museum der Türkei versteckt wird, mutet eine Notiz auf dem Kartenfragment des Piri Reis an. Sie stellt die Fachwelt vor ein Rätsel. Will der geheimnisvolle Seefahrer doch eine Karte besessen haben, die Kolumbus bei seiner abenteuerlichen Reise in die Neue Welt benutzte.
Wie sollte das möglich gewesen sein? Wie kann Kolumbus eine Karte besessen haben, die ihm den Weg zum unbekannten Amerika aufzeigte? Eine mögliche Antwort: Kolumbus war gar nicht der Entdecker Amerikas. Er hatte Vorgänger.
1992 wurde mit großem Pomp die Entdeckung Amerikas gefeiert. Die Nachfahren der Ureinwohner der Neuen Welt – Kolumbus nannte sie fälschlich Indianer, weil er bis ans Ende seiner Tage glaubte, einen neuen Seeweg nach Indien gefunden zu haben – empfanden seinerzeit die europäischen Invasoren allenfalls kurzfristig als Beglücker.
1991 kommentierte ein Vertreter des indianischen Widerstands unserer Tage: »Damals gab es keine gleichberechtigte Begegnung zweier Welten. Es gab nur die Unterdrückung unserer Kultur durch die europäische.«
Wer sich näher mit Kolumbus beschäftigt, muß feststellen, daß noch heute viel Unklarheit über den großen Seemann herrscht. Es mag seltsam klingen, aber es ist nicht einmal bekannt, wie er genau hieß. Dokumente aus dem 15. Jahrhundert nennen ihn abwechselnd Colombo, Colom oder Colon,

aber auch die Namen Jorge Byssipat und Georg der Grieche tauchen auf.
Umstritten ist auch heute noch Kolumbus' Geburtsjahr. War es 1436, 1447 oder 1451? Ja selbst der Ort, an dem er das Licht der Welt erblickt hat, scheint unklar zu sein. War es Ponteverda? Genua? Plascencia? Selbst über Kolumbus' Muttersprache herrscht Ungewißheit. Italienisch wird bevorzugt. Aber warum schrieb er dann selbst Italienern, wie seinem Freund Gariccio, in einem merkwürdigen Mischmasch aus Lateinisch und Spanisch und nicht in seiner angeblichen Muttersprache, wenn es denn Italienisch gewesen sein sollte? Ein Brief in katalanischer Sprache ist bis in unsere Tage erhalten, kein einziger in Italienisch.
Kolumbus behauptete gern von sich, er entstamme einer einflußreichen Adelsfamilie. In Wirklichkeit ist er aber wohl eher von schlichter Herkunft. Sein Vater dürfte Wollweber und Kneipenwirt gewesen sein. Kolumbus junior soll den Beruf des Vaters erlernt haben und 1472 als Wollhändler in Savona gearbeitet haben. Oder war es ganz anders? Fuhr er 1472 als Kapitän eines Kriegsschiffes zur See?
Kolumbus' Biographie weist viele Lücken auf, Fragezeichen ergeben sich gehäuft. So herrscht über seine Religionszugehörigkeit Unklarheit. Entstammt er einer ursprünglich jüdischen Familie, die in Spanien zwangsgetauft wurde? Oder war er Sproß einer erzkatholischen Familie?
Auch mehr als ein halbes Jahrtausend nach Kolumbus' historischen Entdeckungsfahrten geistert ein völlig falsches Szenario durch die Öffentlichkeit: Kolumbus, auf der einen Seite, erklärt, die Welt sei eine Kugel und Indien könne auf dem Seewege erreicht werden, wenn man gen Westen segle. Das bestreiten, auf der anderen Seite, die Vertreter der angeblich so rückständigen katholischen Kirche. Der Klerus war aber keineswegs so unwissend, wie das gern von ver-

meintlich fortschrittlichen, sprich antikirchlichen Kreisen behauptet wird.
Als zum Beispiel Nikolaus Kopernikus (1473–1543) erklärte, die Erde drehe sich um die Sonne und nicht umgekehrt, pries die Kurie diese Erkenntnis als »wertvolle Frucht wissenschaftlichen Fortschritts«. Weitaus rückständiger war freilich Martin Luther. Unter Hinweis auf eine Bibelstelle (Josua 10, 12), in der Israels Armeechef bei einem Sieg über die Amoriter die Gestirne festhält, donnert Luther: »Aber wie die Heilige Schrift anzeiget, so hieß Josua die Sonne stillstehen, und nicht das Erdenreich.« Für Reformator Luther war Kopernikus ein Narr.
Die katholische Kirche lehnte auch die Idee von der Kugelgestalt der Erde keineswegs ab, behauptete auch nicht, daß die Erde eine platte Scheibe sei und Seefahrer ins Bodenlose stürzen müßten, so sie nur lange genug gen Westen führen. Ein solches Szenario mag zwar manchen heutigen Zeitgenossen amüsant erscheinen, ist aber eine bösartige Verunglimpfung der katholischen Kirche. Kein halbwegs gebildeter Vertreter der Geistlichkeit hielt im 15. Jahrhundert die Erde noch für eine Scheibe. Die Kugelgestalt unseres Globus war zu Kolumbus' Zeiten wohlbekannt. So lernten Studenten aus ganz Europa bereits im 12. und 13. Jahrhundert auf den maurischen Universitäten des katholischen Spanien, daß die Erde eine Kugel ist. Und kirchliche Wissenschaftler waren es, die das Gedankengut der Antike sorgsam übersetzten und überlieferten. Etwa die Schriften des Aristoteles, der 1850 Jahre vor Kolumbus festhielt: »Offenbar ist die runde Gestalt der Erde die einer gar nicht großen Kugel.« Aristoteles beschrieb sogar schon einen Seeweg nach »Indien«. Man müsse nur durch die Säulen des Herakles (gemeint ist die Meerenge von Gibraltar, der Autor) fahren, um das Meer zu erreichen, das zwischen Europa und Indien liege.

Auch der Gelehrte Eratosthenes (275–195 v. Chr.), angesehener Chef der legendären Bibliothek von Alexandria, wußte: »Wenn nicht die Größe des Atlantischen Meeres hinderte, müßten wir von Iberien auf demselben Breitengrad nach Indien segeln können.«
Die Kugelgestalt der Erde war zu Zeiten der »alten Griechen« ebensowenig strittig wie in der Ära des Kolumbus, wohl aber die Größe des Erdballs. Strabon etwa, der große Wissenschaftler, nahm vor 2000 Jahren an, der Umfang der Erde betrage 13 500 Kilometer. Eratosthenes errechnete einen Erdumfang von 39 600 Kilometern, kam also der tatsächlichen Äquatorlänge von 40 000 Kilometern erstaunlich nahe.
Kolumbus' Reise wurde von mehreren europäischen Königshäusern nicht deshalb wiederholt verworfen, weil keiner an die Kugelgestalt der Erde glauben mochte, sondern weil man Kolumbus vorwarf, die Entfernung Europa–Indien auf der Westroute viel zu niedrig, zu kurz anzusetzen. Man befürchtete, die geplante Expedition sei nicht finanzierbar.

Irrte Kolumbus?

Kolumbus ging eindeutig von einer viel zu kleinen Erdkugel aus. Er verkalkulierte sich schon bei der Entfernung Lissabon–Indien ganz gehörig. Die tatsächliche Distanz ist dreimal so groß, wie Kolumbus dachte. Oder zu denken vorgab. Sollte er die wirkliche Entfernung gekannt, aber eine viel zu niedrige angegeben haben, um sein für damalige Zeiten abenteuerlich anmutendes Vorhaben potentiellen Geldgebern vernünftiger erscheinen zu lassen?
Für grundsätzlich falsch hielten auch Kolumbus' Gegner das »Projekt Indien« nicht, höchstens für zu teuer. Pioniere, das zeigt sich immer wieder, haben mit dem Widerstand phanta-

sieloser Kaufleute zu rechnen, die neuartige Ziele ablehnen, weil der Weg dahin zu teuer sei. So geht es heute Denkern in Sachen Raumfahrt, die bemannte Raumschiffe zu anderen Planeten schicken wollen.

Teuer wurde Kolumbus' Projekt allerdings aus heutiger Sicht für die Ureinwohner Amerikas, die für ihre Entdeckung einen recht hohen Preis zahlen mußten. In Heller und Pfennig läßt sich freilich nicht berechnen, welcher Schaden von den Kolumbus folgenden Europäern angerichtet wurde. Letztlich war es eine Folge der historischen Tat des Kolumbus, daß die hochentwickelte Kultur des »alten Amerika« fast gänzlich zerstört wurde. Schon Karl May beklagte mit Recht den Niedergang des roten Mannes, den letztlich Kolumbus verschuldete.

Doch zurück zur »Karte des Kolumbus«, von der Piri Reis schreibt. Tatsächlich tauchte noch zu Lebzeiten des Kolumbus die Behauptung auf, er habe Amerika nicht wirklich entdeckt, sondern sei nur auf den Spuren früherer Seefahrer gewandelt. So ganz aus der Luft gegriffen scheint diese Behauptung nicht zu sein.

Ein Zeitgenosse Kolumbus', sein Freund Oviedo, berichtet: »Mein Amigo hatte bereits bei seiner ersten Amerikafahrt eine Karte dabei, auf der der ›unbekannte Kontinent‹ schon eingezeichnet war, ein großes Land im Westen von Madeira.«

War das wirklich Amerika? Vincente Diaz aus Tavira wird als Urheber der Karte genannt. Fernando und Las Casas vermelden Ähnliches, hüllen sich aber in Schweigen, auf wen die ominöse Karte zurückgehen soll. Kolumbus selbst schweigt sich zu diesem Thema aus.

Fest steht: Kolumbus hat in den Jahren vor 1492 intensiv in Bibliotheken und Geheimarchiven nach Karten gesucht. Das war ein gefährliches Unterfangen, galt dergleichen damals doch als »Spionage«. Wurde Kolumbus fündig? Zu Kolumbus' Zeiten geschah Merkwürdiges: Fast sämtliche Kartenwerke verschwanden »über Nacht« aus den großen Bibliotheken, etwa in Lissabon, dem Zentrum der damaligen europäischen Seefahrt. Warum? Und wer stahl sie? Das konnte bis heute ebensowenig geklärt werden wie die Frage nach dem Auftraggeber, der hinter der ganzen großangelegten Aktion steckte. Denn eine zentral geleitete Aktion muß es gewesen sein.

Tatsächlich registrierte eine uralte Karte schon lange vor Kolumbus die »Neue Welt«: die Vinlandkarte. Ob freilich Kolumbus eben diese Karte kannte oder eine Kopie davon besaß, diese Frage wird wohl nie geklärt werden können. Es sei denn, was sehr unwahrscheinlich ist, es tauchen noch bislang unbekannte Aufzeichnungen Kolumbus' auf. Dann aber ist große Vorsicht angebracht, nicht daß etwa Herr Kujau, Schöpfer der »Hitler-Tagebücher«, in einer Mußestunde »echte« Kolumbushandschriften produzierte ... Wie dem auch sei: Die Vinlandkarte existiert.

1957 zeigte ein Buchantiquar aus Newhaven dem Kurator für Literatur des Mittelalters und der Renaissance der angesehenen Yale-Universität, Prof. Thomas E. Masteron, einen wertvollen Fund: einen Band mit alten Manuskripten. Er enthielt einen Bericht der Franziskanermönche Johann von Caprini und Benedikt von Polen, die 1245 bis 1247 den Großen Kujuk am Baikalsee besuchten.

Eingebunden war auch eine 27,8 mal 41 Zentimeter große Weltkarte. Und die enthält eine wirkliche Sensation. Obwohl die Karte dem Papier nach um 1440 gezeichnet worden sein muß, zeigt sich eindeutig schon Amerika, das als Vinland bezeichnet wird. Aber es wird noch verblüffender. In lateinischer Sprache steht da: »Durch Gottes Willen nach einer langen Reise von der Insel Grönland aus zu den weit entfernten Teilen des westlichen Ozeans, inmitten von Eis in südlicher Richtung segelnd, entdeckten die Gefährten Bjarni und Leif Erikson ein neues Land, ungemein fruchtbar, selbst Wein wächst hier, und sie nannten es deshalb Vinland, Weinland.«

Schon um das Jahr 1000 unserer Zeitrechnung soll Erikson mit seinen Gefährten Amerika entdeckt haben. Um 1118 soll Eric, Legat des Apostolischen Stuhls und Bischof von Grönland, eben dieses Vinland aufgesucht haben. Jahrhunderte vor Kolumbus!

1965 schlug diese Meldung ein wie eine Serie von Bomben. Man feierte den 473. Jahrestag der »Entdeckung Amerikas«, und jetzt hieß es, daß die Wikinger schon Jahrhunderte früher da waren? Die spanischen Kolumbus-Verehrer reagierten mit Empörung. Da wurde ihrem Idol unterstellt, gar nicht der erste gewesen zu sein, ja vielleicht sogar die Vinlandkarte gekannt zu haben!

Wütend erklärte in New York John La Corte, Präsident der »Italo-Amerikanischen Gesellschaft«, die Vinlandkarte sei eine Fälschung, ohne das Streitobjekt je gesehen, geschweige denn untersucht zu haben, wozu ihm ja auch jegliches Wissen fehlte. Der Vorwurf der Fälschung wird indes bis in unsere Tage immer wieder erhoben. Er stützt sich letztlich auf zwei Überlegungen.

Reisebericht und Vinlandkarte wurden zwar auf dem gleichen Papier mit identischen Wasserzeichen verewigt, die Wurmlöcher aber stimmen nicht überein. Gehörte also die Vinlandkarte gar nicht zum Reisebericht? Hatte man willkürlich zusammengefügt, was gar nichts miteinander zu tun hatte? Ist die Karte also ein von Fälscherhand unterschobenes »Extra«?

Das Problem mit den Wurmlöchern ist inzwischen gelöst. Es wurde nämlich ein weiteres Manuskript gefunden, der sogenannte Beauvais-Text, der sich ursprünglich zwischen Reisebericht und Vinlandkarte befand. Jetzt ist es stimmig: Die gefräßigen Würmer nagten sich also zunächst durch den

Reisebericht, machten sich dann auf den Weg durch den Beauvais-Text und arbeiteten sich schlußendlich, sozusagen zum Dessert, durch die Vinlandkarte. Was einst als Hinweis für eine Fälschung betrachtet wurde, bestätigt nun die Echtheit der Karte.

Zur zweiten Überlegung: Es wird immer wieder darauf hingewiesen, eine Untersuchung der Tinte habe eindeutig ergeben, daß die Karte falsch sei. Enthalte sie doch »größere Mengen Titanoxid«, eine Substanz, die erst seit 1920 bei der Herstellung von Tinten verwendet wird.

Dr. Johannes Fiebag indes stellt fest: »Jüngere Analysen durch das Crocker Nuclear Laboratory der Universität von Kalifornien bestätigen das Ergebnis nicht: Keinesfalls, so die Wissenschaftler, könnten erhebliche Anteile an Titanoxid nachgewiesen werden, und in einem Drittel der Schriftzüge wurde der Stoff überhaupt nicht gefunden. Damit läßt sich dieses Argument für eine Fälschung nicht mehr verwenden.«

Entsprechend erklärte das »Crocker Nuclear Laboratory« im Mai 1987: »Die Karte ist echt, von einer Fälschung kann nicht die Rede sein!«

Dr. Johannes Fiebag verweist auf ein weiteres Rätsel der Vinlandkarte, das meist übersehen wird. So zeigt die geheimnisvolle Karte eindeutig Grönland in unglaublich exakter Korrektheit. Als sie aber gezeichnet wurde, war der Norden der Insel mit Sicherheit noch gar nicht erforscht. Wie konnte er dann aber kartographisch so zutreffend erfaßt werden?

Dr. Johannes Fiebag: »Wurde die Karte ähnlich wie die Piri-Reis-Karte mit Hilfe einer Technik angefertigt, die weder im Mittelalter noch in der Antike, sondern erst (wieder?) seit wenigen Jahrzehnten zur Verfügung steht?«

Obwohl es eigentlich keinen Zweifel mehr an der Echtheit der Vinlandkarte geben kann, wird sie immer wieder als »Fälschung« bezeichnet. An der Tatsache aber, daß Leif

Erikson um 1000 nach Christus nach Amerika fuhr, kann es keinen Zweifel mehr geben. Seine erste Kolonie, die er auf L'Anse aux Meadows, Neufundland, gründete, wurde gefunden und archäologisch untersucht.
Aber auch Leif Erikson hatte bereits Vorgänger, auch er war nicht der erste »Amerika-Entdecker«.

Ein Heiliger auf Weltreise

Ihm zuvorgekommen war zum Beispiel eine Gruppe frommer Mönche aus Irland. Und die hinterließ sogar eine Reisebeschreibung von äußerster Detailfreude. Der irische Klosterbruder Brendan war empört. Hatte er doch in der Klosterbibliothek ein Manuskript gefunden, das nur auf den Teufel selbst zurückgehen konnte. Es hatte zwar die »Wunder Gottes« zum Thema, mußte aber, dachte Brendan, der später heilig gesprochen wurde, Teufelswerk sein. Denn was da alles behauptet wurde! Drei Himmel und zwei Paradiesflüsse gebe es auf Erden, vier glühende Fegefeuer noch dazu. Dann seien da noch zwei gewaltige fremdartige Länder auf Erden ... und wenn es in einem davon Nacht sei, scheine im anderen die Sonne. Und umgekehrt. Allein schon diese Behauptung schien Brendan Grund genug dafür zu sein, das Werk zu verbrennen. Brendan: Gott ist gerecht und behandelt alle Menschen gleich. Entweder es scheint die Sonne, dann strahlt sie für alle Menschen auf Erden, oder es ist für alle Menschen dunkle Nacht.
Kurz entschlossen verbrannte der fromme Mann das wertvolle Buch und wurde hart dafür bestraft. Mit zwölf Glaubensbrüdern mußte er die Welt besegeln und überprüfen, ob denn das von ihm so mutwillig vernichtete Werk nicht auch Wahres enthalten oder nur aus Schauermärchen bestanden hatte. Gehorsam stach die »Fromme 13« in See. Neun Jahre

dauerte die folgende Irrfahrt. Ergebnis: das Werk »Navigatio Sancti Brendani« (etwa: »Seefahrt des Heiligen Brendan«).
Was wissen wir über den frommen Mann? Er wurde gegen Ende des fünften Jahrhunderts unserer Zeitrechnung im Westen Irlands geboren. Als eifriger Missionar reiste er viel. Um 540 war er lange Jahre in der Fremde. Etwa auf Weltreise? »Navigatio Sancti Brendani« wurde erst im neunten, vielleicht sogar erst im zehnten Jahrhundert von einem Mönch, wir kennen seinen Namen nicht mehr, in lateinischer Sprache niedergeschrieben. Im Mittelalter wurde das Werk begeistert gelesen, sogar in viele Fremdsprachen übersetzt. Es war ein Bestseller jener Zeit. Immer wieder wurde der Text mühsam per Hand abgeschrieben. 1476, als der Buchdruck erfunden war, erschien es als eines der ersten »richtigen« Bücher überhaupt.
Heftig wurde diskutiert: Handelt es sich bei St. Brendans Buch um einen Tatsachenbericht? Wird da eine Reise beschrieben, die tatsächlich stattgefunden hat, oder handelt es sich um einen reinen Phantasieroman mit frommen Einsprengseln zur Erbauung der christlichen Leserschaft? Ende des 19. Jahrhunderts waren viele Wissenschaftler überzeugt: Es ist ein Tatsachenbericht, St. Brendan kam mit seinen Glaubensbrüdern im sechsten Jahrhundert, fast 1000 Jahre vor Kolumbus, bis nach Amerika.
Alexander von Humboldt vermutete: St. Brendan entdeckte Florida. Andere Wissenschaftler indes waren vom Gegenteil überzeugt. Das Buch sei alles andere als Beschreibung wirklicher Ereignisse, sondern nur fromme Heiligenlegende. Beweis: Das exakt beschriebene, kleine, hauptsächlich aus Leder zusammengeflickte Boot sei vollkommen ungeeignet für eine Atlantiküberquerung gewesen.
Tatsache ist: Noch heute benutzen Fischer in St. Brendans Heimatgebiet im Westen Irlands kiellose Boote. Deren Konstruktion ähnelt verblüffend der von St. Brendan beschriebe-

nen. Nur daß heute geteertes Leinen über ein Holzgerippe gespannt wird, während Brendan gegerbtes Leder nahm.

Beweise für St. Brendans Bericht

Der englische Historiker Tim Severin war überzeugt: St. Brendans Reise hat tatsächlich stattgefunden. In mühevoller Kleinarbeit ließ er ein Boot, so wie es der fromme Kirchenmann beschreibt, detailgetreu nachbauen. Und am 17. Mai anno 1976 stach er mit seiner vierköpfigen Besatzung im »Brendan-Boot« in See. Am 26. Juni 1977 kam er bei der Insel Peckford vor der Ostküste Neufundlands an. Damit war bewiesen, daß das von Brendan beschriebene Boot tatsächlich die Amerikareise hätte ermöglichen können. Gelang aber auch der Beweis, daß die Reise tatsächlich stattfand?

Tim Severin meint: ja. Der Bericht St. Brendans enthalte eine Fülle von präzisen Beschreibungen, die eindeutig belegten, daß sein Bericht alles andere als ein Hirngespinst war. Oft entpuppten sich just jene Passagen aus den Aufzeichnungen des frühen Amerikaentdeckers als Beweis für die historische Wahrheit seines Berichts, die lange Zeit als »märchenhaft-erfunden« abgetan worden waren, freilich von »Experten« aus der Schreibstube heraus, die von Seefahrt keinen blassen Schimmer hatten.

St. Brendan reiste mit seinen Brüdern vom Heimathafen auf Dingle 15 Tage gen Westen. Dann kam das kleine Boot vom Kurs ab und trieb Richtung Norden. Man stieß auf eine Insel, deren furchteinflößende Klippen wirklichkeitsnah beschrieben werden. Wahrscheinlich handelte es sich um eine der Hebriden-Inseln, vermutlich St. Kilda.

Weiter ging es zu den Färöer-Inseln. Auch das nächste Eiland wurde gern als »fromme Erfindung« abgetan, als eine

Art Miniaturparadies. Fromme Menschen hätten dort riesige Schafe gezüchtet, das ganze Jahr über. Wahrscheinlich war das Eiland ebenso Realität wie die darauf so gut gedeihenden vierbeinigen, gutmütigen Wollspender. Sorgt doch der Golfstrom für ein gemäßigtes Klima mit milden Wintern. Name der Insel heute: Stremnoy.

Auf der Weiterreise beschreibt St. Brendan ein unglaubliches Abenteuer. Oft wurde es als Beleg dafür gewertet, daß der gesamte Reisebericht frei erfunden sei. St. Brendan und seine Brüder wollen eine »kleine Insel« entdeckt haben. Sie legten an, machten Feuer, als die Insel plötzlich erbebte und in den Tiefen des Meeres versank. Horrormärchen? Keineswegs, meint Tim Severin. Der Beschreibung, die phantasievoll ausgeschmückt wurde, lag wohl eine Begegnung mit einem Walfisch zugrunde.

Als Tim Severin die Reise Brendans nachvollzog, gab es oft Begegnungen mit riesigen Walen. Das winzige Boot wurde oft tagelang von den riesigen Meeressäugern begleitet, die sich nicht selten fast auf Armeslänge näherten. Tim Severin: »Die Wale mögen das kleine, runde Boot mit Lederhaut für ein Tier, vielleicht ein verwundetes Lebewesen, etwa einen kleinen Artgenossen gehalten haben.«

St. Brendan dürfte wohl kaum mit seinen Mannen einen Walfisch wie eine Insel bestiegen haben. Aber die Begegnung mit solchen Riesen der Meere mögen ihn zu einem kurios anmutenden Bericht veranlaßt haben. Vielleicht wird es auch nicht mehr lange dauern, bis Walfische gänzlich ausgerottet sein werden. Leider scheinen sich die Vertreter unserer irdischen Zivilisation, die sich gern als intelligent bezeichnen, nicht auf konkrete Schutzmaßnahmen für die bedrohten Riesensäuger einigen zu können oder zu wollen. So geht das blutige Schlachten weiter.

Eine der nächsten Etappen ist die Insel der Schmiede. Auch die Beschreibung besagten Eilandes ist oft als Fiktion abgetan worden, wobei dem eifrigen Chronisten mit dieser Unterstellung herbes Unrecht zugefügt wurde. Brendan schreibt: »Die Insel war sehr rauh, felsig und voll Schlacke, ohne Bäume und Gras und voll von Schmelzöfen. Als wir an der Insel vorbeifuhren, hörten wir bellende Geräusche, laut wie grollender Donner. Einer der Bewohner kam aus seiner Werkstatt heraus und trug in seiner Hand eine Zange mit einem lodernden Klumpen Schlacke, groß und glutsprühend.«

Jener bösartige Geselle soll St. Brendan und seine Mitbrüder mit glühenden Brocken beworfen haben. Wo diese Klumpen ins Meer fielen, habe das Wasser gekocht. Entsetzt suchten die frommen Seefahrer das Weite. Mit Grausen blickten sie zurück. Da habe die Insel ausgesehen, als brenne sie lichterloh.

Bei dieser Beschreibung handelt es sich keineswegs um ein Horrormärchen, meint Tim Severin. »Hier wurde ein Vulkanausbruch wiedergegeben! Wahrscheinlich handelte es sich um einen Unterwasservulkan im Süden Islands.«

Heute sind in jener Region eine Vielzahl von Vulkanen auf dem Meeresboden bekannt. Sechs davon sind nachweislich in historischen Zeiten ausgebrochen. Wurde St. Brendan Zeuge eines solchen Naturschauspiels? Das ist durchaus möglich. Es kann aber auch sein, daß er den Bericht eines anderen Zeugen in seine Reisereportage einbaute.

Auf ein weiteres Detail aus dem interessanten Reisebericht möchte ich eingehen. Mitten im kalten Meer sei Unglaubliches geschehen. Man habe eine riesige »Säule« im Meer gesichtet. Sie sei »wie Kristall« gewesen, läßt der so sorgsam untersuchte Report vernehmen. Des Rätsels Lösung: Da wird ein Eisberg beschrieben. Nach St. Brendans Angaben war er an die 700 Meter breit.

Wie weit St. Brendans Reise freilich führte, das bleibt umstritten. Da wird ein gefährliches Schlamm-Meer beschrie-

ben, ein »Klebemeer«, das das kleine Schiffchen gefangenzuhalten drohte. Sollte damit das berühmt-berüchtigte Bermudadreieck gemeint sein? In jenen Gefilden werden tatsächlich seit Jahrhunderten Schiffe durch wahrhaft gigantische Algenmassen behindert.
An Odysseus' Abenteuer wird man erinnert, liest man bei St. Brendan von einer »Zauberquelle«. Ihr Wasser habe die frommen Iren alles andere als erquickt. Tagelang seien sie krank gewesen. Wird hier auf einen Besuch auf der Azoreninsel Sao Miguel angespielt? Handelte es sich um die schwefelhaltigen Quellen jenes Eilands, die den Mönchen so sehr zu schaffen machten?
Tim Severin ist überzeugt: St. Brendan entdeckte Amerika, 1000 Jahre vor Kolumbus. Zu exakt, zu korrekt seien seine Beschreibungen. Theoretisch denkbar wäre es aber auch, daß St. Brendan nicht eigene Erlebnisse, sondern ältere Berichte von früheren Entdeckern vorliegen hatte und in seinem Buch verarbeitete. Dann hätte es aber noch frühere Amerikafahrer gegeben haben müssen!
Oder kam Übersinnliches ins Spiel? War St. Brendan ein Hellseher? Vermochte er seinen Geist vom Körper zu lösen und reiste er nur in Gedanken? Auch diese Möglichkeit kann nicht ausgeschlossen werden, erscheint aber unwahrscheinlich. Zu seemännisch-irdisch sind die Fakten in seinem Bericht. Zahllose Richtungsangaben, Hinweise auf Strömungsverhältnisse und Dauer einzelner Etappen sprechen für eine höchst wirkliche Seereise.

Ägypter in Amerika

Vieles spricht dafür, daß St. Brendan Amerika entdeckte. Wo genau er an Land ging, das ist seinen Aufzeichnungen nicht zu entnehmen. Aber auch der Mönch scheint nicht der erste

»Amerikaentdecker« gewesen zu sein. Allem Anschein nach kamen ihm die Ägypter zuvor. Prof. Dr. Barry Fell, Universität Harvard: »Vor rund 3500 Jahren überquerten Ägypter den Atlantik und befuhren den Mississippi-Strom.« Gibt es dafür auch Beweise?

Der Wissenschaftler untersuchte eine Reihe von uralten Indianersprachen, nämlich die der Atakapa, Tunica und Chitimacha. Besagte Völker lebten am unteren Flußlauf des Mississippi. Viele Jahre hatten Sprachforscher ein merkwürdiges Phänomen beobachtet, das sie nicht erklären konnten. Enthielten doch die Sprachen der Indianervölker zahllose Worte, deren Ursprung völlig fremdartig war, die keinerlei Ähnlichkeiten mit anderen örtlichen Indianersprachen hatten.

Prof. Fell löste das Rätsel: »Die seltsam klingenden indianischen Worte, etwa für Angst, Floß, sinken und heilen, sie alle gehen auf ägyptische Worte zurück, wie sie vor 3500 Jahren am Nil gesprochen wurden.« Laut Prof. Dr. Fell kann es keinen Zweifel geben: Amerika wurde nicht von Kolumbus, sondern Jahrtausende zuvor von ägyptischen Forschungsreisenden entdeckt.

Schickten Ägyptens Herrscher reisende Späher in die Fremde, auf der Suche nach neuen Ländern? Strebte man ein echtes Weltreich an? Die ägyptische Geschichtsschreibung weiß nichts von derlei Unternehmungen zu berichten. Spricht das dann für eine eher zufällige Entdeckung, etwa durch Seefahrer, die sich, etwa durch Stürme vom Kurs abgebracht, verirrt haben?

»Ob per Zufall oder im Zuge gezielter Forschungsreisen – Ägypter waren schon vor Jahrtausenden in Amerika!« behauptet auch Russel Bennet Stafford, der weit über die Grenzen Kaliforniens hinaus als Erforscher der indianischen Vergangenheit Nordamerikas und als Experte für Steinzeitkunst bekannt ist. Der Wissenschaftler ist davon überzeugt, daß der indianische Gott Manitu – nicht nur Karl-May-Lesern wohlbekannt – ägyptischen Ursprungs ist. »Monetu war eine besondere Schutzgottheit im alten Ägypten. Er war zugleich der Kriegsgott von Uatset, Theben, berühmt für seinen Heldenmut. Er wurde ›Horus mit einem starken Arm‹ genannt, verwandelte sich auf magische Weise in Stiergott Bokh. Er war die Verkörperung eines weiteren Gottes, nämlich von Ra-Hor-Akhuti der gewöhnlich als roter Mann mit zwei Federn als Schmuck im Haar gezeigt wird. Seine Anhänger kennzeichneten sich gern mit Federn im Haar.«

Sollten also tatsächlich frühe Ägyptenbesucher den Manitu-Glauben vom Land am Nil nach Nordamerika gebracht haben? Und sollte der typische Indianerschmuck, Federn im Haar, ebenfalls einen ägyptischen Ursprung haben?

Ein weiterer Gott, der sowohl im alten Ägypten als auch in Nordamerika verehrt wurde, ist »Pauti« (Ägypten) oder »Pauti-wa« (Amerika). Pauti war in Ägypten eines der ältesten Götterwesen, ein Schöpfer wie Jahwe bei den Israeliten. Obergott Amon-Ra führte auch die Bezeichnung »Pauti Taui«, was soviel wie »der Anfang der Zeit« heißt. Pauti-wa hatte eine ganz ähnliche Bedeutung bei den Indianern Nordamerikas. Bei den Asheewee-Indianern galt er als dem Götterrat vorstehender Chef. Bei den Zunye-Indianern befehligte er die Katchinas. Noch heute stellen die Nachfahren jenes Stammes Puppen her, die diesen Gott zeigen. Und siehe da: Er hat sämtliche Attribute eines Astronautengottes, einen plumpen Helm, einen dazu passenden »Anzug« und kurios anmutende »sakrale Gegenstände« in den Händen, die uns Heutige mehr an technisches Gerät erinnern.

Wurden uralte Glaubenslehren von Reisenden vor Jahrtausenden von Ägypten nach Nordamerika getragen, von Missionaren? Waren Ägypter in Nordamerika die Urväter von Indianerstämmen? Zahlreiche mehr als kuriose Übereinstimmungen weisen auf diese Möglichkeit hin. Ein Beispiel

sei angeführt: Iroquoai war einer der Namen des Ägypter-Gottes Amon.
Ägyptologe E. A. Budge: »Er wird in Verbindung mit fünf Tieren gebracht, die seine göttlichen Eigenschaften symbolisieren!« In Nordamerika gibt es ein Indianervolk der Iroquois. Es besteht aus fünf Völkern.
Prof. Hans Schindler-Bellamy, Archäologe aus Wien: »Sowohl in Ägypten als auch in Nordamerika fand man Mumien. Sollte Nordamerika von Ägyptern besucht worden sein, die ihren uralten Glauben mit in die Neue Welt brachten?«

10 Mumien, Pyramiden und eine Geisterstadt

In Ägypten war es relativ wenigen Mächtigen vorbehalten, aufwendig für die Ewigkeit präpariert zu werden. Die einfachen Menschen konnten sich die kostspielige Mumifizierung nicht leisten. Ihre Toten wurden einfach in den trockenen Wüstensand gelegt und von der Natur konserviert. Diese Mumien sind oft besser erhalten als die so manches Herrschers, dessen Leib für viel Geld aufwendig für die Ewigkeit präpariert worden ist.

In Nordamerika ließ man Tote auch sehr oft, wie Prof. Schindler-Bellamy konstatiert, »auf natürlichem Wege eintrocknen«. Ob zusätzlich irgendwelche Maßnahmen ergriffen wurden, um die Toten zu erhalten, ist nicht bekannt. Überhaupt sind die Bestattungszeremonien der Urbevölkerung Nordamerikas so gut wie unerforscht.

Wieso begrub man an manchen Orten des amerikanischen Südwestens ausschließlich Schädel? Die zugehörigen Körper wurden nie gefunden. Und warum beerdigte man andernorts wieder nur kopflose Leiber, die mit den Schädelgräbern nichts zu tun haben? Die fehlenden Schädel wurden nicht gefunden.

Eines der Zentren des rätselhaften nordamerikanischen Totenkults war ohne Zweifel die Chelly-Schlucht in Arizona. Dort stellt eine geheimnisvolle Mumienhöhle auch heute noch die Welt der Wissenschaft vor unlösbare Fragen. Wieso hat man den Leichnam eines Indianers vor Jahrhunderten sorgsam in zwei Teile geschnitten und wieder kunstvoll zusammengenäht? Man fühlt sich an Frankenstein erinnert, der aus Leichenteilen Monster geschaffen haben soll. In einen Horrorfilm fühlten sich auch Archäologen versetzt, als sie ein Grab unweit der »Mumienhöhle« öffneten. Das mit zahlreichen Schmuckstücken versehene Totenhaus enthielt nur die beiden Hände und Unterarme eines Erwachsenen. Sorgsame Untersuchungen ergaben, daß das Grab nicht von Räubern geplündert worden sein kann. Die hätten ja wohl auch die Halsketten, kunstvolle Anhänger und anderes wertvolles Geschmeide entwendet, nicht einen Teil der Leiche. Die kostbaren Pretiosen befanden sich noch an Ort und Stelle – es fehlte ein Großteil des Leichnams.

Während die alten Ägypter ihre Bestattungsriten präzise in Wort und Schrift erklärten, ganze Papyri mit pedantisch-detailfreudigen Vorschriften zum zeremoniellen Konservieren vornehmer Leichen füllten, sind uns diesbezüglich von den Indianern Nordamerikas keine schriftlichen Dokumente erhalten geblieben. So wird uns der Sinn mancher makaber-geheimnisvollen Bestattungsriten für immer verborgen bleiben.

Prof. Hans Schindler-Bellamy, Wien: »In Nordamerika wie auch in Ägypten wurden Menschen, aber auch Tiere mumifiziert, etwa Hunde und Katzen. Und in beiden Ländern wurden Pyramiden gebaut!«

Pyramiden in Nordamerika

Von Wisconsin bis zum Golf von Mexiko, am Mississippi wie im Staate Ohio, eigentlich überall in Nordamerika gab es einst Pyramiden. Es müssen Zehntausende, wenn nicht gar Hunderttausende gewesen sein. Ein Großteil dieser Bauwerke wurde wohl in den vergangenen Jahrhunderten zerstört, abgetragen, um Land für Ackerbau und Viehzucht zu gewinnen, aber auch bewußt vernichtet, weil man alles

»Heidnisch-Indianische« haßte. Doch einige dieser gigantischen Bauwerke sind noch heute erhalten, etwa die Erdpyramide nahe bei Miamisburg in Ohio.
Da wurden rund 9000 Kubikmeter Erde aufgetürmt. Wozu? Um wie einst beim biblischen Turmbau zu Babel dem Himmel näher zu kommen? Nicht minder beeindruckend: die Erdpyramiden von Poverty Points, im Norden Louisianas gelegen. Da wurden, wie Experten vermuten, über 400000 Kubikmeter Erde künstlich aufgeschüttet. Wieder stellt sich die Frage: Zu welchem Zweck? Und vor allem: Wie? Die heutige Wissenschaft ist sich einig darin, daß die Indianer keine Wagen als Transportmittel hatten. Wie aber beförderten sie dann die geradezu unvorstellbar großen Erdmassen? In Tragekörben?
Wochenlang bereiste ich den Südwesten der USA, stets auf der Suche nach den rätselhaften Erdpyramiden. Oft war ich, das muß ich zugeben, enttäuscht. Von zahlreichen, einstmals stolzen Monumenten ist kaum noch etwas zu sehen. Andere Pyramiden sind aber auch heute noch wirklich atemberaubend. So zum Beispiel der Cahokia-Mound.
Er gilt als größte Erdpyramide der Indianer Nordamerikas. Man findet das rätselhafte Bauwerk im Staate Illinois. (Übrigens: Mit der Stadt Cahokia hat das Indianermonument nichts zu tun.) Am besten, Sie fahren die Route 111 südwärts, dann in Richtung Osten auf der U.S. 40. Heute ist die Pyramide nur noch 30 Meter hoch, 330 Meter lang und 216 Meter breit. Damit ist ihre Grundfläche immer noch größer als die der Pyramide des Cheops in Ägypten. Sie stand ursprünglich nicht allein, bildete das Zentrum eines Areals von 22 Kilometer Durchmesser, scharte mindestens 400 (vierhundert!) weitere Pyramiden um sich!
Wozu genau diese wahrhaft gigantische Anlage entstand, wissen wir nicht. Irreführend ist der Name der Zentralpyramide: »Monksmound«. Irreführend jedenfalls ist die Be-

zeichnung »Mönchsberg«. Denn Mönche haben die kunstvolle Erdpyramide keineswegs erbaut. Trapistenmönche haben die Kultanlage übernommen und wenig respektvoll behandelt. Auf einer der Pyramidenterrassen bauten sie Gemüse an.
Wissenschaftler rätseln auch heute noch, welcher Kultur die Pyramidenbauer angehört haben mögen. Waren es vielleicht Mayas? Zwischen 800 und 900 nach Christus ging die klassische Kultur der Mayas zu Ende. Blühte sie in Gestalt eines »Ablegers« in Nordamerika wieder auf? Oder ist es nur ein Zufall, daß Mound-Erbauer und Mayas heilige Schlangen verehrten? Auf zahlreichen Keramiken stellten sie geheimnisvolle Schlangen dar, gefiederte Kriechtiere. Bei den Mayas galt die »gefiederte Himmelsschlange«, auch Quetzalcoatl genannt, als Gottheit, die in grauer Vorzeit die Kultur zur Erde brachte – aus dem Weltall. Für Erich von Däniken war dieses Wesen ein außerirdischer Astronaut, der vor Jahrtausenden die Erde besuchte. Haben die Mound-Erbauer diesen Schlangenkult von den Mayas übernommen? Oder waren es Mayas selbst, die in Nord- wie zuvor in Zentralamerika Pyramiden errichteten?
1539 brach der spanische Konquistador Hernando de Sato wie ein Wilder in den alles andere als unzivilisierten Südwesten der späteren USA ein. Vielleicht wäre es damals noch möglich gewesen, durch Befragung der Priester und anderer Eingeweihter das Rätsel der nordamerikanischen Pyramiden zu lösen. Doch an Kulturfragen war der blindwütige Eroberer nicht interessiert. Er suchte mit seinen Kumpanen nach Schätzen, folterte, mordete und vergewaltigte, man brandschatzte und zerstörte. Da war es nur zu verständlich, daß die Priester der so mißhandelten Indianerstämme den Vertretern der europäischen »Zivilisation« die Geheimnisse ihrer Völker vorenthielten. Für sie waren die fremden Eindringlinge aus Europa wilde Barbaren, die Tod und Verder-

ben brachten, denen man keine heiligen Mysterien anvertrauen konnte.

Zum riesigen Monksmound-Komplex gehört auch »Pyramide 72«. Wenngleich der einfallslose Name alles andere als interessant anmutet, so birgt das Bauwerk doch so manches Rätsel. Sorgsame archäologische Untersuchungen ergaben, daß die Spitze des Bauwerks einst astronomischen Beobachtungen diente. Man peilte (wer?) zum Beispiel den Sonnenaufgang der Wintersonnenwende an.

Im Inneren der Pyramide fand sich das Grab eines Mächtigen, eines Fürsten. Seinen Namen kennen wir nicht. Es muß eine bedeutende Persönlichkeit gewesen sein. Bettete man doch den Toten auf 20000 Muschelperlen von erlesener Schönheit. Weitere Grabbeigaben: 800 Pfeilspitzen, kunstvoll aus den verschiedensten Materialien angefertigt. Man fühlt sich in das reiche Warensortiment eines großen Spezialkaufhauses versetzt.

Der mächtige Tote war aber nicht allein in seiner Pyramide. Es wurden auch noch die Knochen von weiteren vier Männern ausgegraben. Ihnen fehlten die Schädel und Hände. Rätsel geben auch die Skelette von mehr als 300 Frauen auf. Sollten die meist jungen Frauen beim Tode des angesehenen Herrschers geopfert worden sein? Möglich. Oder erlagen sie alle einer Epidemie? Wohl kaum, denn dann hätte man sie kaum zusammen mit dem Herrscher bestattet. Oder stammten sie auch aus edlen Familien des Indianeradels, wurden nach und nach in der Pyramide beigesetzt, als besonderes Privileg?

Fragen über Fragen ergeben sich, aber auch die Wissenschaft kennt keine eindeutigen Antworten. Das gilt auch für die Pyramidenbauer von Alabama. Am »Black Warrior River«, also am »Fluß des Schwarzen Kriegers«, an der Route 69, liegt gut 20 Kilometer südlich von Tuscaloosa ein mysteriöser, ja geheimnisvoller Pyramidenkomplex. Man nimmt an,

es habe sich um eine Art religiöses Zentrum gehandelt, zu dem man aus nah und fern pilgerte.
Wie lange wurde es benutzt? Warum wurde es urplötzlich aufgegeben?
Die Situation heute: Auf einer Fläche von 160 Hektar erheben sich noch 20 Pyramiden. Niemand weiß, wie groß insgesamt die Anlage ursprünglich war. Vielleicht finden sich noch Hinweise auf weitere religiöse Bauten, wenn man in größerem Umkreis archäologische Grabungen ausführt. Niemand weiß heute, wie viele Bauwerke einst zum Gesamtkomplex, der um das Zentrum herum errichtet worden und der über Jahrhunderte ständig angewachsen war, gehörten.
Heute bezeichnet man das Zentrum als »Pyramide der Zeremonien«. Wie es von seinen Erbauern genannt wurde, ist vergessen. Eine lange, schmale Treppe führt, sechs Stockwerke hoch, auf die Plattform oben auf der Pyramide. War es nur ein Auf- und Abgang oder wurden über die Rampe auch Sterne angepeilt, oben auf der Plattform astronomische Beobachtungen vorgenommen? Stand da ein Tempel, wie die Archäologen heute anzunehmen geneigt sind?
Archäologieexperte Ceram notierte: »Die Pyramiden wurden nicht von einem Architekten von vornherein in bestimmter Größe oder Gestalt konzipiert, sondern sie entstanden schichtweise.« Ganz anderer Ansicht ist freilich Archäologieprofessor Hans Schindler-Bellamy, Wien: »Die Erdpyramiden der amerikanischen Staaten stellen uns vor viele Rätsel. Wann wurden die ersten erbaut? Und zu welchem Zweck? Wie wurden die gewaltigen Erdmassen bewegt, da doch den Indianern nicht einmal der Wagen zugebilligt wurde? Wie auch immer: Diese Pyramiden wurden nicht wahllos nach und nach angehäuft, sie wurden vielmehr von Anfang an sorgsam geplant und in Komplexen errichtet. Dem Gesamten wohnt ein übergeordneter Plan inne, den wir nicht mehr zu erkennen vermögen.«

Leider seien die meisten dieser Rätsel aus Stein und Erde in den letzten Jahrhunderten bewußt zerstört worden, teils von religiösen Fanatikern, teils von Landwirten, denen die künstlichen Berge bei Ackerbau und Viehzucht ganz einfach hinderlich waren.
Prof. Schindler-Bellamy betont: »Es gab ganz offensichtlich zwei Typen von Pyramidenbauten. Zum einen waren es einzelne Monumente. Zum anderen waren es Komplexe, die zu gewaltigen Bildern zusammengestellt wurden.« Gigantische Bilder?

Bilder der Superlative

Ein besonders schönes Beispiel: die »Schlange von Ohio«. In der wissenschaftlichen Literatur trägt sie den Namen »Schlangenhügel«. Dieser Ausdruck ist freilich mehr als irreführend. Das Reptil ist nämlich alles andere, als was man sich landläufig unter einem »Hügel« vorstellt. Sie ist stolze 445 Meter lang, sieben Meter breit und immerhin im Durchschnitt noch eineinhalb Meter hoch.
Sorgsame archäologische Untersuchungen ergaben: Der Grundriß des Riesentiers wurde zunächst mit Ton vorgezeichnet. Dann wurde aufgeschüttet. Wann? Auch darüber streiten sich die Gelehrten. Verschiedene Angaben sind in der Literatur zu finden: 1000 vor Christus hat man mit dem ungewöhnlichen Kunstwerk begonnen, meinen die einen. Nein, das geschah erst 700 nach Christus, meinen die anderen.
Frederic W. Putnam vom »Peabody Museum of American Archaeology« war wohl der erste, der sie wissenschaftlich untersuchte: anno 1883. Damals war die Schlange freilich weitgehend von Gestrüpp überwuchert. Der Wissenschaftler notierte:

»Eine ganz unbeschreibliche Empfindung und Bewunderung überwältigte mich, als ich plötzlich erkannte: Ich stand auf dem geheimnisvollen Werk eines unbekannten Volkes, ihrem offenbar heiligsten Ort.« Drei Jahre später sollte die Schlange zerstört werden. Sie sollte einem Maisfeld weichen. Frederic W. Putnam organisierte eine Kampagne zu ihrer Rettung. Mit Erfolg. Wohlhabende Spender kauften das Grundstück. Die Schlange blieb erhalten.

Erst seit es Flugzeuge gibt, kann man freilich das Kunstwerk in seiner Gesamtheit erkennen, aus der Luft nämlich.

Da ist offenbar eine Riesenschlange dabei, sich zu entrollen, in fließenden, kriechenden Bewegungen. Ihr Maul ist weit geöffnet. Offenbar will das Reptil gerade ein riesiges Ei verschlingen. Handelt es sich vielleicht um die Darstellung einer in Vergessenheit geratenen indianischen Legende?

Schlangen tauchen bekanntlich in zahllosen Mythen und heiligen Büchern auf. Denken wir nur an die »böse« Schlange im Schöpfungsbericht der Bibel, wo sie als Versucherin auftritt und Adam und Eva zur Sünde verleitet, was dazu führt, daß die ersten Menschen aus dem Paradies vertrieben werden.

Bei den Mayas und den Azteken war sie hoch angesehen, galt als Vermittlerin von Wissen und Weisheit. Ähnlich mag ihre Stellung im alten Indien gewesen sein. Da bedeutete die Schlange Erleuchtung und Erkenntnis. Auch die Kelten verehrten allem Anschein nach mythologische Schlangen. Sie haben, wie einst in Ohio, »heilige Bauten« in Schlangenform errichtet.

Doch zurück zum »Schlangenhügel«: Archäologische Untersuchungen ergaben, was sie nicht ist. Sie ist kein Grabmonument. Thaddeus Cowen von der »Kansas State University« unternahm einen Deutungsversuch. Nach Ansicht des Wissenschaftlers stellen viele der indianischen »Erdhügel« riesige Sternbilder dar. So könnte der Schlangenhügel tatsächlich ein auf die Erde geholtes Modell des Sternbildes »Kleiner Wagen« sein. Im Zentrum des zur Spirale geringelten Schwanzes befindet sich dann der Nordstern. Legt man ein Schema des »Kleinen Wagen« auf eine Zeichnung des Schlangenmounds, so ergibt sich eine verblüffende Übereinstimmung. Alle Sterne befinden sich dann auf den Konturen des Schlangenleibes.

Ein Besuch des »Schlangenhügels« lohnt sich allemal. Sie finden ihn neben der Route 73 im »Locust Grove«. Freilich ist das rätselhafte Monument nicht immer für die Öffentlichkeit zugänglich. Erkundigen Sie sich unbedingt vor einem Besuch bei folgender Adresse: Serpent Mound State Memorial, 3850 State Route 733, Peebles, Ohio 45660.

Nicht minder eindrücklich ist ein ähnliches Kunstwerk – vor allem vom Flugzeug oder Hubschrauber aus. Im Sauk County formieren sich am Wisconsin River Erdpyramiden zu einem Riesenbild. Es zeigt drei Vögel mit ausgebreiteten Flügeln. Der größte hat eine Spannweite von immerhin 73 Metern. Wiederum ist nicht bekannt, wer dieses Erdbild schuf und für wessen Augen es bestimmt war. Denn überblicken läßt sich das Szenario nur aus der Vogelperspektive.

Im Staate Ohio scheint es eine Art Kult gegeben zu haben. Von 1000 vor bis 1000 nach Christus dürften Hunderte, wenn nicht gar Tausende riesiger Bilder aus Erdpyramiden entstanden sein. Nur noch ein Bruchteil davon ist erhalten.

Was den Indianern einst heilig war, wird in unseren Tagen oft wenig respektvoll behandelt. So wurde bei Newark, 50 Kilometer östlich von Columbus, Ohio, ohne Rücksichtnahme auf Erdpyramiden, mitten auf heiligstem Areal ein Golfplatz errichtet. Ein Großteil der einst stolzen Anlage ist zerstört worden, bleibt für immer verschwunden. Das Zeitalter der Barbarei, in welchem europäische Eroberer die indianische Kultur zerstörten, wird oft lautstark beklagt. Es

hat aber allen Anschein, als ob jene Epoche noch keinesfalls abgeschlossen ist. Denn noch in unseren Tagen werden wertvollste Kulturdenkmäler beschädigt oder zerstört.
Zurück zur Kultanlage von Newark. Ursprünglich, so haben Archäologen in mühevollster Kleinarbeit rekonstruiert, ergab sich, aus der Luft betrachtet, folgender Gesamteindruck: Zwei riesige geometrische Figuren, ein Achteck und ein Kreis, beide 400 Meter im Durchmesser, waren mit Erdwällen zu einer rätselhaften Gesamtkomposition verknüpft. Im Kreis befand sich, wie in einem überdimensionalen Bilderrahmen, die Darstellung eines gigantischen Adlers.
Weitere Vierecke und Kreise gehörten zur Komposition. Alle Bestandteile waren untereinander durch Wälle verbunden, die aus der Luft betrachtet wie Linien auf einem riesigen Zeichenbrett aussahen.
Was war der Sinn dieses komplizierten Riesenbildes? Sollten auf symbolische Art und Weise religiöse oder mythologische Überlieferungen verewigt werden? Neuerdings vermutet man, daß auch Newarks Riesenbilder irgendwelche Sternbilder zeigen. Noch hat man nicht herausgefunden, um welche es sich dabei handeln könnte.
Oder wollte man den fliegenden Göttern, die vor Jahrtausenden auf die Erde kamen, eine Botschaft übermitteln? Jene himmlischen Lehrmeister hatten den Erdlingen unter anderem alten Überlieferungen zufolge auch mathematische Kenntnisse beigebracht. Wollte man ihnen mitteilen: Seht her, ihr Götter, wir haben euer Wissen nicht vergessen, wir beherrschen noch die Kunst der heiligen Geometrie? Wollte man die Besucher, die irgendwann wieder in den Tiefen des Alls verschwunden waren, zur Rückkehr auffordern?
Ein Zentrum der Manie, riesenhafte Hügelformationen zu Tierbildern aufzuschütten, mag auch in Wisconsin gelegen haben. 98 Prozent der heute noch bekannten Tierhügel finden sich in jener Region. So verweist das Städtchen West

Bend mit Stolz auf 31 Tierpyramiden. Anders als in allen übrigen Fällen wurden hier in den Riesendarstellungen von Tieren auch Tote beigesetzt.
Man vermutet: Hier war eine indianische Splittergruppe am Werk. Eine Sekte? So befindet sich im Flügel eines Riesenvogels das Grab eines Indianers. Glaubte man, seine Seele könne mit Hilfe des Vogels in ein andere, bessere Welt fliegen? Hatte man ein leibliches oder ein spirituelles, weniger körperliches Überleben im Sinn? Dem Toten wurde nicht eine einzige Grabbeilage mitgegeben. Um so aufwendiger waren die gigantischen Grabmonumente in Tiergestalt, die aber nur aus der Luft zu erkennen waren.
Ein weiteres Zentrum dieses geheimnisvollen Kults mag sich im heutigen Iowa befunden haben. Auf einem Areal von 700 Hektar Größe finden sich Hunderte geometrischer Darstellungen. Ihren Sinn kennt heute niemand mehr. 29 Tierbilder starren in den Himmel. Besonders imposant ist eine Gruppe, die man heute »marschierende Bären« nennt. Da tappen zehn Bären hintereinander her, verfolgt von drei Adlern. Vom Flugzeug aus betrachtet, mutet die Szenerie wie ein Comicstrip an. Dabei vergißt man in luftigen Höhen freilich, daß jeder »Meister Petz« stolze 30 Meter mißt. Übertroffen werden diese alles andere als »possierlichen Pelztiere« von einem weiteren Artgenossen, nicht weit von der Hauptgruppe entfernt; »the Great Bear Mound« (der »große Bärenhügel«) ist mit 45 Metern so gewaltig, daß er King Kong zum zierlichen Püppchen degradiert.
Die zahlreichen, nur aus der Luft zu erkennenden Bilder stellen ein unschätzbar wertvolles Erbe einer vergangenen Kultur dar. An verschiedenen Orten versuchen heute Archäologen, das Mysterium dieser gigantischen Kunstwerke zu entschleiern. Sie schätzen es nicht besonders, wenn Touristen auf den uralten Denkmälern herumtrampeln, befürchten, daß auch noch heute durch Unvernunft archäologische

Stätten zerstört werden könnten. Daher habe ich bei manchen der beschriebenen Kuriositäten bewußt nur relativ ungenaue Ortsangaben angegeben. Sie können aber der einschlägigen Literatur entnommen werden.
Immer wieder muß die Frage gestellt werden: Für wen waren die riesenhaften Bilder bestimmt? Warum schuf man sie, enorme Strapazen auf sich nehmend, ohne daß man die Produkte dieser mühseligen Arbeit vom Boden aus hätte sehen können? Waren die Bilder für die Augen der Götter bestimmt, die nach eigentlich allen Mythologien der Völker dieser Erde die himmlischen Gefilde bevölkerten und aus großer Höhe das Treiben auf der Erde beobachteten? Sollten jene Wesen, von deren körperlicher Existenz man überzeugt war, zur Erde zurückgerufen werden? Wollte man mit ihnen mittels gigantischer Bilder kommunizieren?
Doch zurück zu den Erdpyramiden. Speziell im Staate Michigan fanden sich in Hunderten Erdaufschüttungen seltsame Gegenstände: Zusammen ergeben sie eine geheimnisvolle Bibliothek, die einzigartig in der Welt sein dürfte: die »Michiganbibel«.

Die Michiganbibel

Im Frühjahr 1847 behinderte einen Bauern bei Crystal, nordwestlich von Detroit, beim Ausgraben von Wurzeln ein Stück schwarzen Schiefers. Der Bauer wollte den »wertlosen Stein« schon wegwerfen, da fielen ihm »seltsame Zeichen und Gravuren« auf. Innerhalb der nächsten Wochen und Monate kamen im Raum Crystal, St. Louis, aber auch in Edmore und Umgebung weitere Artefakte mit durchaus vergleichbaren, ähnlichen Zeichnungen ans Tageslicht.
Henriette Mertz, Expertin für die Michiganfunde, faßt zusammen: »Zwischen 1870 und 1920 fanden Bauern in 17 Be-

zirken im Staate Michigan kuriose Artefakte. Es wurden insgesamt sieben Sammlungen angelegt.«
Was vorwiegend Laien der Erde, vornehmlich indianischen Pyramidenhügeln, entrissen, stieß auch bei Wissenschaftlern auf Interesse. So eröffnete Prof. Dr. Edwin Worth in Detroit ein Privatmuseum, das allein und ausschließlich den geheimnisvollen Funden gewidmet war. Später wurde das Museum zunächst nach New York verlegt, wo die Artefakte mehrere Jahrzehnte lang öffentlich gezeigt wurden. Auch in New York blieb das Museum nicht, wie meine Recherchen ergaben. Es wurde nach Springsport in Indiana verlegt. Leider brach dort dann ein Feuer aus, dem der Großteil der Funde zum Opfer fiel. Ein gewisser Thad Wilson rettete ganze 20 Objekte aus dem rauchenden Bauschutt. Wo diese verblieben, ließ sich trotz intensivster Nachforschungen nicht mehr feststellen.
Die Michiganfunde passen eigentlich von den Motiven her überhaupt nicht nach Nordamerika. Zigtausende Schriftzeichen können letztlich nicht eindeutig bestimmt werden, Ähnlichkeiten mit altägyptischen Hieroglyphen, hebräischen und griechischen Buchstaben, aber auch germanischen Runen fallen auf. Bislang ist niemand dazu in der Lage, die Texte, wenn es denn überhaupt sinnvolle Texte sind, zu entziffern oder gar zu übersetzen.
Die Bilder, welche die Zeichenschriften begleiten, sind dagegen eindeutig. Man erkennt klar bekannte biblische Motive. Dargestellt ist zum Beispiel die Schöpfungsgeschichte, wir begegnen Adam und Eva, erleben ihre Vertreibung aus dem Paradies. Auszumachen sind Kain und Abel, das bekannteste Brüderpaar christlicher Überlieferungen, werden Zeugen des Baus der Arche und erleben hautnah die Sintflut.
Im Herbst des Jahres 1890 hob Hilfsarbeiter James Scotford Löcher für einen Zaun auf der Davis-Farm bei Wyman aus. Dabei stieß er auf einen Tonkrug mit Schriftzeichen und an-

dere kleine Fundstücke. Alle Anwesenden bestaunten die Artefakte, dann deponierte man sie, wegwerfen wollte man sie nicht, in einer Scheune und ging zum anstrengenden Alltagswerk über. Die Zeiten waren schwer für die Landbevölkerung, man mußte hart arbeiten für ein kärgliches, primitives Leben ohne jeglichen Luxus. Zeit für archäologische Studien hatte man keine.

Trotzdem machte jemand Fotos von den »komischen Sachen« und schickte die Aufnahmen an den Anthropologen Prof. Dr. Morris Jastrow jr. von der University of Pennsylvania. Der Gelehrte kam sehr schnell zu einem Ergebnis. Ohne auch nur einen einzigen Fund in die Hand genommen zu haben, erklärte er: »Dies sind alles plumpe Fälschungen!« Sein Urteil stützte sich dabei einzig und allein auf Fotos höchst bescheidener Qualität.

Das Urteil des Wissenschaftlers zeigte Wirkung: Von Stund an wollte erst einmal niemand mehr aus der erhabenen Welt der Universitäten etwas mit den Michiganfunden zu tun haben. Die Laien vor Ort ließen sich aber nicht beirren und suchten weiter.

1907 wurden weitere Objekte entdeckt, diesmal im Raum von Detroit. Reverend James Savage nahm die Sache ernst. Nach sorgfältiger Untersuchung staunte er: 700 der Fundstücke zeigten eigenartige Bilder, Szenen, die alle aus der Bibel zu stammen schienen.

Am 20. September 1920 schließlich traf man sich »vor Ort« außerhalb von Detroit bei indianischen Erdpyramiden. Man wählte einen beliebigen Tumulus aus. Ganz offensichtlich war er seit vielen Jahrzehnten unberührt von menschlicher Hand. Mitten auf dem Erdbauwerk stand eine wuchtige Rotbuche. Die gewaltigen Wurzeln des Baumes erschwerten das Öffnen des Hügels ganz erheblich.

Prof. Dr. Frederick Starr von der University of Chicago: »Der Hügel war unberührt und überwachsen, es waren

keinerlei Eingriffe vorgenommen, nichts war irgendwie präpariert worden, nichts konnte nachträglich hineingeschmuggelt worden sein.« Damit konnte ausgeschlossen werden, daß Fälscher in neuerer Zeit in den zweifelsohne echten Indianerbau falsche Funde eingebracht hatten.
Schicht für Schicht wurde der Hügel abgetragen, Schicht für Schicht traten Fundstücke mit den inzwischen hinlänglich bekannten Schriftzeichen zutage. Obwohl zu Beginn der sorgsamen Grabungen Einigkeit darüber geherrscht hatte, daß der Hügel unberührt war und nichts nachträglich deponiert worden sein konnte, erklärte nun Prof. Dr. Starr, die Objekte müßten »mit irgendwelchen Taschenspielertricks in die Hügel gezaubert« worden sein.
Wie es zu diesem bemerkenswerten Sinneswandel kam, offenbarte der Gelehrte nicht. Sein Urteil, zu dem er, wie die Unterlagen beweisen, ohne genauere Untersuchung der Fundgegenstände selbst kam, schreckte so manchen Wissenschaftler ab, der vielleicht sonst die Objekte unvoreingenommen überprüft hätte. So dauerte es Jahrzehnte, bis am 18. April 1953 Harry L. Spooner eine Broschüre über die umstrittenen Funde von Michigan publizierte. Im Spätherbst 1953 hielt er darüber vor der anthropologischen Sektion der »Peoria Academy of Sciences« einen Vortrag. Dabei behandelte er ausführlich die Grabung vom 20. September 1920.
Bei diesem Vortrag waren auch Mr. Phillip Schupp aus Chicago und der Richter Claude Stone aus Peoria anwesend. Beide hatten sich viele Jahre mit den Michiganfunden beschäftigt. Ihr Urteil: Die Gegenstände sind echt. Zum selben Urteil kommt auch die Expertin Henriette Mertz, Autorin des leider seit vielen Jahren vergriffenen Buches »The Mystic Symbol« (»Das mystische Symbol«, eine Übersetzung ins Deutsche liegt nicht vor).
Sie meint: »Die Funde stammen alle aus indianischen Pyra-

midenhügeln. Wer sollte Tausende von Artefakten gefälscht und in 17 verschiedenen Bezirken von Michigan vergraben haben? Zudem liegen einige der Fundorte in entlegenen Gebieten, die nur mühsam zu erreichen sind.«

Die in Michigan entdeckten Artefakte bestehen aus Steinen mit Einritzungen, kleinen Lehmtafeln mit Zeichen, Schriften und Bildern sowie aus Schieferplatten und polierten Kupferplatten, ebenfalls mit Bildern und Hieroglyphen versehen.

Das verwendete Kupfermaterial stammt aus den Minen von Calumet und Houghton. 1954 leitete Dr. Roy W. Drier, Metallurgiefachmann am Michigan College of Mining and Technology eine Exkursion zu eben diesen Kupferminen. Aus Holz- und Knochenresten ließ sich ableiten, daß die Minen bereits vor 3800 Jahren genutzt worden sind. Wie lange sie in Betrieb waren, war nicht festzustellen.

Wer förderte bereits vor Jahrtausenden in Michigan Kupfer? Wer versah Kupfertafeln und andere Artefakte mit Schriftzeichen und bildhaften Darstellungen? Es ist endlich an der Zeit, daß ein wissenschaftliches Symposium zum Thema »Michiganbibel« durchgeführt wird. Sollte es einst eine Verbindung zwischen dem »alten Israel« und Michigan gegeben haben? Esra Stiles, Präsident der Yale University, stellte schon zu Beginn des 18. Jahrhunderts folgende These auf: »Die Hügelbauer waren biblischen Ursprungs, Kanaaniten, die quer durch Asien nach Amerika gekommen sind. Oder es handelte sich um Arbeitssklaven, die von den Phöniziern verschleppt wurden.«

Prof. Esra Stiles waren freilich, als er seine Thesen veröffentlichte, die Funde von Michigan unbekannt. Hätte man die zu Tausenden ausgegrabenen Artefakte schon zu seinen Lebzeiten entdeckt, wären sie dann ernster genommen worden? Vermutlich ist das der Fall!

Heute beschäftigt man sich in der Welt der Wissenschaft nicht mehr mit den geheimnisvollen Artefakten. Dabei könnten sie vielleicht zur Lösung des Rätsels der nordamerikanischen Pyramidenkultur beitragen. Dabei gibt es immer noch Tausende Pyramiden und künstliche Erdaufschüttungen von den Ufern des Colorado bis nach Mexiko, von den Appalachen an der Nordseite der USA bis hin zu den Rocky Mountains. Wie viele von ihnen mögen noch Teile der Michiganbibel enthalten?

Wird je definitiv geklärt werden können, wann jene geheimnisvolle Kultur ihren Anfang genommen hat, wie und warum sie wieder spurlos verschwand? Frederick Johnson von der »Peabody Foundation« stellt bedauernd fest: »Die Gesamtzahl der zur Verfügung stehenden Daten reicht nicht aus, um diese Kulturen zeitlich einzuordnen.«

Wird es Wissenschaftlern von morgen oder übermorgen gelingen, dieses Rätsel zu lösen? Womöglich liegt so manche Antwort in bislang nicht untersuchten, ja vielleicht gar noch nicht entdeckten Pyramidenhügeln begraben. Die Frage, die sich mir aufdrängt, heißt: Ist man überhaupt daran interessiert, die unbequemen Fakten näher zu erforschen? Oder läßt man sie lieber »links liegen«, weil sie nicht in das hergebrachte Bild von der Vergangenheit passen? Mir drängt sich diese Vermutung immer mehr auf, je intensiver ich mich mit den Geheimnissen der Vorzeit auseinandersetze. Wissenschaftlich ist das Verhalten der meisten Vertreter der Gelehrtenwelt jedenfalls nicht!

Eine geheimnisvolle »Geisterstadt«

Im Südwesten des US-Staates Colorado erhebt sich das Plateau des Mesaverde, was wörtlich übersetzt »Tischberg« bedeutet. Er ist fast 600 Meter hoch, in etwa viereckig, 24 mal 32 Kilometer groß. Der schon aus der Ferne majestätisch anmutende Berg birgt ein Geheimnis. In seinem Inneren versteckt sich eine alte, ruinenhafte Geisterstadt. Sie schmiegt sich tief in eine 155 Meter lange und 30 Meter tiefe Felsnische.

»Klippenpalast« heißt sie heute, eine willkürliche, ja falsche Benennung, denn nichts spricht dafür, daß es sich bei der städtischen Siedlung um einen Palast gehandelt hat.

Sie erinnert an einen modernen Apartmentkomplex. Rund 250 Räume sind zu einer verschachtelten Einheit zusammengefügt. Sorgsam behauene Steine wurden als Baumaterial benutzt. Wie Zellen einer gigantischen Bienenwabe fügen sich die Wohneinheiten aneinander. Viele bestehen nur aus einem einzigen Raum, nicht wenige sind unterkellert. Unterirdisch angelegte Räume dienten anscheinend rituell-religiösen Zwecken, haben nur eine einzige Öffnung. Sie diente als Ein- und Ausgang, ja als Fenster und Schornstein.

Viele dieser Räume habe ich vor Ort inspiziert. Bei glühenden Außentemperaturen bin ich in so manchen Keller hinabgestiegen, war sofort von angenehmer Kühle umgeben. Hier ließ es sich angenehm leben, zumindest im Sommer. Die Winter mögen bitterkalt gewesen sein.

Andere Räume befinden sich in regelrechten Wohntürmen, haben kleine Terrassen. Lebten hier die »besseren Kreise«? Höchstes Bauwerk ist ein rechteckiger Turm, vier Stockwerke hoch. Diente er astronomischen Zwecken? Als »Ausguck« war er ungeeignet. Zum einen liegt die Siedlung insgesamt sehr hoch, zum anderen steht der Turm an einem alles andere als übersichtlichen Punkt.

Haben sich in der »Geisterstadt« die Bewohner vor Angreifern verborgen? Tatsächlich ist der »Klippenpalast« leicht zu übersehen, wenn man seine genaue Position nicht kennt. So nimmt es auch nicht wunder, daß er erst gegen Ende des letzten Jahrhunderts wiederentdeckt wurde.

Im Jahre 1874 nahm William Henry Jackson an einer wissenschaftlichen Expedition teil, deren Ziel es war, geographi-

sche und geologische Studien durchzuführen. Dabei entdeckte er nebenbei im Mesaverde-Plateau eine Ansammlung von Ruinen. Er fotografierte sie, die Aufnahmen erschienen in einigen Tageszeitungen und wurden wieder vergessen.
Im Dezember des Jahres 1888 suchten Richard Wetherill und Charlie Mason, beide Farmer, entlaufene Rinder und entdeckten die Ruinen von Mesaverde wieder. Mitten im Berg, versteckt unter einer Klippe, leuchteten da Häuser auf, alles andere als primitive Hütten. Sie schienen vielmehr recht modern zu sein, waren teilweise mehrstöckig.
Die beiden Cowboys hatten schlagartig ihre vermißten Rinder vergessen. Wurden sie von einer Fata Morgana getäuscht? Oder standen sie tatsächlich vor einem Palast aus längst vergangenen Zeiten? Würden sie Schätze finden?
Um Antworten auf ihre Fragen zu bekommen, mußten die beiden Cowboys erst einmal an die Häuser herankommen, die ständig wie zum Greifen nah zu sein schienen und doch immer wieder in die Ferne rückten. Unbeirrt ritten Charlie Mason und Richard Wetherill in unwegsame Nebencañons, kämpften sich durch dorniges Gestrüpp. Und immer wieder, wenn sie meinten, am Ziel zu sein, hatten sie den »Palast« völlig aus den Augen verloren. Sie gaben aber nicht auf. Hatten sie doch in den vergangenen Jahren bei der Farmarbeit Keramikscherben, Steinäxte, indianische Pfeilspitzen gefunden und vermutet, irgendwo müsse es einst eine indianische Siedlung gegeben haben, eine Art Zentrum der Kultur. Aber wo? Irgendwo in der Nähe mußten einmal viele Menschen gelebt haben, so deuteten die Farmer die vielen Funde, die sie getätigt hatten. Die einzelnen armseligen Häuser im Mancos Cañon boten ohne Zweifel nur wenigen Menschen Unterschlupf, viel zu wenigen angesichts der Fülle von interessanten archäologischen Funden.
Richard Wetherill und Charlie Mason wollten schon aufgeben, da standen sie fast direkt in der rätselhaften Stadt. Hat-

ten sie es vor kurzem gar nicht abwarten können, in die Ruinen einzudringen, so befiel sie jetzt eine seltsame Scheu. »Es war, als würden wir geheiligten Boden entweihen!« erinnerten sie sich später fast ein wenig schaudernd. Übervorsichtig und ängstlich betraten sie die ersten Räume. Und sie verstanden nicht, was sie da sahen. Es war, als ob die Bewohner nur für einen Augenblick ihre Siedlung verlassen hätten. Würden sie sich, wenn sie gleich wiederkämen, empört über die Eindringlinge zeigen oder ihnen gastfreundlich Speise und Trank anbieten?

In einem Raum, so schien es, war eben noch ein Feuer geschürt worden. Neben der Asche, die noch nicht lange verglüht zu sein schien, stand ein sorgsam verzierter Keramiktopf. In einer Ecke hatten anscheinend noch eben Kinder gespielt. Ihr Spielzeug lag noch da. In einem anderen Raum war wohl eine fleißige Hausfrau noch just eben ihrer Arbeit nachgegangen. Steinwerkzeuge und Küchengeräte sahen so aus, als warteten sie nur darauf, sofort wieder ergriffen und benutzt zu werden.

»Uns war so, als könnten wir die Bewohner noch sehen. Wir konnten sie bei der Arbeit beobachten, das Gebell ihrer Hunde und das Schreien der Truthähne hören«, notierte Richard Wetherill später in seinen umfangreichen Aufzeichnungen.

Prof. Hans Schindler-Bellamy verdeutlichte mir die Situation in einem ausführlichen Gespräch. »Stellen Sie sich vor, Sie stoßen bei einer Wanderung durch einsame Gegend auf ein Dorf. Sie gehen durch die Straßen, nirgendwo ist ein Mensch zu sehen oder zu hören. Sie rufen, aber niemand gibt Ihnen Antwort. Sie treten vorsichtig in ein Haus ein. Der Fernsehapparat im Wohnzimmer läuft noch, die Geschirrspülmaschine ist angestellt. Am Boden liegt ein Spielzeugwalkman, summt leise vor sich hin. In der Küche steht die Mikrowelle offen, als wolle die Frau des Hauses gleich ein Gericht zubereiten. Auf dem Tisch stehen Teller mit Besteck und Gläser. Nur kein einziger Mensch ist zu sehen. Der Ort ist verlassen. Sie würden sicherlich Beklommenheit, ja Angst spüren. Genauso ist es den beiden Entdeckern des Klippenpalastes ergangen.«

Zurück zur Mesaverde-Siedlung. Warum ist sie von ihren Bewohnern verlassen worden? Nicht die geringste Spur ließ eine kriegerische Auseinandersetzung vermuten. Nicht das kleinste Anzeichen deutete auf Gewalt hin. Außerdem war die Siedlung sowieso so gut wie uneinnehmbar. Sie konnte mit einigen wenigen Kriegern leicht verteidigt werden. Die Angreifer mußten fast senkrechte Steilwände überwinden, um in die Stadt zu gelangen, oder schmalste Pfade benutzen. Ein Angriff auf diese Stadt wäre so gut wie aussichtslos gewesen.

Einen Angriff hat es aber ebensowenig gegeben wie Epidemien oder Krankheiten. Die Stadt war ohne ersichtlichen Grund verlassen worden, eine Fülle von Gebrauchsgegenständen des Alltags war liegengelassen worden. Warum hatte man diese Dinge nicht mitgenommen?

Die beiden Farmer konnten sich nicht vorstellen, was da vorgefallen war. Sie informierten Zeitungsredaktionen und stießen in ganz Colorado auf vollkommenes Desinteresse. Irgendwie muß die Kunde ihrer Entdeckung aber dann doch bis nach Schweden vorgedrungen sein, denn anno 1891 erschien der schwedische Archäologe Baron Gustav Nordenskjold. Er begann sofort mit systematischen Ausgrabungen und raffte gierig zentnerweise gut erhaltene Funde zusammen.

Verzweifelt versuchten jetzt Einheimische, die reichen Funde im Land zu halten, doch vergeblich. Reichlich spät, nämlich erst 1906, wurde der Baron gezwungen, seine Plünderungen zu beenden. Die Politiker schufen das neue Gesetz zum »Schutz von Altertümern«. Im gleichen Jahr rief

US-Präsident Roosevelt den »Mesaverde-Nationalpark« ins Leben. 26000 Hektar groß birgt er mehr als 5000 Indianerruinen. Sein Zentrum ist die Stadt von Mesaverde.
Auch heute noch ist unbekannt, weshalb der »Klippenpalast« von seinen Bewohnern anscheinend überstürzt verlassen wurde. Man weiß heute allerdings, wer ihn einmal bewohnte. Es waren die Anasazi-Indianer. Um 550 nach Christus lebten sie in der Gegend des Mesaverde-Plateaus, in zahlreichen Einzelsiedlungen, auf Hunderte Quadratkilometer verteilt. Waren auch die einzelnen Gruppen weit verstreut, so wurde ihr Leben doch zentral gesteuert, so glaubt man heute zu wissen.
Um 550 nach Christus änderte sich etwas im Leben der Anasazi. Aus einem einst nomadisch umherziehenden losen Verbund von Menschen wurde ein seßhaftes Volk. Man pflanzte Bohnen, Mais und Kürbis an, sammelte Pflanzen und ging zur Jagd. Noch wirkten die Behausungen dieser Indianer recht primitiv. Sie bestanden hauptsächlich aus Grubenhäusern, die fast vollständig unterirdisch angelegt waren. Es waren oft nur bessere Erdlöcher.
Um 750 nach Christus wurden die ersten überirdischen Häuser gebaut, vorwiegend aus an der Luft getrockneten Lehmziegeln. 250 Jahre später wechselte das Material: Mit scharfkantigen Werkzeugen, aus einem feuersteinartigen Fels gefertigt, wurden rechtwinkelige Blöcke backsteingroß zugehauen.
Um 1100 nach Christus bestimmten Turmbauten den Baustil der Anasazi. Um 1200 wurden schließlich die Siedlungen verlassen. Warum, ist nicht bekannt. Man zog in das Mesaverde-Plateau ein. Warum? Warum erst jetzt und nicht schon früher?
Kulturforscher Jacques Bergier vermutet einen religiösen Hintergrund. Der Verfasser zahlreicher Sachbücher wie »Aufbruch ins dritte Jahrtausend« zum Autor: »Meiner

Meinung nach wurden die Anasazi von Priestern regiert, gelenkt und geleitet, die ihr Volk totalitär beherrschten. Diese Priesterkönige zwangen immer dann ihre Untertanen, wenn ihre Autorität ins Wanken geriet, die vertraute Lebensregion zu verlassen und sich anderswo anzusiedeln. Genaue Kenntnisse der Astronomie mögen dabei behilflich gewesen sein. Sie konnten Sonnenfinsternisse präzise vorhersagen. Legten sie das Verschwinden der Sonne als Zeichen der zornigen Götter aus, die durch einen sofortigen Umzug besänftigt werden mußten?«
In einem ausführlichen Gespräch erkundigte ich mich bei Jacques Bergier, wie man sich denn die Götter der Mesaverde-Bewohner vorzustellen habe. »Vielleicht waren es ja Astronauten, außerirdische Besucher aus dem All, die vor Jahrhunderten zur Erde kamen?«
Die Spekulation des französischen Philosophen und Bestsellerautors ist so abwegig nicht, bedenkt man, daß einst an Wänden von Mesaverde-Wohnungen kuriose Gemälde angebracht waren, die in verblüffender Weise an »Fliegende Untertassen«, an »UFOs« erinnern. In der Sprache der Hopi-Indianer heißen diese seltsamen Objekte »Taweyas«. Es sind magische, fliegende Schilde, die einst als Vehikel benutzt worden sein sollen, um regelrechte Luftschlachten auszufechten. So soll der Coyote-Clan nur dank der fliegenden Luftschiffe eine entscheidende Schlacht gewonnen haben.
Ob Jacques Bergier recht hat mit seinen Überlegungen zu den Motiven für das stete Wiederaufbrechen der Anasazi, bleibt dahingestellt. Fest steht: Unweit des »Klippenpalastes« lag ein »Sonnenheiligtum«, das ganz offensichtlich astronomischen Beobachtungen diente. Im Zentrum der Anlage befand sich eine steinerne Sonnendarstellung.
Neuerdings nimmt man allerdings an, daß es sich dabei um kein künstlich geschaffenes Sonnenbild, sondern um eine

Laune der Natur handelt. Man habe aber den seltsamen Stein bewußt in das religiöse Zentrum eingesetzt.
Heute ist Mesaverde ein von Millionen von Besuchern heimgesuchter Ort. Die Ruinen sind dadurch schon seit vielen Jahren gefährdet. Trotz wachsamer Hüter schaffen es Touristen immer wieder, ihre Initialen in den Stein zu ritzen. Und gar nicht so selten soll es vorkommen, daß »Souvenirs« von den Wänden geschlagen werden. So ist es nur zu gut verständlich, daß weitere Siedlungen, die inzwischen entdeckt wurden, für die Öffentlichkeit verschlossen bleiben.
Noch stärker als durch Besucherströme ist der »Klippenpalast« aber durch moderne Überschallflugzeuge gefährdet. Die Maschinen der US-Airforce verursachen nachweislich Risse im alten Mauerwerk. Augenzeuge Guy Yazzie Teller, ein Navajo-Indianer, erlebte es, wie nach Überfliegen durch mehrere Düsenjets Felsen einstürzten und eine Ruine vollständig vernichtet wurde.
So ist es die Dummheit der Menschen, die der Klippenstadt auch heute noch großen Schaden zufügt. Nachdenkliche Besucher werden dem Farmer Richard Wetherill zustimmen, der ein Schild an einem unwegsamen Fußweg zur Mesaverde-Stadt anbrachte mit der Aufschrift: »What fools these mortals be!« (»Was für Narren sind diese Sterblichen!«). Zitiert aus Shakespeare's »Ein Sommernachtstraum«.

11 *Von Sauriern und Monstern*

1993 erlebten die Monster der Vorzeit, die Saurier, weltweit ein nie zuvor gekanntes Interesse. Museen, die sonst weitestgehend vom Publikum gemieden werden und in die sich meist nur bei unerwarteten Ausbrüchen von Regenschauern schutzsuchende Besucher verirren, können die massenhaft herbeiströmenden Interessenten kaum fassen, sobald Saurier zum Thema von Ausstellungen erkoren werden. Initiiert wurde dieses Interesse ohne Zweifel von Steven Spielbergs spektakulärem Spielfilm nach dem Roman von Michael Crichton.

Kurz zum Inhalt des spannenden Filmspektakels: Ein texanischer Milliardär plant einen Freizeitpark mit lebenden Sauriern. Gentechniker sind ihm bei der Verwirklichung des Projekts behilflich. Sie gewinnen die Erbmasse der Saurier aus vor 100 000 000 Jahren in Bernstein eingeschlossenen Insekten. Diese Tierchen haben noch Blut im Leibe, das sie zu Urzeiten Sauriern abzapften, vergleichbar mit den Moskitos unserer Tage, die sich am Lebenssaft sonnenhungriger Touristen laben.

Der Plan gelingt: Saurier bevölkern eine Insel vor der mittelamerikanischen Küste. Dann läuft alles schief. Ein Stromausfall führt zum Chaos, die haushohen elektrischen Zäune verlieren ihre Schutzfunktion. Die Saurier brechen aus und greifen an. Soviel zum Spielberg-Film.

Wird man tatsächlich aus dem Zellmaterial von vor Jahrmillionen ausgestorbenen Tieren die gigantischen Monster vergangener Epochen zu neuem Leben erwecken können?

Erste Anfänge sind schon, wenn auch in erst bescheidenem Rahmen, gemacht. Ein Problem wird bei Spielberg geflissentlich übersehen: Wie sollen Wissenschaftler erkennen, ob ein Insekt im Bernstein Saurierblut »getankt« hat und nicht etwa den Lebenssaft eines vorzeitlichen Vorläufers unserer heutigen Pferde?

Totgesagte leben länger

Aber vielleicht wird es gar nicht nötig sein, mit aufwendiger Gentechnik Tiere von vorgestern sozusagen nachzukonstruieren. Im Sommer 1993 ging eine Schlagzeile um die Welt. Auf der Wrangel-Insel im ostsibirischen Polarmeer lebten vor »nur« 4000 Jahren noch Mammuts. Freilich handelte es sich dabei nicht um die vor rund 2 000 000 Jahren im Pleistozän ausgestorbenen Riesen. Jene schwerfälligen Giganten waren weit über drei Meter groß und wogen sechs Tonnen.

Auf der Insel Wrangel lebten noch zu Zeiten der ägyptischen Pharaonen »Minimammuts«, »nur« etwa zwei Meter »klein« und zwei Tonnen »leicht«, sozusagen die »Light-Version«.

Die sensationellen Funde in der Arktis belebten eine Diskussion wieder, die schon seit Jahrzehnten geführt wird und immer wieder mal in der Presse für Schlagzeilen sorgt: Sollte es möglich sein, daß bis in unsere Tage Kreaturen überlebt haben, die schon seit Jahrmillionen als ausgestorben galten?

Die Möglichkeit besteht nicht nur – hier ist von Tatsachen die Rede: Man war sich in Wissenschaftskreisen darüber einig, daß der Quastenflosser vor 70 000 000 Jahren für immer aus den Meeren verschwand, unbeachtet ausstarb. Doch dann wurden vor der Küste Südafrikas quicklebendige Exemplare eben jener vorsintflutlichen Art von Fischern gefangen. Jene Tiere, des Lesens unkundig, hatten vermutlich nicht mitbekommen, daß sie laut der gesamten Fachliteratur allenfalls noch als Fossilien vorzukommen hatten, in dickleibigen Werken als »längst ausgestorben« geführt wurden.

Das Weichtier »Neopiliana galathea«, so war man überzeugt, tummelte sich zuletzt im Paläozoikum, vor rund 350 000 000 Jahren auf Erden. Diese »Tatsache«, allgemein wissenschaftlich anerkannt, hatte sich aber in den Gefilden des Pazifiks noch nicht herumgesprochen. Denn dort erfreut sich, in 3000 Meter Tiefe, »Neopiliana galathea« bester Gesundheit.

Ähnlich widerspenstig verhält sich auch »Ginkgotae«, eine Pflanze, die zwar mit ihren kuriosen Blättern stets reichlich ramponiert aussieht, die aber trotzdem keineswegs ausgestorben ist. Wissenschaftlichen Erkenntnissen zufolge hätte eigentlich das letzte Exemplar bereits vor 65 000 000 Jahren verwelkt sein müssen, gegen Ende der Kreidezeit, doch die besagte Pflanze wächst und gedeiht auch heute noch prächtig in Teilen Chinas und Japans. Totgesagte, so heißt es im Sprichwort, leben länger.

Sollte es da nicht möglich sein, daß auch heute noch weitere Tierarten überlebt haben, die bislang als ausgestorben gelten, etwa gar Saurier?

Meeresfaunaforscher Prof. Dr. rer. nat. Alexej Jabolow, Moskau, ist davon überzeugt. Der Gelehrte meint: »In den Tiefen des Indischen Ozeans und im südwestlichen Teil des Stillen Ozeans tummeln sich noch heute Plesiosaurier oder Mosasaurier, die vor etwa 60 000 000 Jahren ausgestorben sein sollen. Es wurden aber immer wieder, speziell zwischen dem 25. und dem 35. Grad südlicher Breite Meerestiere gesichtet, bei denen es sich sehr wohl um Vertreter einer Saurierart handeln könnte.«

Seit dem Jahr 565 nach Christus wollen zahllose Zeugen im berühmt-berüchtigten schottischen Loch Ness ein riesiges Wassertier gesehen haben. »Nessie« wird es liebevoll und nicht ohne Respekt genannt. Sollte es sich dabei um einen überlebenden Saurier handeln, etwa von der Gattung der Plentiosaurier? Dr. Roy Mackal aus Chicago, der sich als Forscher auf die Frage spezialisiert hat, ob womöglich vermeintlich vor Jahrmillionen ausgestorbene Tierarten in Wirklichkeit bis in unsere Tage überlebt haben, hält das für »durchaus möglich«.
Nun gibt es ein bekanntes Phänomen: Es gibt nichts in Europa, wovon es nicht in Amerika viel mehr gäbe. Das gilt natürlich auch für Schottlands »Nessie«. Müssen wir armen Europäer mit einem Seemonster zufrieden sein, kann Amerika mit 150 Seen aufwarten, die alle angeblich ähnliche Lebewesen beherbergen.

»Nessies« in Amerika

Im Eingangskapitel des vorliegenden Buches berichtete ich über die geheimnisvollen »Pyramiden von Rock Lake« im Staate Wisconsin. Nun bin ich stets bemüht, möglichst jeden mysteriösen Ort, über den ich in Zeitungsartikeln oder Büchern berichten will, selbst aufzusuchen. So recherchierte ich auch in Wisconsin vor Ort.
An den Gestaden des Rock Lake leben die Nachfahren der Winnebago-Indianer. Sie sprechen nur höchst ungern über den rätselhaften See und seine Geheimnisse. »Auf dem Grunde liegen die Reste einer uralten Stadt. In Pyramiden wurden Menschen von höchstem Rang bestattet!« erklärte mir ein Indianer. »Man darf ihre Totenruhe nicht stören!« Ein Monster bewache den See, so flüsterte mein Gewährsmann noch.

Tatsächlich wurde im Rock Lake immer wieder ein Monster von nessiehaften Ausmaßen gesichtet, besonders zwischen 1850 und 1920. Die Zeugenaussagen ergeben ein einheitliches Bild. So wird das mysteriöse Wesen beschrieben: Mindestens so groß wie ein Elefant, von dunkelbrauner Farbe, hat es den Hals und den Kopf eines Pferdes.

Joseph Davis, ein seriöser Geschäftsmann, lebte lange Jahre am Ufer des Rock Lake. Er berichtet: »Als ich 15 Jahre alt war, es passierte im Juli 1943, tuckerte ich mit meinem kleinen Motorboot auf dem See. Ich war eben etwa in der Mitte des Sees angekommen, wollte meine Angel auswerfen, da wurde plötzlich mein Boot von seltsamen Wellen erfaßt. Ich starrte ins Wasser und sah etwas sehr Großes aus der Tiefe emportauchen. Was es auch war, es bewegte sich schnell von unten her auf mein Boot zu.«

Panik erfaßte den jungen Mann. Er wollte fliehen, das Weite suchen, aber auch ganz genau sehen, was da aus der Tiefe des Sees emporkommen würde. Und plötzlich war es da, durchbrach die Wasseroberfläche, ein Monster, ein massiger Leib, ein Teil des Torsos, bräunlich-schwarz, ragte aus dem Wasser, mehrere Meter lang.

Eine Minute lang war das Urvieh zu sehen, dann tauchte es ebenso schnell, wie es erschienen war, wieder ab. Und Joseph Davis fühlte sich von einer unbeschreiblichen Panik erfaßt. »Mir war, als könne ich mich erst jetzt wieder bewegen. Ich warf den Motor meines Bootes an und brauste so schnell es ging zum Ufer. Ich schwor mir, nie mehr zum See zurückzukommen!«

David Hatcher-Childress, Präsident des »World Explorer Club«, ist davon überzeugt, daß im Rock Lake ein ähnliches Monster wie Nessie lebt. Der Fachmann in Sachen Geheimnisse und Wunder dieser Erde: »Anscheinend kann Rocky, wie das Monster von den Einheimischen genannt wird, sehr schnell sehr tief tauchen. Vermutlich hält es in den Monaten der kalten Jahreszeit eine Art Winterschlaf auf dem Grund des Sees.«

Von Wisconsin nach British Columbia. Im Okanagan-See soll es dort noch heute, anno 1996, Basilosaurusse geben – lebende, versteht sich. Diese Meeresungeheuer tauchen dort nicht erst seit jenen Tagen auf, da die Zeitungen gern »Sommerlöcher« mit kuriosen Meldungen füllen. Sie sind den am See lebenden Indianern schon seit Jahrhunderten bekannt. Ursprünglich nannten die Indianer jenes Riesenwesen »Naiaka«, 1926 wurde es offiziell »Ogopogo« getauft. Seit 1700 soll es mindestens zweihundertmal gesichtet worden sein

Am 20. Juli 1986 hatte Lionel Edmond eine furchteinflößende Begegnung mit dem Monster: »Ich war mit einem Boot zum Fischen auf dem See, als ich hinter mir ein lautes Rauschen hörte. Ich drehte mich um, und es kam mir so vor, als würde da ein U-Boot auftauchen und mein Boot gefährden. Irgend etwas steuerte direkt auf mich zu. Als es im rechten Winkel zu meinem Boot stand, wurden sechs Buckel über der Wasseroberfläche sichtbar, jeder zog eine kleine Kiellinie hinter sich her. Die Gesamtlänge betrug 15 bis 18, vielleicht 20 Meter.«

Uralte indianische Überlieferungen gibt es auch im Zusammenhang mit dem Champlain-See im Staate New York. Samuel Champlain, nach dem der See benannt wurde, hielt die Erzählungen von Indianern, wonach ein furchteinflößendes Lebewesen in den Tiefen des Sees hause, zunächst für unglaubwürdig. Dann sah er das Tier selbst, anno 1609.

Von 1819 bis in unsere Tage gab und gibt es immer wieder Augenzeugenberichte. Dr. Roy P. Mackal: »Ich studierte 27. Alle Zeugnisse haben große Ähnlichkeiten mit denen, die ich seit 25 Jahren am Loch Ness untersuche.«

Loch Ness und Champlain See, beide haben große Fischbestände, die ausreichend Nahrung für Riesentiere zur Verfügung stellen.

An der Grenze von Maine, USA, liegt der Lake Pohengamook, Quebec. 1957, 1977 und 1980 machte hier ein Seeungetüm von sich reden, genannt Ponik. Prof. Vadim Vladykov lehrte Biologie an der Universität von Ottawa. Besonders intensiv setzte er sich mit dem Meeresmonster auseinander. Der Wissenschaftler: »Zahlreiche Zeugen bekunden, daß sie ein sechs bis acht Meter großes Seeungetüm gesehen haben. Es könnte sich dabei freilich um einen Riesenstör gehandelt haben.«

Über diese Vermutung lacht man vor Ort am Pohengamook-See nur. Zwei Augenzeugen, Mrs. Desbiens und Mrs. Tardiff: »Es hatte einen massiven Leib, wie ein umgedrehtes Boot sah es aus, sein Kopf war wie der einer Kuh, das Monster hatte aber keine Ohren.« Was die Damen auch gesehen haben mögen: Ein Stör war es mit Sicherheit nicht.

Um die Grenze zwischen den USA und Kanada schert sich ein weiteres Seeungeheuer nicht. Es ist im Lake Memphremagog beheimatet und wird in der Literatur erstmals 1850 erwähnt. Der Autor hat tagelang vor Ort in der Bibliothek von Rockisland recherchiert. Dutzende von Beschreibungen aus 150 Jahren habe ich gelesen. Die verschiedenen Zeugenaussagen ergeben folgendes Bild: Ein Wesen, etwa fünf Meter lang, halb Pferd, halb Schlange, saurierähnlich, hat bis in unsere Tage überlebt. Indianer wollen vom Ufer aus öfter den Kopf des Untiers gesehen haben: Hocherhobenen Hauptes, von dunkelgrüner Farbe, pflügte es seinen Weg durch die Wellen.

Noch heute erinnern sich ältere Bewohner in Garthby am Lake Aylmer: In den Jahren 1955 bis 1958 begegnete Fischern, die mit Booten auf den See fuhren, immer wieder »ein furchteinflößendes Monster«. Nach dem genaueren

Aussehen des Tieres gefragt, hüllen sich die meisten Menschen, die ihm begegnet sein wollen, in Schweigen.
Paul-Emile Grenier, städtischer Beamter, will es 1959 dreimal gesehen haben. »Es war windstill, der See war spiegelglatt. Die Flosse des Tieres ragte aus dem Wasser. Ich hatte ein Gewehr im Boot, wollte es erschießen, es war aber zu weit weg, außer Schußweite. Ich nahm mit meinem Motorboot die Verfolgung auf, aber das Biest war schneller.«
Seit den 50er Jahren hat es niemand mehr gesehen. In jenen Jahren wurden von einer Minengesellschaft, die es mit dem Umweltschutz nicht so genau nahm, giftige Substanzen in den See geleitet. »Vielleicht haben diese Gifte das Tier getötet?« fragt Paul-Emile Grenier.
Seine Überlegung berührt die wohl entscheidende Frage des Monsterproblems: Wenn es in 150 amerikanischen Seen Monster der Urzeit gibt, wieso ist dann noch kein einziges totes Exemplar gefunden worden? Richard Carrington, Autor des Buches »Mermaids and Mastodons« (»Meerjungfrauen und Mastodonten«) glaubt die Antwort zu kennen. Der Schriftsteller vermutet, man habe deshalb noch keine toten Seemonster gefunden, weil sie gar nicht physisch-leiblich existieren.
Vielmehr stellten Ungeheuer seit Jahrtausenden den »Versuch des Menschen dar, mit der Unermeßlichkeit des Universums fertig zu werden«. Indem der Mensch seine Ängste auf Monster projiziere, versetze er sich dazu in die Lage, seine eigene offenkundige Nichtigkeit zu akzeptieren. Ähnlich dachte der Psychologe Bruno Bettelheim. Der weltweit angesehene Wissenschaftler hielt Ungeheuer für »eine psychische Notwendigkeit«. Anonyme, nicht näher beschriebene, nebulöse Ängste erschienen dem Menschen als bedrohlicher als solche, denen er Namen und Gestalt geben könne.
Sind also die Monster der amerikanischen Seen keine Lebe-

wesen aus Fleisch und Blut, sondern verdichtete unbewußte Ängste vor dem namenlosen Unbekannten? Entstehen Phantasiebilder von Fabelwesen, weil die Angst vor dem scheinbar konkreten, noch so widerlichen »Monster« leichter zu ertragen ist als die Furcht etwa vor der undurchdringbaren Dunkelheit?

Am Ufer des Rock Lake in Wisconsin vertraute mir ein Winnebago-Indianer an: »Das Monster, das unseren See beherrscht, ist die Konkretisierung von Geist, von Energie. Da ist etwas auf dem Grunde des Sees. Wir sollen diesem Etwas nicht zu nahe kommen. Also wird das Geheimnis von einem Schutzgeist bewacht. Diese geistige Kraft will aber auch uns davor bewahren, dem Unheimlichen zu nahe zu kommen. Das geschieht zu unserem eigenen Schutz.«

»Kingkongs« in Amerika

In den USA gibt es nicht nur zahllose Hinweise auf furchteinflößende Seebewohner der unheimlichsten Arten. In abgeschiedenen Waldregionen verschiedener Bundesstaaten, in denen sich selbst Fuchs und Bär nur leise flüsternd eine gute Nacht wünschen, sollen sich auch »kingkonghafte« Riesenaffen tummeln.

Nun stellt sich die Frage: Gibt es diese Wesen wirklich, oder sind es nur zu Monstern konkretisierte menschliche Urängste? Höchstwahrscheinlich sind sie doch handgreiflich und real. Denn sie haben zahllose deutlich sichtbare Fußspuren hinterlassen. Und Phantasiegebilde erzeugen keine Fußabdrücke.

Der mysteriöse Riesenaffe ist den Indianern speziell im Norden der Neuen Welt angeblich schon seit Jahrhunderten bekannt. Die Algonquin-Indianer nennen ihn »Windigo«. John Napier hat sich seit vielen Jahren intensiv mit diesem seltsamen Fabelwesen auseinandergesetzt. Er sichtete Hunderte Zeugenaussagen und kristallisierte folgendes Bild heraus: »Er geht wie ein Mensch, ist am ganzen Leibe bepelzt, meist rötlich- oder kastanienbraun, seine Größe wird stets besonders hervorgehoben. Einzelne Exemplare sollen bis zu drei Meter groß gewesen sein, die Durchschnittsgröße beträgt etwa 230 Zentimeter. Seine muskulöse Erscheinung wird ebensooft betont wie sein breiter, ausgeprägter Brustkorb.«

Dr. Valentin Sapunow, Biologe aus St. Petersburg: »Der in den USA lebende Riesenaffe Windigo, auch Bigfoot genannt, ist ein Verwandter des im Himalaja vorkommenden Yeti.« Der Wissenschaftler meint, daß vor etwa 50000 bis 100000 Jahren aus dem Neandertaler zum einen der Homo sapiens hervorging, zum anderen aber ein Lebewesen, von dem nur kleine Gruppen überlebt haben, wovon einige in den Wäldern Nordamerikas oder in den Höhen des Himalaja-Gebirges als Yeti und Bigfoot bekannt wurden.

Die Zahl der Augenzeugenberichte ist kaum noch zu überschauen. Stellvertretend für viele seien einige der wichtigsten Beobachtungen aus unserem Jahrhundert vorgestellt.

1924 wollen im westlichen Washington an der Grenze zu Oregon Goldsucher von »affenähnlichen Wesen« angegriffen worden sein. Zugezogene Journalisten und Rechtsanwälte überprüften den Fall und entdeckten später Hunderte von riesigen Fußabdrücken.

1933. British Columbia. Zwei Männer kampieren bei Pitt Lake in einer Höhe von 4500 Metern. Aus einer Entfernung von 400 Metern beobachten sie ein »großes Tier mit menschenähnlichem Gesicht und bepelztem Körper«. Es fraß angeblich Früchte von Büschen. Fußspuren wurden gefunden, die beweisen: Was es auch war, ein Bär war es nicht.

Ruby Creek, ebenfalls British Columbia: 1940 dringt ein 2,40 Meter großes haariges Monster in die Farm von Familie

Chapman ein. Es richtet einigen Schaden an, stößt ein großes Faß mit gesalzenem Fisch um. Das männliche Lebewesen soll nach seinem kurzen Gastspiel wieder verschwunden sein.
Mica Mountain, an der Grenze zwischen British Columbia und Alberta. Mehrfach wurden Gruppen von Bigfoots beobachtet. Ein weibliches Exemplar riß Äste von Bäumen und vertilgte die Blätter gierig wie eine Delikatesse. Und 1963 wütete bei Bluff Creek, Kalifornien, ein Bigfoot auf einer Baustelle, warf Zementblöcke durch die Gegend, als seien es Legosteine. Es hinterließ Fußabdrücke, die dem Namen Bigfoot alle Ehre machen.
Bleiben wir in Bluff Creek, Kalifornien: Roger Paterson und Bob Gimlin hatten gehört, es hätten sich wieder Bigfoot-Monster gezeigt. Am 20. Oktober 1976 machten sich die beiden Männer per Pferd auf den Weg durch den Urwald.
Bob Gimlin: »Wir waren 40, vielleicht 50 Meilen von der nächsten Straße entfernt. Gerade wollten wir um einen umgestürzten Baum herumreiten, da stand es einfach da, das Monster. Wir waren auf der einen Seite eines kleinen Flüßchens, das Wesen auf der anderen. Rogers Pferd scheute, auch meines spielte verrückt. Roger stieg vom Pferd, zog gleichzeitig die Kamera aus der Satteltasche. Langsam entfernte sich das Wesen, es ging dabei wie ein Mensch, fast schlendernd, bedächtig. Roger filmte, sprang über den Bach, filmte weiter, stolperte über eine Sandbank. Während er filmte, rief er mir zu, ich solle das Tier mit der Büchse in Schach halten, was ich dann auch sofort tat. Zu diesem Zeitpunkt war es etwa 30 Meter von mir entfernt. Es ging einfach weiter, drehte sich einmal um und sah mich dabei an.«
Dann verschwand die Kreatur im Urwald. Zurück blieben: der Film in Roger Patersons Kamera und eine Reihe von Fußabdrücken im Erdreich, die das ungewöhnliche Lebewe-

sen im morastigen Waldboden hinterlassen hatte. Bob Gimlin und Roger Paterson fertigten Abgüsse von den wahrhaft großen Spuren an. Fußlänge: beachtliche 36 Zentimeter.
Film und Fußabdrücke vermögen auch heute noch nicht alle Wissenschaftler zu überzeugen, viele gehen immer noch von einem Schwindel aus. Das »Affenwesen« sei ein verkleideter Mensch, wird immer wieder behauptet. Bob Gimlin bestreitet das, Roger Paterson lebt nicht mehr. Für Bob Gimlin spricht: Man hat ihm schon viel Geld geboten für den Fall, daß er die Story als Schwindel entlarven würde. Derlei Angebote hat er stets empört und energisch ausgeschlagen.
1982 bekam Anthropologe Dr. Grover S. Krantz, Professor an der Washington State University, Abgüsse von Fußabdrücken vorgelegt, die man in Bossburg, Washington, im Schnee gefunden hatte. Der Wissenschaftler äußerte sich nach sorgfältiger Prüfung so: »Das sind mit an Sicherheit grenzender Wahrscheinlichkeit Abdrücke eines echten Bigfoot, der offenbar, vielleicht durch einen Unfall, verkrüppelt worden ist.«
Von Herbst 1986 bis Frühling 1987 häuften sich in Pennsylvania Bigfoot-Sichtungen. Frühjahr 1987, Feller Heights bei Dawson Creek, British Columbia, Kanada: Am 14. März schuften mehrere Männer an einem Ölbohrloch. Bei der anstrengenden, schweren Arbeit, die ihre gesamte Konzentration verlangt, bemerken sie es zunächst nicht, daß sie beobachtet werden: von einem 2,10 Meter großen Wesen. Was es auch war, ein Bär war es nicht. Meister Petz hielt zu jener Zeit noch brav seinen Winterschlaf.
Das Wesen umkreiste die Männer, stets in sicherem Abstand, beobachtete sie argwöhnisch. Im Schnee blieben Fußabdrücke zurück. Wollte sich jenes Wesen Schuhe verpassen lassen, dann wären Treter der Größe 48 angebracht. Das Monster lebt also wirklich auf »großem Fuße«. Und seine Schrittlänge ist ebenso beachtlich: 1,80 Meter. Als sich das

Wesen einmal im Schnee niederkniete, hinterließ es Abdrücke. Abstand der Spuren von den Knien im Schnee: 90 Zentimeter.
Am 1. Januar 1992 tauchte in der Nähe von Sandy, Oregon, ein 2,30 Meter großer Riese auf. Das Wesen, sein Fell wird als »rötlich-braun« beschrieben, sei in den Wald geflohen, als es sich beobachtet fühlte.
Stinkende Gerüche sonderte ein Bigfoot ab, der am 4. Januar 1992 südlich von Mount St. Helena nahe der »Ape-Cave«-Straße durch den Schnee stapfte. Ein Zeuge will erkannt haben, daß es sich bei dem 2,50 bis 2,70 Meter großen, besonders stattlichen Exemplar um ein schwangeres Tier handelte. Sein Fell soll dunkelbraun-schwärzlich gewesen sein.
Ebenfalls am 4. Januar 1992 wurden gleich zwei »Großfüße« beobachtet. Der eine soll etwa 2,20 Meter groß gewesen sein und etwa fünf bis sechs Zentner gewogen haben. Der andere war »deutlich kleiner«, wird aber immerhin auch noch auf »etwa dreieinhalb Zentner« geschätzt. Wie die Zeitung »Bay City Times« berichtet, mußte ein Auto scharf bremsen, um einen Zusammenstoß mit den Großfüßen zu vermeiden. Im Rückwärtsgang, so die Zeitung, habe sich der Autofahrer davongemacht. Er wollte eventuellen Mißfallensbekundungen der Riesenwesen auf alle Fälle aus dem Wege gehen. Am 6. Juni 1992 meldete Sam Sherry aus Ligonier, Pennsylvania: »Bei Deiry/Chestnut Ridge sah ich einen Bigfoot-Riesen!«
Kaum jemand hat sich so intensiv mit Großfüßen auseinandergesetzt wie Ray Crowe. Der Direktor der »Western Bigfoot Society«: »Auch im Winter 1995/96 gab es wieder Sichtungen monströser Giganten in Oregon, speziell im Gebiet der Blue Mountains! Immer öfter wagen sie sich nahe an Städte wie Portland heran.«
Dr. Marina Popowitsch, Rekord-Testpilotin und Präsidentin

einer wissenschaftlichen Gesellschaft zur Erforschung außergewöhnlicher Erscheinungen, ist davon überzeugt, daß es einen Zusammenhang zwischen UFOs und Riesenkreaturen gibt. Und tatsächlich treten in den USA oft UFOs und Bigfoot-Wesen gemeinsam auf.

Yvonne Schneider aus Bad Salzuflen ist davon überzeugt: »Ich wurde in der Nacht vom 15. auf den 16. August 1994 an Bord eines UFOs entführt und sah ein leibhaftiges Tier-Mensch-Riesen-Monster, immerhin drei Meter groß, in einem gewaltigen, mit einer trüben Flüssigkeit gefüllten Glastank schweben. Die Außerirdischen gaben mir zu verstehen, daß das Monster von ihnen künstlich geschaffen worden sei. Zu diesem Zweck hätten sie eigene Gene, die von Tieren sowie die Erbanlagen von Menschen miteinander vermischt. Eines der außerirdischen Wesen sagte mir: ›Das ist etwas, womit wir experimentieren. Du brauchst keine Angst davor zu haben.‹«

Sollten die Bigfoot-Wesen also die Produkte von gentechnischen Experimenten außerirdischer Wissenschaftler sein?

In der aktuellen UFO-Forschung wird mehr denn je erörtert, ob die Besucher aus dem All die Erde als eine Art Testlabor benützen, um monströse Wesen auf gentechnischem Wege zu erzeugen: etwa die in zahlreichen Gefilden unseres Planeten beobachteten Yeti- und Bigfoot-Kreaturen. Sie scheinen nicht so recht in die Evolutionsgeschichte zu passen. Sind sie Erzeugnisse außerirdischer Laborversuche?

12 UFOs – ein Jahrhundertphänomen

Weltweit erhitzen UFOs alle Jahre wieder die Gemüter vieler Menschen. Allem Anschein nach handelt es sich bei den (von skeptischen Zeitgenossen gern belächelten) »fliegenden Untertassen« um Vehikel, mit denen Außerirdische aus den Tiefen des Alls unserer Erde Besuche abstatten.
Streng genommen sind »UFOs« die Erfindung eines Journalisten. Am 24. Juni 1947 startete der Pilot Kenneth Arnold am frühen Nachmittag vom Chehalis-Flugplatz Richtung Yakima, Bundesstaat Washington. Er suchte an der Westseite des Mount Rainier nach einem verschollenen, wahrscheinlich abgestürzten Flugzeug.
In einer Höhe von 9200 Fuß sichtete der Pilot etwa 15 Meilen links von sich in einer Höhe von 14 000 Fuß eine DC-4-Maschine. Und dann sah Arnold so etwas wie Lichtblitze, die in einer Formation von neun Objekten dahinbrausten, auf einer Höhe von 9500 Fuß, 1200 Meilen pro Stunde schnell.
UFO-Experte Hans von Kempen machte sich 40 Jahre nach der Sichtung von Kenneth Arnold als erster wirklich die Mühe, genau nachzuforschen, was damals wirklich geschah.
Am Flughafen von Pendleton, Oregon, USA, hatte Kenneth Arnold eine Erklärung vor Journalisten abgegeben und beschrieben, was er am Himmel beobachtet hatte. Bill Bequette, ein Lokalreporter, war dabei gewesen und hatte eine Pressemeldung formuliert, die bald um die Welt gehen und immer wieder nachgedruckt werden sollte. Dabei war ihm

freilich ein Fehler unterlaufen. Kenneth Arnold hatte beiläufig geäußert, die Objekte hätten sich »wellenförmig bewegt, wie Untertassen, die man über Wasser schießen läßt«. Bill Bequette fand den Ausdruck »fliegende Untertassen« im Zusammenhang mit seltsamen Himmelsobjekten interessant und fabulierte, Kenneth Arnold habe »fliegende Untertassen« gesehen.

Dabei hatten die arnoldschen Flugobjekte von der Form her alles andere als untertassenförmig ausgesehen. »Die Objekte waren sichelförmig und nicht rund. Sie hatten eine kleine Erhöhung im Zentrum der nach hinten verlaufenden Flügel.«

Das hört sich eigentlich mehr nach irdischem Flugzeug als nach außerirdischem »UFO« an. Von Kempen verfolgte die »Flugzeugspur« und wurde fündig. Er kam zu folgendem ernüchternden Resultat: Arnold sah keine fliegenden Untertassen, keine von kuriosen kleinen grünen Männchen aus dem All gesteuerten Vehikel, sondern F-84-Thunderjets mit ehrbaren amerikanischen Piloten höchst irdischer Herkunft an den Steuerknüppeln.

Seltsam: Durch einen journalistischen Fehler waren aus sichelförmigen, flachen Flugobjekten mit Flügeln »fliegende Untertassen« geworden. Kenneth Arnold ärgerte sich selbst sehr über die Verfälschung seines Berichts. Der Ausdruck »fliegende Untertassen«, so betonte er immer wieder, sei »als Resultat einer ganzen Menge von Mißverständnissen« entstanden. Doch kaum waren die »fliegenden Untertassen« erst einmal in aller Munde, wurden sie allenthalben gesichtet. In der bekannt-berüchtigten Untertassenform.

Die Forschergruppe CENAP versucht seit langer Zeit vergeblich, die wahren Begleitumstände der arnoldschen Sichtung publik zu machen. Sie stößt damit, was ohne Zweifel arg frustrierend sein muß, weder bei der »breiten Masse« der Bevölkerung noch bei den eingeschworenen »UFO-Gläubigen« auf Resonanz. Das mag folgenden Grund haben: Leider sind solche Recherchen der blitzsauberen Art bei CENAP höchst selten. Die Vertreter jenes kleinen Grüppchens erwecken nur allzuoft den Eindruck einer fanatischen Anti-UFO-Sekte der unseriösesten Art. Trotzdem gelingt es den CENAP-Leuten immer wieder, sich in Presse, Funk und Fernsehen als die wissenschaftliche UFO-Forschungsgruppe schlechthin darzustellen. Ernst wird die CENAP in der seriösen UFO-Forschung aber nicht genommen.

Es begann vor 100 Jahren

Das neuzeitliche UFO-Phänomen ist inzwischen fast genau 100 Jahre alt. Es begann in den Jahren 1896 und 1897. Die folgenden Ausführungen basieren auf Hunderten von Zeitungsartikeln aus eben diesen Jahren 1896 und 1897. Zitieren kann ich nur einen Bruchteil des faszinierenden Quellenmaterials. Es in seiner Gesamtheit wiederzugeben, würde den Rahmen des vorliegenden Buches sprengen; es würde zahlreiche Bände füllen.

Sacramento, Kalifornien, USA, 20. September 1896: Am Horizont blitzt ein Licht auf. Ist es ein Stern? Ein Planet vielleicht? Prof. Swift, Astronom, kneift die Augen zusammen. Nein, ein Planet oder Stern ist es nicht. Es bewegt sich. Vielleicht ist es ein Komet? Dann müßte es aber ein bislang unentdeckter, unbekannter sein, denn für den 20. September 1896 war keiner zu erwarten gewesen.

Der Gelehrte richtet sein Fernrohr auf das wandernde Licht. Er wundert sich. Kann er doch jetzt etwas wie eine dreieckige Form ausmachen, die da in großer Entfernung am Himmel schwebt. An jeder Ecke strahlt ein Licht, zwei davon sind besonders stark, das dritte verblaßt im Vergleich dazu. Prof. Swift beschreibt seine Sichtung, sein Text er-

scheint im »Astronomical Journal« und in der »Stockton Evening Mail«.
Etwa einen Monat später beobachtete John Ahern aus Stockton, Kalifornien, ähnliches. Als er seinen Hund am Abend ausführt, braust etwas Dreieckiges über ihn hinweg. Deutlich sind drei »Feuerbälle« auszumachen, die irgendwie miteinander verknüpft sind. »Das Ding war das Schönste, was ich je gesehen habe! Nur was es war, das weiß ich leider nicht!« berichtet John Ahern später einem Journalisten.
Was mögen Swift und Ahern gesehen haben? Wurden beide Männer mit dem gleichen Phänomen konfrontiert? Und was war es? Was zog da vollkommen lautlos über den Himmel? Vermutlich wären die beiden kuriosen Beobachtungen wieder rasch in Vergessenheit geraten, wenn es nicht in der Zeit vom November 1896 bis Mai 1897 eine Flutwelle von weiteren Sichtungen gegeben hätte.
In Kalifornien fing es an, dann folgten weitere Beobachtungen im Osten, in Ohio und in Virginia. Zehntausende glaubten ihren Augen nicht trauen zu können. Da flogen geheimnisvolle Maschinen am Himmel umher. In Städten wie Sacramento, Omaha und Chicago brach regelrecht ein »Luftschiff-Fieber« aus. Und das anno 1896, als es noch gar keine Luftschiffe gegeben haben kann, zumindest keine irdischen.
Am 17. November 1896 hatte es in Sacramento, Kalifornien, schon den ganzen Tag geregnet. Zum Abend hin verschlechterte sich das Wetter. Charles Lusk, der für die »Central Electric Street Railway Company« arbeitete, stand an jenem Abend vor seinem Haus, Ecke 23. und 10. Straße. Mißmutig starrte er in die Dunkelheit. Plötzlich bewegte sich in einer Höhe von etwa 300 Metern ein Licht gen Westen. Lassen wir den Augenzeugen selbst zu Wort kommen. Charles Lusk: »Es war weder Stern noch Meteor. Hinter dem Licht

war ein massiver Körper. So etwas hatte ich noch nie zuvor gesehen!«

Am gleichen Abend hielt sich George Scott, ein hoher Regierungsbeamter, in der Landeshauptstadt Sacramento auf. Von der Kuppel des Regierungsgebäudes aus beobachteten Scott und einige Kollegen ein »dunkles Etwas« am Himmel. Das »Ding« hatte drei Lichter. Auch ein J. H. Vogel erspähte just in jener Nacht etwas: »Ein Licht und darüber ein eiförmiges Gebilde.«

Tags darauf druckten mehrere örtliche Tageszeitungen umfangreiche Artikel. Die Hauptschlagzeile von »The San Francisco Call« vom 18. 11. 1896: »Sie behaupten, ein fliegendes Luftschiff gesehen zu haben!« Die nicht minder seriöse »Union« konstatiert: »Hunderte haben es beobachtet!« »Sacramento Record Union«: »Was war es?« Eine berechtigte Frage! Was flog anno 1896 am Himmel über Amerika?

Colonel H. G. Shaw und Camille Spooner machten am 25. 11. 1896 eine kleine Kutschfahrt. Gegen 18 Uhr sahen sie das Luftschiff. Es schwebte in einer Höhe von etwa sieben Metern und hatte eine recht beeindruckende Größe. Seine Länge betrug 50 Meter, in der Mitte war es etwa acht Meter dick. Motore oder irgendwelche Steuerungsmechanismen waren nicht auszumachen.

Zigtausende Amerikaner fragten sich damals: Wer kann solch einen Flugapparat erfunden, konstruiert und gebaut haben? Der geniale Erfinder Thomas A. Edison, Inhaber zahlloser Patente, geriet in Verdacht. Ließ Mr. Edison vielleicht sein neuestes Werk, eine Wundermaschine, insgeheim schon testen, bevor er es offiziell vorführen wollte? Man fragte also den Erfinder. Und der antwortete verärgert: »Es ist absolut absurd anzunehmen, daß jemand ein erfolgreiches Luftschiff bauen lassen und die Sache geheimhalten würde. Es müßte ein mechanischer Apparat sein, der von einem starken Motor geringen Gewichts angetrieben würde. Gegenwärtig hat noch niemand einen solchen Motor entwickelt, aber man weiß nie, was einmal in Zukunft sein wird.« Er selbst verschwende seine Zeit nicht mit der Erfindung von Luftschiffen.

Edison: »Ich widme meine Zeit nur solchen Dingen, die wirtschaftlichen Wert haben!« Alles andere als weitsichtig, traute Edison Luftschiffen keine Zukunft zu. »Bestenfalls könnte es sie vielleicht einmal als Spielzeug geben!«

Zunächst hatte es den Anschein, als ob sich das Luftschiff-Phänomen in Luft aufgelöst hätte. Zumindest tauchen einige Zeit keine Pressemeldungen darüber mehr auf. Tagelang durchforstete ich Zeitungsarchive, lange vergeblich. Über Monate gab es nicht einen einzigen Artikel über das geheimnisvolle Luftphänomen. Erst im Februar des Jahres 1897 taucht es wieder auf, im Westen der USA.

Laut »Omaha Bee« vom 2. Februar des Jahres 1897 wurde das Objekt über Hastings, Nebraska, gesichtet. Die Zeitung schreibt in einer Sondermeldung: »Mehrere Bürger von Hastings meldeten, daß ein Luftschiff oder etwas in der Art im Westen der Stadt beobachtet wurde. Es flog in einer Höhe von etwa 135 Metern, stand einmal eine halbe Stunde lang still, kreiste dann, bewegte sich zwei Meilen gen Norden und kehrte wieder zurück. Dann verschwand es spurlos.« Zunächst habe es wie ein heller Stern ausgesehen, dann, bei näherer Betrachtung, habe man erkannt, daß es ein Luftschiff sei, ausgestattet mit Scheinwerfern von erstaunlicher Leuchtkraft.

Tage später, am 5. Februar 1897, wurde das rätselhafte Flugobjekt über Invale, 40 Meilen nördlich von Hastings, beobachtet. Die Zeugen waren, das betont die Presse ausdrücklich, »respektable Bürger, die von einer Gebetsversammlung zurückgekommen waren«. Solch frommen Menschen traute man keine Lügen zu.

Handelte es sich um den gleichen Flugapparat, den Colonel Shaw gesehen hatte? Wohl kaum, denn die Beschreibung mutet ganz anders an: »Es hatte eine konische Form, war zehn bis 13 Meter lang (Shaw: 50 Meter lang!), mit einem hellen Licht vorn dran, und es hatte sechs weitere Lichter, je drei an den Seiten und ein fächerförmiges Ruder.« Außerdem wurden »je zwei Flügel an den Seiten« bemerkt, auch habe man deutlich Motorenlärm »und die Stimmen und das Lachen von Passagieren« vernommen.
1979 setzte sich Prof. Roger L. Welsch, Sprachwissenschaftler an der Universität von Lincoln, Nebraska, mit dem Phänomen auseinander. An den zahllosen Sichtungen, so der Wissenschaftler, müsse »etwas dran gewesen sein«, selbst wenn es »auch bewußt in die Welt gesetzte Lügengeschichten« gegeben haben mag.
In jenen Tagen des ausgehenden 19. Jahrhunderts scheint das Luftschiff Gesprächsthema Nr. 1 in Nebraska gewesen zu sein. Was damals Prof. William Rigge, Astronom am »Creighton College«, Omaha, überhaupt nicht verstand: »Die Leute haben die Venus gesehen!« mutmaßt der Wissenschaftler. Eine Erklärung, wenn auch aus wissenschaftlichem Munde, die damals nicht weiter ernst genommen wurde. Zu viele Menschen hatten deutlich das mit hellen Scheinwerfern ausgestattete Objekt in oft nur sehr geringen Höhen von wenigen hundert Metern Manöver ausführen sehen. So nahe sind sich Erde und Venus gottlob noch nie gekommen.
Am 2. April 1897 überflog das Luftschiff Kansas City: »Ein mysteriöses schwarzes Objekt, das mit einem durchdringenden Scheinwerfer ausgestattet war.« Was es auch war, die Venus war es jedenfalls nicht. Die Presse meldete damals »mehrere tausend Zeugen«.
Am 11. April schrieb »Gate City«, eine in Keokuk, Iowa, viel gelesene Zeitung: »Letzte Nacht beobachteten viele Bürger ein merkwürdiges Licht, wobei es sich wohl um das

Luftschiff handelte, das schon so viel Furore in unserem und in anderen Staaten machte.«
Mitte April 1897, der genaue Tag des Geschehens ist leider nicht mehr feststellbar, machte Lokomotivführer Jim Hooton bei Rockland, Texas, eine Beobachtung. Lautes Getöse lockte ihn in den Wald. Auf einer Lichtung sah er ein riesenhaftes Luftschiff. Es befand sich offensichtlich in Schwierigkeiten, hatte allem Anschein nach eine Panne.

UFO-Absturz vor 100 Jahren

Am 19. April 1897 geschah Unglaubliches. Es kam zu einer Katastrophe - wenn man der Zeitung »Dallas Morning News« Glauben schenken kann. Der Bericht jener gegen Ende des vergangenen Jahrhunderts als seriös bekannten Zeitung mutet mehr wie ein Science-fiction-Roman unserer Tage an. Und soll doch eine wahre Begebenheit beschreiben.
Ich zitiere wörtlich aus dem Report von 1897: »Gegen sechs Uhr morgens waren die Frühaufsteher von Aurora, Texas, mit dem plötzlichen Auftauchen des Luftschiffs konfrontiert, das im ganzen Staat umhergeflogen war. Es war auf Nordkurs und näherte sich der Erde mehr denn je zuvor. Offensichtlich war etwas mit dem Mechanismus nicht in Ordnung, denn es machte nur zehn oder zwölf Meilen die Stunde, wobei es immer tiefer sank. Es überflog den Marktplatz, und als es den Nordteil unserer Stadt erreichte, stieß es mit Richter Proctors Windmühle zusammen und ging mit einer gewaltigen Explosion zu Bruch, wobei Wrackteile auf einer Fläche von mehreren Morgen verteilt wurden. Dabei wurden die Windmühle und der Wassertank zerstört.«
Dann wird es richtig phantastisch. Die Zeitung schreibt weiter: »Der Pilot des Luftschiffs soll allein an Bord gewesen

sein. Seine sterblichen Überreste sind in starkem Maße entstellt, man kann aber erkennen, daß es kein Bewohner unserer Erde ist.« Ein Außerirdischer also?
Die als seriös bekannte Zeitung fährt in ihrer Berichterstattung fort: »Mr. T. J. Weems, Fernmeldeoffizier und Autorität auf dem Gebiet der Astronomie, tut seine Meinung kund, daß der Pilot ein Bewohner vom Mars ist. Papiere des Piloten, in seinem Besitz gefunden, sind in unbekannten Hieroglyphen verfaßt und lassen sich nicht entziffern. Das Luftschiff selbst ist so stark zerstört, daß keine Rückschlüsse auf seine Bauweise und auf seinen Antrieb möglich sind. Es bestand aus einem unbekannten Metall, das eine Art Mischung aus Aluminium und Silber zu sein scheint.«
Ist das die Lösung des Luftschiff-Rätsels? Waren die so oft und von so vielen, Zigtausenden Menschen beobachteten Flugvehikel Raumschiffe außerirdischen Ursprungs? Laut »Dallas Morning News« und »Fort Worth Register« befand sich jedenfalls ein Außerirdischer an Bord des Luftschiffs. Sein verstümmelter Körper soll einen Tag nach dem Absturz auf dem örtlichen Friedhof beigesetzt worden sein.
1973 recherchierte William Case den Fall zusammen mit Walter Andrus, einem führenden UFO-Fachmann, und Frank N. Kelly, Fachmann in Sachen Metalldetektoren. Das Team machte vor Ort die 91jährige Mary Evans und den 83jährigen Charles Stephens ausfindig. Beide erinnerten sich daran, daß 1897 eine gewaltige Explosion stattgefunden habe, auch hätten ihre Eltern von »zahlreichen Trümmern und Metallteilen« gesprochen.
Auch der örtliche Friedhof wurde in die präzisen Recherchen einbezogen. Es fand sich ein alter, nur etwa 45 Zentimeter großer Grabstein. Er trug eine merkwürdige Gravur, die offenbar ein Luftschiff darstellen sollte. Fred Kelly untersuchte das dazugehörige Grab mit einem Metalldetektor und kam zum Ergebnis: »In einer Tiefe von etwa einem

Meter befindet sich etwas Metallisches im Grab.« Was? Sollte man anno 1897 Stücke des abgestürzten Luftschiffs dem toten Piloten mit ins Gab gelegt haben?
Walter Andrus, William Case und Fred N. Kelly stellten einen Antrag auf Exhumierung des unbekannten Toten. Dazu kam es nicht. Denn bevor eine Entscheidung gefällt werden konnte, wurde der Grabstein des angeblichen Außerirdischen gestohlen, außerdem wurde das Grab selbst geschändet. Ein »Schacht« mit einem Durchmesser von nur sieben Zentimetern war ausgehoben worden. Man hatte ganz offensichtlich etwas aus dem Grab entfernt, denn jetzt zeigte der Metalldetektor nichts Metallisches mehr im Grab an.
In Aurora war man empört über die Beschädigung des Grabes. Eine Öffnung der Ruhestätte wurde untersagt. Trotzdem mußten die drei Forscher nicht ohne Ergebnis abziehen. Man spielte ihnen nämlich Metallteile zu, die angeblich vom Wrack des abgestürzten Luftschiffs stammten. Diese Proben wurden wissenschaftlich in Labors untersucht.
Ergebnis: Es handelt sich um Aluminium mit geringem Eisenanteil. Kurzfristig müssen die Proben sehr hohen Temperaturen ausgesetzt gewesen sein, denn sie enthielten auch Anteile des örtlich vorkommenden Sandsteins. Das heißt, daß das Metall zumindest kurzfristig flüssig gewesen sein muß. Dann verband es sich mit Sandstein, erkaltete und erstarrte wieder. Zink und Kupfer waren nicht enthalten, obwohl Kupfer industriell sonst immer mit Eisen zu einer Legierung gemischt wird.
William Case hierzu: »Alle Hinweise deuten definitiv auf eine Explosion. Die Verteilung der Metallfragmente zeigt, daß die Maschine relativ niedrig flog. Zuerst explodierte ein Teil der rechten unteren Hälfte und verstreute die Trümmer über eine Fläche von 10000 Quadratmetern entlang dem flachen Hang eines Hügels aus Kalkstein. Unmittelbar darauf

erfolgte die zweite, vernichtende Explosion, die die Trümmer nach Norden und Westen schleuderte.«
Dr. Johannes Fiebag, studierter Geologe und seriöser Wissenschaftspublizist, kommt nach gründlichen Recherchen zu folgendem Ergebnis: »Eines scheint festzustehen: Es hat zum Ende des vergangenen Jahrhunderts ein reales Phänomen gegeben. Es äußerte sich in Form großer, zigarren- und ellipsenförmiger Objekte, die nahezu lautlos mit gleißenden Lichtern über den amerikanischen Kontinent schwebten.«

Nicht von dieser Welt

Sollte es sich bei diesen Luftschiffen tatsächlich um Raumschiffe von anderen Welten gehandelt haben? Diese Hypothese liegt zumindest nahe.
Fest steht einwandfrei: Tausende Menschen beobachteten Himmelsschiffe. Es muß mehrere Exemplare gegeben haben. So gibt es auch nach dem Absturz vom 19. April 1897 noch eine Reihe von weiteren Sichtungen. Am 21. April 1897 wurde Exsenator Harris aus Harrisburg gegen ein Uhr nachts aus dem Schlaf gerissen, durch ohrenbetäubenden Lärm. Als der verstörte Mann aus dem Haus stürzte, sah er, sehr tief fliegend, ein Luftschiff. Harris wurde am 23. April 1897 von »Modern News« wie folgt zitiert: »Es war ein seltsam aussehendes Objekt, wohl das wundersame Luftschiff, das die Menschen im Westen so in Erstaunen versetzt hat.«
US-Autor David Cohen, der sich wie sonst kaum jemand intensiv mit dem Luftschiff-Phänomen auseinandergesetzt hat: »Es müssen mindestens zwei, vielleicht drei verschiedene Luftschiffe angenommen werden, um all die verschiedenen Sichtungen zu erklären.«
Wer aber hat die Luftschiffe gebaut? Außerirdische? Oder

irdische Tüftler, Erfinder, die ihrer Zeit weit voraus waren? Ein irdischer Ursprung des Phänomens mag zunächst plausibler erscheinen, als von Besuchern aus den Tiefen des Alls auszugehen. Eine irdische Erklärung scheidet aber aus, wie Charles H. Gibbs-Smith herausfand. Dieser Historiker hat sich auf die Zeit vor 1910 spezialisiert. Nach Ansicht des Experten »konnte 1896/97 kein Typus einer steuerbaren Maschine, die leichter als Luft war, in Amerika fliegen«.
In Frankreich starteten die Gebrüder Montgolfier ihre ersten Experimente mit Heißluftballons in den frühen 80ern des 18. Jahrhunderts. Am 21. November 1783 gelang ihnen der erste bemannte Flug. 1785 wurde erstmals der Ärmelkanal in solch einem Ballon überflogen. In den USA fand der erste bemannte Ballonflug 1793 statt. Den ersten steuerbaren Ballon entwarf Henri Giffard in Paris. 1852 flog er eine 34 Meter lange »Zigarre« zum ersten Mal. Der Gasballon sollte von einem dampfgetriebenen Propeller lenkbar gemacht werden. In der Theorie sah das recht eindrucksvoll aus, die Praxis hielt sich aber nicht an die sorgsam gezeichneten Pläne. Sobald auch nur ein lindes Lüftchen aufkam, erwies sich der Motor als viel zu schwach, das »Luftschiff« war hilflos dem Wind ausgeliefert.
Sollte es 1896/97 ähnliche Entwicklungen gegeben haben? 1902 soll Pfarrer Burrell Cannon ein Luftschiff gebaut haben. In jenem Jahr sei es ihm gelungen, ein Flugobjekt, angetrieben mit einer Gasturbine, bei Pittsburg kurzzeitig in der Luft zu halten. Und das schon vor den Erfolgen der legendären Wright-Brüder, aber doch erst Jahre nach 1896/97. Übrigens behauptete Pfarrer Cannon, er habe die Bauanleitung für seinen Flugkörper in der Bibel gefunden, beim Propheten Hesekiel, der ja auch in unserer Zeit der Raumfahrt den NASA-Ingenieur Josef Blumrich faszinierte. Der Raumfahrtexperte ist davon überzeugt, daß vor rund 2500 Jahren Hesekiel ein außerirdisches Raumschiff sah, daß er auch

darin mitgenommen wurde und seine Sichtungen und Erlebnisse präzise zu Papier brachte.
1856 kam der Zeitungsverleger Fred Marriott, Gründer der »London Illustrated News« und des »London Morning Circle«, nach San Francisco. In England hatte der Publizist auch als Erfinder gewirkt. Auf eine dampfgetriebene Flugmaschine hatte er zwar in England ein Patent erhalten, aber nicht genügend Sponsoren gefunden, die seine Erfindung hätten in die Tat umsetzen können.
Bedenkt man, daß die Luftschiffe anno 1896/97 über Monate hinweg das Modethema schlechthin waren, dann verwundert es, wieso nicht ein einziger am Bau beteiligter Arbeiter an die Öffentlichkeit getreten sein soll, ganz zu schweigen vom verantwortlichen Leiter des Unternehmens selbst – wenn denn das Luftschiff-Phänomen irdischen Ursprungs gewesen wäre.
Im Jahr 1897 entwickelte der schwedische Ingenieur Salomon Andree ein wahrhaft kühnes Projekt. Mit einigen Gefährten wollte er im Ballon den Nordpol überfliegen. Im Juli startete die wagemutige Expedition von Smeerensberg, Nord-Spitzbergen, in einem riesigen Ballon. In den folgenden Monaten häuften sich Sichtungsmeldungen aus fast aller Welt. Erst 1939 wurde das tragische Ende der Salomon-Andree-Expedition entdeckt. Kurz nach dem Start des Ballons mußte eine Notlandung auf einer kleinen Insel nördlich von Spitzbergen gewagt werden. Der Ballon war offensichtlich schon nach kurzem Flug völlig vereist. Die Männer wollten wohl auf der kleinen Insel die schweren Eismassen von der Ballonhülle entfernen, es war ihnen aber nicht mehr möglich, ihr Fluggerät neuerlich zu starten. Die tollkühnen Expeditionsteilnehmer erfroren alle jämmerlich, bezahlten ihren Forscherdrang (oder Leichtsinn?) mit dem Leben.
Obwohl die Expedition so rasch ein tragisches Ende genommen hatte, behaupteten Menschen, den Ballon noch am

Himmel gesehen zu haben, als er nachweislich schon lange nicht mehr in der Luft war. Sollten die zahlreichen »Zeugen« alle bewußt gelogen haben? Oder sahen sie UFOs und hielten die Flugobjekte für den Ballon, von dem sie in der Zeitung gelesen hatten?
Oder gaukelte ihnen die Phantasie etwas vor? Ist es eine Eigenheit der menschlichen Phantasie, der menschlichen Psyche, daß Dinge, die es vielleicht geben könnte, die aber realiter (noch) gar nicht vorhanden sind, auch »gesehen« werden?
Dr. Johannes Fiebag schreibt: »Das Luftschiff-Phänomen war kein Vorläufer des heutigen UFO-Phänomens, es war die kontinuierliche und zeitangepaßte Variante desselben. Die Menschen des vergangenen Jahrhunderts legten ihre Träume und Hoffnungen in ein anbrechendes Zeitalter der Technik, in der die Luftfahrt das letzte große Ziel sein sollte. Was sie am Himmel sahen, waren nichts anderes als die Vorboten dieses Traumes, die gestaltgewordenen Wunschbilder einer zutiefst erwartungsvollen Generation. Was wir heute sehen, ist im Grunde das gleiche: Raumschiffe, High-Tech, Genmanipulationen bestimmen das Bild am Ende unseres Jahrhunderts, und das UFO-Phänomen hat nichts anderes getan, als sich diesem Bild anzupassen.«
Sollte das Geheimnis der UFOs noch viel mysteriöser sein, als die meisten UFO-Forscher bislang überhaupt zu spekulieren gewagt haben? Ausführlich unterhielt ich mich mit Jacques Bergier über dieses Thema. Der französische Bestsellerautor: »UFOs sind reale Konstruktionen, Raumschiffe von fremden Welten. Aber wenn wir unsere Raketen und die UFOs miteinander vergleichen, dann wirkt unsere irdisch-menschliche Technik steinzeitlich-primitiv. Aber Wesen, die Strecken von vielen Lichtjahren zu überbrücken vermögen, sie müssen ja über eine Technik verfügen, die uns Menschen des 20. Jahrhunderts märchenhaft erscheint. Bedenken wir,

daß der Mensch erst seit Jahrzehnten ins Weltall strebt. Unsere Raumfahrt steckt noch in den Kinderschuhen!«
Mag uns die Raumfahrttechnik der Außerirdischen märchenhaft vorkommen – ein Phänomen, das in direktem Zusammenhang mit UFOs steht, scheint eher einem Horrorfilm der blutigsten Art entliehen zu sein als einem Märchenbuch. Von den entsetzlichen Tierverstümmelungen ist die Rede, von den »Animal Mutilations«. Ohne Frage: Dieses Phänomen ist erschreckend, blutig, ja widerlich. Es wäre aber falsch, den Horroraspekt der UFO-Story zu verschweigen.

13 *Ein höchst realer Alptraum*

Es begann vor rund 100 Jahren, als zahlreiche Staaten Nordamerikas von wahren UFO-Epidemien heimgesucht wurden. Am 19. April anno 1897 beobachteten Farmer Alexander Hamilton, sein Sohn Walt und ein Farmangestellter, wie ein Kalb von der Weide entführt und an Bord eines gewaltigen UFOs gezerrt wurde. Stunden später fand man die traurigen Überreste des Tieres, sein Fell. Es war, als habe man die leere Hülle aus großer Höhe auf die Erde fallen lassen. Von einem UFO aus? UFO-Skeptiker bezweifeln das, behaupten, es habe den beschriebenen Vorfall gar nicht gegeben. Er sei vielmehr das Produkt der blühenden Phantasie mehrerer Männer, die sich in einem Lügenclub organisiert hatten und versuchten, sich gegenseitig durch das Erfinden noch gruseligerer Schauermärchen zu überbieten.
Tatsache ist: Es liegt eine eidesstattliche Erklärung von Alexander Hamilton vor, in der er beschwört, ein höchst reales, persönliches Erlebnis beschrieben zu haben. Ich würde ja selbst gern den beschriebenen Fall als Kuriosum zu den Akten nehmen, wenn nicht Entführungen und grausame Verstümmelungen zahlreicher Tiere der verschiedensten Arten ein fester Bestandteil des UFO-Phänomens wären. So alptraumhaft es auch ist, was da geschieht: Das blutige Phänomen gibt es wirklich.
Schon als ich mein Buch »Das Sphinx-Syndrom. Die Rückkehr der Astronautengötter« schrieb, überlegte ich lange, ob ich denn das Thema der Viehverstümmelungen aus ästhetischen Gründen lieber nicht beschreiben sollte. Ich kam aber

17

18

19

20

22

23

24

25

27

28

17 Die Karte des Piri Reis. Enthält sie Hinweise auf den legendären Kontinent Atlantis? Entstand sie mit Hilfe außerirdischer Technologie?

18 Der geheimnisvolle Götterberg Nemrud Dag. Mächtige Steinstatuen bewachten einst einen künstlich aufgeschütteten Pyramidenberg.

19 Ihre Häupter stürzten längst zu Boden und scheinen…

20 …über unser Nichtwissen über die Rätsel der Zeiten vor der Sintflut milde zu lächeln.

21 Brausten am vorgeschichtlichen Himmel der heutigen Türkei einst außerirdische Raumschiffe, wie Erich von Däniken mutmaßt? Der Bestsellerautor mit dem Verfasser bei Erkunden einer der unterirdischen Städte. Versuchten die Menschen vor den Besuchern au dem All zu fliehen?

22 Die unwirtliche Wüste Colorados. Auch heute noch eine lebensfeindliche Region.

23 Sie birgt eines der großen archäologischen Rätsel unserer Erde.

24 Es ist der geheimnisvolle »Klippenpalast« von Mesaverde, der jahrhundertelang unentdeckt blieb.

25 Eine riesige »Höhle« im majestätischen Tafelberg bietet der mysteriösen Geisterstadt Schutz.

26 Warum wurde die günstig gelegene Stadt überstürzt verlassen?

27 Die »Straße der Toten« stellt ein verkleinertes, maßstabsgerechtes Abbild unseres Sonnensystems dar. Woher stammt das erforderliche astronomische Wissen? Etwa von den »fliegenden Göttern«?

28 Wurden die Bewohner der rätselhaften Stadt von Wesen aus dem All besucht? Befahlen jene Himmelswesen den Menschen, sich eine neue Heimat zu suchen – so wie es in Zentralamerika geschah?

zu der Überzeugung, daß es unbedingt erforderlich ist, das UFO-Phänomen in seiner Ganzheit zu beschreiben, in seiner teilweise leider auch erschreckenden Vielfalt. Es geht nicht darum, wie wir uns Besucher aus dem All gerne vorstellen, wie die Außerirdischen zu sein hätten, wenn wir sie manipulieren könnten. Es geht darum wiederzugeben, wie sie wirklich sind.

Hans-Werner Sachmann schrieb zutreffend in seiner Rezension von »Das Sphinx-Syndrom«: »Langbein zeigt auf, daß in unserem Gedankengebäude kein Platz sein darf für die lieben, netten Außerirdischen, die uns retten wollen. Eine Illusion, mit der hier bedingungslos aufgeräumt wird.«

Deshalb kann ich nicht anders, ich muß auch im vorliegenden Buch auf die Viehverstümmelungen eingehen. Anscheinend hat sich erst in jüngster Zeit eine Veränderung ergeben. Anscheinend werden neuerdings zahllose Tiere von Außerirdischen entführt, verschwinden auf Nimmerwiedersehen.

Eine Bestandsaufnahme

Im Dezember 1963 wurde die Bevölkerung von Gallipolis, Bundesstaat Ohio, USA, aufgeschreckt. Zahlreiche grausam verstümmelte Tierkadaver – hauptsächlich waren Rinder betroffen – wurden gefunden. Wer (oder was?) hatte die armen Kreaturen zu Tode geschunden? Ein sadistischer Tierhasser vielleicht? Danach sah es nicht aus.

Den Tieren waren mit chirurgischer Präzision die Gehirne entfernt worden, auch andere innere Organe fehlten. Stets war wissenschaftlich-exakt vorgegangen worden. Besonders unbegreiflich war, daß in den überwiegenden Fällen die toten Tiere keinen Tropfen Blut mehr enthielten. Gleichzeitig war auch etwa am Boden, auf dem die Kadaver lagen, kein Tropfen Blut auszumachen. Und es fehlte, was ange-

sichts der oft grauenhaften Verstümmelungen unbegreiflich ist, jeder Hinweis auf noch so geringe Gegenwehr der zu Tode geschundenen Tiere.
Empörte Farmer organisierten eine Bürgerwehr. Die Viehweiden wurden rund um die Uhr bewacht. Zunächst glaubte man an einen Erfolg der Aktion. Gewiß, man hatte nicht den oder die Täter gefangen, aber die Tötungen hörten auf, man ging zum Alltag zurück, erleichtert und zufrieden. Offensichtlich hatten die Kontrollmaßnahmen den oder die Täter dazu gebracht, das blutige Gemetzel zu beenden.
Doch zu früh gefreut: Vier Jahre später ging es weiter. Auf der Alamosa-Farm, Colorado, USA, wurde Lady, das Pferd der Familie Lewis, tot aufgefunden. Das dreijährige Tier war fürchterlich zugerichtet worden. Vom Hals aufwärts war alles Fleisch mit sauberer, grausamer Präzision entfernt worden. Die Knochen wirkten wie von wochenlanger Sonnenglut ausgebleicht, dabei hatte Lady nachweislich Stunden vor ihrem grausamen Ende ein sorgloses Pferdeleben auf saftiger Weide genossen. Wer oder was hat das Pferd getötet? Ein Raubtier kann es nicht gewesen sein. Dr. John Henry Altshuler, Pathologe am »Rose Medical Center«, Denver, Colorado, heute Professor der Medizin an der Universität von Colorado, untersuchte das tote Pferd oder, besser gesagt, was von ihm übriggeblieben war.
Was er herausfand, versetzte den Mann, der – als Pathologe gewohnt, mit Leichen umzugehen – nicht so leicht zu erschrecken war, in Panik. »Ich konnte vor Angst nicht schlafen!« gibt er Jahre nach dem bis heute ungeklärten Geschehen zu. Dr. Altshuler: »Am rätselhaftesten war das Fehlen von Blut! Das arme Tier war entsetzlich zugerichtet, aber nirgendwo gab es auch nur eine noch so geringfügige Spur von Blut. Nicht am Tier, nicht am Boden, einfach nirgendwo. Herz, Lungen und die Schilddrüse fehlten.«
Sie waren entfernt worden, kein Raubtier hatte sie wegge-

fressen. »Und dazu wurde, wie meine Untersuchungen ergaben, ein chirurgisches Instrument verwendet, ein hochwertiges Laserskalpell.« Der sachkundige Wissenschaftler schließt mit absoluter Sicherheit Raubtiere als »Täter« ebenso aus wie »normale Sadisten«. Er ist der felsenfesten Überzeugung: »Das war das Werk von Außerirdischen!«
Er selbst hatte UFOs beobachtet. Freilich dauerte es Jahre, bis der Mediziner diese kühn anmutenden Erkenntnisse öffentlich bekanntgab, bis er es wagte, vor der Öffentlichkeit zu seinen Aussagen zu stehen. Zunächst hatte er lieber verschwiegen, was er wußte. Und das aus recht menschlichen und nachvollziehbaren Erwägungen: aus Rücksicht auf seine weitere wissenschaftliche Laufbahn. Mußte doch Prof. Dr. Altshuler befürchten, der Lächerlichkeit preisgegeben zu werden, wenn er seine Überzeugung publizierte, nämlich daß außerirdische Wissenschaftler, Experimentatoren aus dem All für die Viehverstümmelungen verantwortlich waren. Doch kehren wir zum »Fall Lady« zurück.

Eine kuriose »Erklärung«

Am 10. September 1967 und an den folgenden Tagen wurde mit detektivischer Gründlichkeit die Weide von Lady Zentimeter für Zentimeter abgesucht. Man fand nur Abdrücke von Pferdehufen. Und die hörten plötzlich auf, als habe etwas, was auch immer, das Pferd in die Luft gehoben und 30 Meter weiter wieder abgelegt: tot und grausam entstellt.
Es gibt in den USA eine Gesellschaft, die es sich zur Aufgabe gemacht hat, alles, was auch nur den Anschein des Rätselhaften hat, aufzuklären. Vertreter dieser Vereinigung, sie nennt sich NICAP (»National Investigation Committee on Aerial Phenomena«/»Nationales Erforschungsinstitut in Sachen Luftphänomene«) nahm sich auch des »Falles Lady«

an. Die vorgetragene »Erklärung« mutet freilich reichlich merkwürdig an. Demnach wurde das arme Tier mit Hilfe eines riesigen Dreibeins, versehen mit einem Flaschenzug, hochgezerrt. Dann wurde ein Bottich unter das Pferd gestellt, man schlachtete es ab, entfernte seine inneren Organe, fing das Blut auf, füllte Säure in den Bottich, tunkte das Pferd in das Säurebad, zog es nach einiger Zeit wieder heraus, entfernte die Utensilien spurlos und ließ den Kadaver liegen.

Wozu das alles geschah? Und warum bemerkte niemand, wie die aufwendigen Gerätschaften auf die Weide gebracht und wieder weggeschafft wurden? Unbeantwortet bleibt auch die Frage, wieso sich das Pferd Lady zu keinem Zeitpunkt gegen seine Peiniger wehrte.

Dr. Altshuler kennt diesen mehr als kuriosen Lösungsvorschlag. Er lehnt ihn als Unfug ab und bleibt dabei: »Es waren Außerirdische!« Tatsächlich hatten Zeugen in der Nacht, als Lady starb, geheimnisvolle Lichter gesichtet, UFOs waren gemeldet worden. So berichtete am 7. Oktober 1967 die Tageszeitung »The Pueblo Chieftain«, zigarrenförmige UFOs seien am 10. September 1967 unweit von Ladys Weide beobachtet worden.

In den Jahren 1970 bis 1974 kam es zu immer mehr ähnlich brutalen Tierverstümmelungen, etwa in Minnesota, Wisconsin, South Dakota, Iowa, Kansas und Nebraska. Besonders rätselhaft: Im Dezember 1974 wurde auf der großen Farm von Frank Schiefelbein, Kimball, Minnesota, eine junge Kuh getötet. Universitätsdozent Terrence Mitchell: »Ein unheimlicher Fall! An jenem Tag lag tiefer Schnee. Die tote Kuh befand sich im Zentrum eines völlig vom Schnee befreiten Kreises. Und außerhalb dieses abgezirkelten Areals war nicht die kleinste Spur zu finden. Nirgendwo im blütenweißen Schnee!« Der »Kreis« sah so aus, als habe ein landendes UFO den Schnee zum Schmelzen gebracht…

US-Senator Floy Haskell, Colorado, war über die Vorfälle so stark beunruhigt, daß er das »FBI-Bureau« um eine Untersuchung bat. Seine Bitte wurde aber abgelehnt. Man sei »nicht zuständig«, bekam er zu hören. Diese Reaktion löste Empörung bei Tausenden Farmern aus. Hatten doch die Tierverstümmelungen inzwischen, wie Fachautor Viktor Farkas konstatiert, »die Ausmaße einer Epidemie« angenommen.

Von Ende November bis Mitte Dezember 1973 wurden allein im nördlichen Kansas 44 Kühe auf unerklärliche Weise niedergemetzelt und geheimnisvollen Operationen unterzogen. 1974 gab es rund 100 ähnliche Fälle in Süddakota, Nebraska und Iowa. 1975 war Minnesota »Zentrum« des Geschehens. Aber auch aus Texas und Oklahoma trafen entsprechende Meldungen ein.

Teilweise erhebliche Belohnungen wurden von Viehzüchtergesellschaften ausgesetzt, etwa von der »Oklahoma Cattlemen's Organisation« und von der »Elberty County Livestock Association«, doch ohne Erfolg. Nicht ein einziger brauchbarer Hinweis ging ein. Nicht ein einziger Tatverdächtiger wurde auch nur angezeigt, kein Täter konnte überführt werden.

Besorgt fragte der »Idaho Statesman« in seiner Ausgabe vom 6. Juli 1975: »Wer oder was tötet Rinder, entfernt innere Organe mit chirurgischer Präzision und hinterläßt auch nicht den kleinsten Blutspritzer? Und warum findet man keine todbringende Wunde?«

Vom August 1975 bis Mai 1976 beunruhigen wahre Verstümmelungsorgien die Bewohner von Montana, Idaho und Wyoming. Dann schien es, als habe das Morden endlich ein Ende gefunden, doch 1978 ging es in New Mexico und Arkansas weiter. Immer mehr Farmer forderten polizeiliche Untersuchungen. In verschiedenen Bundesstaaten wurden Hubschrauber eingesetzt, die regelmäßig Viehweiden abflo-

gen. Keine »ungewöhnlichen Beobachtungen« wurden gemacht, die Viehverstümmelungen gingen aber weiter.
Hunderte toter Rinder wurden aufgefunden. Meist waren ihre Körper völlig blutleer. Nirgendwo aber fanden sich Blutspuren, obwohl immer gravierende Eingriffe vorgenommen worden sein müssen. Augen, Hirne, innere Organe wie Herz, Lunge, Leber waren entfernt worden, auch Euter und Geschlechtsorgane, manchmal großflächige Hautpartien.
Das Gemetzel, das 1963 begann, setzte sich auch in den 80er Jahren fort. Hunderte, ja Tausende Rinder wurden Opfer geheimnisvoller blutiger Vorgänge, die an okkulte Zeremonien erinnern. Am 9. September 1982, zum Beispiel, traf es eine trächtige Kuh. Tatort: die Farm von Linda Dzuris, rund 45 Kilometer östlich von Colorado Springs, Bundesstaat Colorado, gelegen.
Der amtliche Bericht des Sheriffs hielt unter anderem fest: »Mit unbekanntem Instrument geschnitten, Euter teilweise entfernt, große, klaffende Wunde, blutleer.« Willkürlich habe ich den folgenden Fall ausgewählt. Es ist einer von zahllosen ähnlichen. Tatort: die William-McKay-Ranch außerhalb von Greeley, Colorado. Deputy Sheriff Mike Stark: »Am 14. Mai 1988 wurde hier ein Rind getötet. Eine natürliche Erklärung gibt es nicht.« Wieder war ein Tier zu Tode operiert worden, wieder gab es keinerlei Spuren von Blut. Wie die Tat geschehen war, konnte letztlich auch nicht geklärt werden. Es gab, wie immer, keine auswertbaren Spuren. Wer auch immer das arme Tier wie auch immer bearbeitet hatte, verursachte keinerlei kriminalistisch verwertbare Spuren. Und wieder waren die Schnitte von präziser, chirurgischer Art.
Zwischen November 1990 und Juni 1991 sorgte im südöstlichen Arizona eine Serie von Tierverstümmelungen für Aufsehen. Acht Rinder und ein Pferd wurden getötet. Euter, Genitalien, After wurden chirurgisch entfernt. Die Polizei

vermutete, so lautet eine »amtliche Erklärung«, an die die Farmer nicht so recht glauben wollten, eine »satanische Sekte« sei am Werk gewesen.

Oklahoma, Kingfisher County, Mitte Januar 1992. Drei Kuhkälber wurden tot aufgefunden. Bei einem Tier war die Leber herausoperiert worden, bei allen fehlten die Augen, Ohren, Zungen, Lippen und Geschlechtsorgane. Allen Tieren war das Blut bis auf den letzten Tropfen entzogen worden. Oklahoma, nördlich von Tripton: Der Kadaver einer toten Kuh wurde am 29. August gefunden. Das Herz war aus dem Leib geschnitten worden, Zunge und Euter fehlten. Wahrscheinlich benutztes Werkzeug: ein Skalpell modernster Art, das nach dem Laserprinzip funktioniert.

Sommer 1993, nordwestliches Alabama. Dutzende Fälle von »Tierverstümmelungen« traten auf. Polizeibeamter Tommy Cole steht vor einem Rätsel. »Zum Beispiel wurde ein 8-Zentner-Bulle ›bearbeitet‹, mit einem rasiermesserscharfen Werkzeug. Das Fleisch des Tieres hatte eine unheimliche Farbe, war weiß wie Kalk. Der Kadaver war vollkommen blutleer.« Gefunden hat man ihn gut 100 Meter von der nächsten Straße entfernt. Und wieder gab es nicht die geringste Spur. Kein einziger Zeuge konnte aufgetrieben werden, der etwas bemerkt hätte.

Die Farmer in den betroffenen Staaten der USA sind von den Behörden bitter enttäuscht. Sie fühlen sich alleine gelassen, fordern, daß endlich etwas unternommen wird. Aber was und gegen wen? Manch einer wünscht sich, daß hinter den Tierverstümmelungen ein sadistischer Triebtäter stecken möge. Oder eine Bande satanischer Teufelsanbeter. Denn dann müßte dem Phänomen mit den Methoden der Polizeiarbeit beizukommen sein.

Im Spätherbst 1994 meldete sich dann der republikanische Politiker Bill Richardson zu Wort. Er wolle die Tierverstümmelungen vom US-Kongreß zur Bundesangelegenheit erklären lassen. Das freute zunächst die Landwirte, doch den Worten des Politikers folgten keine Taten. Statt dessen gab es im nördlichen Teil von New Mexico und im südlichen Colorado eine neuerliche Verstümmelungsepidemie, begleitet von zahlreichen UFO-Sichtungen.

Am 13. September 1994 hatte Larry Gardea ein unheimliches Erlebnis. Der Zimmermann verfolgte im abgelegenen Distrikt von Mora County Bärenspuren, als er dabei auf eine tote Kuh stieß. Ein großes Stück des Enddarms fehlte, war zusammen mit einem zylinderförmigen Stück Fleisch sauber herausgeschnitten worden. Keine fünf Meter davon entfernt kauerte eine weitere Kuh bewegungslos. Plötzlich rannten etwa ein Dutzend Kühe auf der Weide in Panik davon. Ein surrendes, summendes Geräusch war zu vernehmen, es erinnerte Larry Gardea irgendwie an einen Schweißbrenner.

Dann glaubte der Zeuge seinen Augen nicht trauen zu können: Eine Kuh wurde von einer unsichtbaren Kraft emporgehoben, sie schwebte in der Luft, nicht hoch über dem Boden. Gardea: »Es war, als würde sie von einer Kraft angesaugt. Sie bewegte sich schwebend auf einen dichten Wald zu, brüllte aus Leibeskräften, ruderte verzweifelt mit den Beinen, versuchte der unheimlichen Kraft zu entkommen. Vergeblich. Irgend etwas ließ das arme Tier Richtung Wald schweben, auf den Punkt zu, von dem aus das seltsame Geräusch auszugehen schien.«

Zeuge Gardea wurde nun auch von Panik erfaßt. So schnell ihn seine Beine trugen, rannte er davon. Erst eine Stunde später wagte er sich an den Ort des Geschehens zurück, freilich nicht allein. Der stellvertretende Sheriff von Mora County, Greg Laumbach, und einige Farmer begleiteten ihn.

Den Männern war unheimlich zumute. Ihre Angst versuchten sie mit teilweise derben Scherzen zu bewältigen. Als erstes untersuchten sie die tote Kuh, die Larry Gardea zuerst

bemerkt hatte. »So etwas habe ich in meinem ganzen Leben nicht gesehen!« stammelte der Besitzer des Tiers, Estevan Sanchez. Der untere Kiefer war in einem perfekt-runden Kreis vom Fleisch befreit, der Knochen war makellos sauber. Außerdem hatte man, wer auch immer, ein kreisrundes Segment aus dem Fell der Kuh geschnitten.
Dann suchten die Männer nach der Kuh, die noch kurz zuvor wenige Meter von dem Kadaver entfernt gekauert hatte. Sie war und blieb verschwunden, tauchte nicht mehr auf.
Es häuften sich aber UFO-Meldungen. Zahlreiche Zeugen wollen just in der Region des unheimlichen Vorkommnisses seltsame Flugobjekte beobachtet haben. Ein Gymnasiast hatte zwei Tage zuvor ein UFO über den nahe gelegenen Bergen beobachtet. »Es führte Flugmanöver aus, stieg hoch auf und näherte sich im Sturzflug wieder der Erde. Das geschah mehrfach.« Am 26. September wurde eine weitere Kuh verstümmelt aufgefunden, am 27. September gab es wieder UFO-Meldungen.
Die bekannteste Erforscherin des unheimlichen Phänomens, Mrs. Linda Moulton Howe, hatte von den Ereignissen von Gardea gehört, wollte sich vor Ort selbst ein Bild machen. Sie reiste an – und erspähte in der Nacht am Ort des Geschehens UFO-Erscheinungen. Die Forscherin: »Durch mein Fernglas beobachtete ich ein fliegendes, helles Objekt, wie es sehr tief, anscheinend zwischen den Bergen dahinflog. Etwa 40 Sekunden konnte ich es verfolgen. Ich habe schon manch merkwürdige Beobachtung gemacht, etwa in Peru, auch in anderen Ländern, aber noch nie UFOs in unmittelbarer Nähe einer Verstümmelungsszene.«
Mitte September wurden in der gleichen Region drei Bewohner von Taos UFO-Zeugen. Maida Martinez, ihr Ehemann Toby und einer seiner Kollegen, Eric Tafoya, sahen, wie ein »helles weißes Licht« langsam über die Stadt dahin-

flog. Die Zeugenaussagen wurden durch eine Vielzahl ganz ähnlicher Berichte ergänzt und bestätigt. Sie erinnern mich sehr deutlich an die UFO-Sichtungen vom Frühjahr 1977. Damals wurde Sterling, Colorado, von einem UFO heimgesucht. Das große Mutterschiff trat damals meist in Begleitung einer Vielzahl von kleinen Trabanten auf.

Damals schenkten die Bewohner von Sterling, Colorado, bald dem merkwürdigen Phänomen kaum noch Aufmerksamkeit, so oft wurde es beobachtet. »Ach ja, das sind ›Big Mama‹ und ihre ›Babys‹«, hieß es dann nur. Die Farmer von Sterling kamen zu der Überzeugung, daß ihre Region von Außerirdischen besucht werde, die grauenhafte Experimente an Vieh vornahmen. So wurden innerhalb von wenigen Wochen in jener Zeit 72 Rinder fürchterlich verstümmelt auf den Weiden vorgefunden. Die den Tieren zugefügten Wunden waren mit chirurgischer Präzision ausgeführt worden, Teile von inneren Organen fehlten, manchmal die Geschlechtsteile, Euter, Augen, Zunge, auch Stücke vom Darm. Manchmal waren größere Fleischpartien bis auf die Knochen säuberlich entfernt worden. Und das ganz offensichtlich mit modernstem High-Tech-Werkzeug.

Nie gab es nur die geringste Blutspur. Dabei hätten doch die geschundenen Tiere förmlich im eigenen Blut schwimmen müssen bei den massiven, ja entsetzlichen Wunden, die ihnen zugefügt worden waren. Von wem? »Das waren die Jack-the-Rippers aus dem All!« meinten die Farmer. »Das können nur die UFO-Wesen getan haben!« Sheriff Lou Girodo, der damals als Chefermittler im Auftrag des Bezirksstaatsanwalts die grausamen Tierverstümmelungen untersucht hatte, hatte ihnen recht gegeben: »Tatsächlich ist es sehr wahrscheinlich, daß das, was mit den Tieren geschieht, auf das Konto von Kreaturen aus dem Weltall geht!« Ich habe die Vorfälle von Sterling ausführlich in meinem Buch »Das Sphinx-Syndrom. Die Rückkehr der Astronautengötter« beschrieben. Ich darf auf das Vorwort »Big Mama oder Jack the Ripper aus dem All?« und auf Kapitel 17, »Animal Mutilation – Versuch einer Annäherung an einen realen Alptraum«, verweisen. Doch zurück zu den Vorfällen von Mora County.

Maida Martinez über ihre UFO-Beobachtung: »Es war das spektakulärste Erlebnis, das ich je hatte. Es war so groß wie ein geräumiges Wohnzimmer. Es hatte ein rundes Licht, umgeben von zwölf, vielleicht 15 kleineren Lichtern. Wir hörten kein Geräusch, weder das Rauschen eines Hubschraubers noch Flugzeuglärm. Erst als das Ding direkt über uns stand, war ein Summen zu hören. Das war das einzige Geräusch, das das UFO von sich gab!«

Bald waren die Viehverstümmelungen und die Sichtungen von UFOs das Tagesgespräch in der kleinen Gemeinde. Bei der Polizei von Taos häuften sich die Meldungen über UFO-Beobachtungen. Und stets war der Zusammenhang zwischen Flugobjekten und Viehverstümmelungen offensichtlich. Farmer Tom Reed: »Ich verlor zwei Kühe durch diese gräßlichen Verstümmelungen. Als ich Vieh, das ich auf dem Markt verkaufen wollte, auf den Transportwagen trieb, sah ich ein blaues UFO am Himmel dahinfliegen. Zeitweise schwebte es über den Sangre-de-Christo-Bergen.« Stunden zuvor hatten aufgeregte Touristen eine »glühende blaue Kugel am Himmel« gesehen.

Auch Farmer Max Cordova, der drei Rinder durch die schon als klassisch zu bezeichnenden Verstümmelungen verlor, bekam zu hören: »In der Nacht, als deine Tiere abgeschlachtet wurden, zeigten sich UFOs am Himmel!« Nachbarn des Landwirts hatten zudem »Motorenlärm in der Nacht gehört«. Und Sohn David Cordova hatte »wenige Nächte zuvor« ein UFO gesichtet, als er mit dem Auto spät abends nach Hause gekommen war.

Die zahlreichen betroffenen Farmer waren empört ob der

Tatsache, daß ihnen von den Behörden keinerlei Hilfe zuteil wurde. Mit Telefonanrufen bombardiert wurde Kevin McClellan, stellvertretender Chef einer örtlichen Viehzüchtervereinigung. Schließlich gab er zu: »Wir werden mit Berichten zu den unheimlichen Vorfällen förmlich überhäuft. Aber was sollen wir tun? Wir heften eben die Meldungen ab, viele werden nicht einmal gelesen!« Ob dieses Desinteresses war die attraktive, langmähnige Linda Moulton Howe empört. Sie nahm Verbindung mit dem Tierarzt Tim Johnson auf und ließ ihn Gewebeproben von zwei Stieren untersuchen, die bei Eagles Nest zu Tode verstümmelt worden waren. Ergebnis: Die tödlichen Wunden waren den Tieren mit einem Laserskalpell beigebracht worden.

Linda Moulton Howe sammelte Vegetationsproben in unmittelbarer Nähe von verstümmelten Tierkadavern, etwa von Gras, aber auch von Bäumen und Buschwerk. Diese Proben wurden mikroskopisch untersucht. Ergebnis: Die Zellstruktur der Pflanzen in unmittelbarer Umgebung der Tierkadaver ist verändert worden. Die Forscherin: »Wir haben es definitiv mit einer Energie zu tun, die auf die Pflanzen einwirkt. Diese Energie führt zu einer Veränderung in den Zellen der Pflanzen. Es ist nicht möglich, diese Umstrukturierung im Zellbereich nachzuahmen.«

Deutlich sichtbar war die Beeinträchtigung der Pflanzenwelt bei einer Verstümmelungsszene in Garnett, Kansas, wo mehrere Tiere im Juni 1994 zu Tode seziert worden waren. Unweit vom Horrorszenario war ein riesiges UFO gelandet und hatte in einem Getreidefeld einen kreisrunden Abdruck hinterlassen. Jeder einzelne umgedrückte Halm wiederum war von einer unbekannten Energieform in der Zellstruktur verändert worden.

Woher mag diese geheimnisvolle Energie stammen? Etwa von jenen UFOs, die so oft im Zusammenhang mit den Tierverstümmelungen gesehen werden? Daren Lannigan von

einer örtlichen Forschergruppe, die im Spätherbst 1994 Viehverstümmelungen untersuchte: »Den Tieren war das Blut abgezapft, mit Laserinstrumenten waren umfangreiche Operationen durchgeführt worden.« Von wem?
Polizeibeamter Ted Oliphant aus Fyffe, Alabama: »Diese Tierverstümmelungen und UFO-Sichtungen gehören zusammen.« Dr. Henry Moneith, lange Jahre als Physiker bei den »Sandia Laboratories« tätig: »Außerirdische, Sternenmenschen, arbeiten an einem langfristigen wissenschaftlichen Projekt. Sie wählen sorgsam bestimmte Tiere aus, töten sie nicht willkürlich. Die für die Experimente bestimmten Tiere werden markiert und langfristig beobachtet.«
Zu dieser Überzeugung kam nach langjährigen Recherchen auch Linda Moulton Howe, die wohl führende Expertin auf dem Gebiet der beklagenswerten Tierexperimente. Sie untersuchte nicht nur zahlreiche gemetzelte Kadaver, sie befragte auch zahllose Zeugen von UFO-Erscheinungen und nicht wenige Menschen, die von Außerirdischen an Bord von UFOs entführt worden waren.
Ihr Ergebnis: Tierverstümmelungen sind ein Teil eines großangelegten wissenschaftlichen Projekts von außerirdischen Besuchern, die gentechnische Experimente anstellen. Sie sind dabei, neuartige Wesen zu erzeugen, so wie einst in grauer Vorzeit »Astronautengötter« Monster und Riesen schufen.

Eskalation

Die Viehverstümmelungen halten bis in unsere Tage an. Gleichzeitig gibt es, wie mir Linda Moulton Howe exklusiv telefonisch mitteilte, so etwas wie eine Eskalation. Im Spätherbst und Winter 1994, aber auch im Sommer 1995 entführten die fremden Experimentatoren Vieh in großer

Stückzahl. Die Tiere blieben spurlos verschwunden. So lösten sich auf einer einzigen Weide einer Großranch in Waurika, Oklahoma, USA, 850 Kühe und 50 Kälber sozusagen »in Luft auf«. Die »Vereinigung der Viehzüchter« steht vor einem Rätsel.

Meiner Meinung nach ist diese Entwicklung mehr als erschreckend. Agieren die »Experimentatoren« aus dem All jetzt mehr im Verborgenen? Oder lassen staatliche Behörden, die schon seit Jahrzehnten vergeblich versuchen, das Phänomen der Viehverstümmelungen zu erklären, zahlreiche Tierkadaver verschwinden? Um auf diese Weise eine Panik in der Bevölkerung zu vermeiden? So wird das unheimliche Phänomen jedenfalls nicht geklärt! Und das Vertuschen auch noch so unangenehmer Fakten führt keineswegs zu einer Beschwichtigung oder Beruhigung. Ganz im Gegenteil. Auf diese Weise wird Angst erzeugt. Gerüchte geraten in Umlauf. Furchteinflößende Theorien werden verbreitet.

Es ist endlich an der Zeit, daß staatliche Behörden in den USA die Karten offen auf den Tisch legen und enthüllen, welche Unterlagen im Zusammenhang mit UFOs bislang noch in Geheimarchiven verstauben. Die Öffentlichkeit hat das Recht, umfassend informiert zu werden. Dieses Recht wird weltweit eingefordert. Unterschriften werden gesammelt. Auch Sie, liebe Leserinnen und Leser, können sich daran beteiligen! (Beachten Sie bitte im Anhang des vorliegenden Buches die »Roswell-Deklaration«. Sie finden den Text auf den Seiten 322–325! Auch wenn der sogenannte Santilli-Film wahrscheinlich eine Fälschung ist: Bei Roswell stürzte ein UFO ab! Bitte unterstützen Sie die Roswell-Initiative! Danke!)

14 Das Geheimnis von Oak Island

Die Recherchen zum vorliegenden Buch führten mich oftmals an geheimnisvolle Orte unserer Erde. In Ägypten kroch ich in die »unvollendete Grabkammer« tief unter dem massiven Leib der »Großen Pyramide«. Stundenlang erforschte ich die gewaltigen unterirdischen Grabkammern bei Sakkara. In der Türkei erkundete ich zusammen mit Erich von Däniken gigantische unterirdische Städte. Auch der nordamerikanische Kontinent hat solch ein unterirdisches Rätsel. Es ist aber leider, ähnlich wie die Pyramidenwelt auf dem Grund des Rock Lake, kaum zugänglich.

Seit 1795 zieht eine winzige Insel unzählige Menschen in ihren Bann. Seit annähernd 200 Jahren haben Abenteurer und Wissenschaftler aus aller Welt versucht, ihr Geheimnis zu lüften, bislang vergeblich. Mehrere Millionen US-Dollar wurden bereits investiert, mindestens sechs Schatzgräber fanden den Tod. Und immer noch lockt »Oak Island« zahllose Suchende an.

Die mysteriöse Insel liegt in der Moahe-Bucht von Nova Scotia, etwa 100 Kilometer südlich von Halifax, Neuschottland. Rund 52 Hektar klein ist das unbewohnte Eiland, auf dem anno 1720 Fischer »seltsame Lichtzeichen« gesehen haben wollen. »Das sind Gespenster, die Seelen ertrunkener Seeleute!« mutmaßten manche. »Es sind Schiffbrüchige!« vermuteten wieder andere. »Sicher benötigen sie unsere Hilfe!« Drei Fischer wollten der Sache auf den Grund gehen. Sie ruderten zur Insel hinaus und sollen nie wieder

gesehen worden sein. Seither gilt Oak Island als von Geistern heimgesucht.
1795 sahen sich drei Holzfäller, nämlich Jack Smith, Anthony Vaughn und Daniel McGinnis, auf der Insel um. Sie entdeckten einen gewaltigen Eichenbaum, aus dessen dickem Astwerk ein knorriger Stumpf herausragte, der anscheinend vor vielen Jahren, vielleicht schon vor Jahrhunderten, abgesägt worden war. Lotrecht unter dem Aststumpf hatte man offensichtlich einst eine Grube ausgehoben und später wieder zugeschüttet. War da ein Schatz vergraben worden?
Die drei Holzfäller wurden vom »Schatzfieber« gepackt. Mit primitiven Werkzeugen machten sie sich daran, mit Feuereifer zu graben. Die Arbeit ging nur mühsam von der Hand. Aber es gab keinen Zweifel: Sie waren dabei, einen künstlichen, verschütteten Schacht wieder freizulegen. Zunächst mußten sie sich durch drei Meter Steine wühlen, dann stießen sie auf Holz. Ihre Freude war freilich verfrüht. Denn sie waren nicht, wie zunächst erhofft, auf den Deckel einer Schatztruhe gestoßen.
Vor ihnen lag ein Boden aus massivem Eichenholz, bestehend aus 15 Zentimeter dicken Bohlen. Darunter folgten drei Meter festgestampfter Lehm und wieder massive Eichenbohlen. Als auch dieses Hindernis beseitigt worden war, trat wieder Lehm zutage. In neun Meter Tiefe stießen die Schatzsucher erneut auf Eichenplanken. Darunter verbarg sich wiederum kein Schatz, sondern nur schmutziger Lehm. Weiter wurde geschuftet. Doch als in einer Tiefe von zwölf Metern wieder Eichenplanken den Weg versperrten, gaben die drei Holzfäller erst einmal auf. Die Bohlen wirkten ganz besonders massiv und waren zudem mit einer Art Kitt abgedichtet.
Neun Jahre später kehrten die Männer wieder auf die Insel zurück, arbeiteten weiter. Bis auf fast 25 Meter Tiefe kämpf-

ten sie sich vor, durch eine Holzschicht, gefolgt von einem stabilen Gewebe aus Kokosnuß. Danach: Lehm. Bei einer Tiefe von 26 Metern führte ein kleinerer Tunnel vom Schacht nach oben. Ein Belüftungsschacht? 27 Meter: Sind die Schatzsucher endlich am Ziel? Zwei massive Eichentruhen treten zutage. Dann ist die Enttäuschung wieder groß: Die Kisten enthalten keine Schätze, eine enthält eine Steinplatte mit rätselhaften Schriftzeichen. Die Tafel wird aufs Festland geschafft, vergeblich wird versucht, die Inschrift zu entschlüsseln. Nach einem Jahr ist die Tafel verschwunden. Wer hat sie gestohlen? Der kuriose Fund bleibt verschollen.

30 Meter Tiefe: Über Nacht läuft der Schacht voll Wasser, bis auf eine Tiefe von 13 Metern. Zunächst steht man vor einem Rätsel. Warum sollte urplötzlich das Grundwasser so hoch gestiegen sein? Dann zeigte es sich: Es ist Meerwasser! Spätere Nachforschungen ergeben: In 33 und 45 Meter Tiefe führt je ein unterirdischer Tunnel direkt zum Meer. Beide Tunnels wurden offensichtlich angelegt, um den »Schatzschacht« unter Wasser zu setzen. Wozu? Wohl um ein Vordringen in den Schacht zu erschweren oder zu verhindern!

Aber warum blieb der Schacht dann zunächst trocken? Haben die Schatzsucher unwissentlich einen Mechanismus ausgelöst, der das Wasser eindringen ließ? Möglich! Wie auch immer: Die Wassermassen machten zunächst jede weitere Suche unmöglich. Doch deswegen aufgeben? Man kam im eigentlichen Schacht nicht weiter, also legte man daneben einen neuen an. Aber auch der stand bald unter Wasser.

1849 wurde eine Tiefenbohrung im Schacht selbst durchgeführt. Als der Bohrer »30 Meter« anzeigte, stieß er auf Eichenholz. Kurzzeitig fraß er sich fest, dann sackte er plötzlich auf eine Tiefe von 33 Metern durch. Man war auf einen Hohlraum gestoßen. Barg er den gesuchten Schatz? Mühsam holte man den Bohrer wieder aus dem Loch. Er

hatte etwas »entdeckt«: zwei Glieder einer Kette aus Gold. Nochmals wurde der Bohrer angesetzt, noch tiefer trieb man ihn ins Erdreich. Als man den Bohrer wieder ans Tageslicht heraufholte, fand Vorarbeiter Pittbaldo etwas. Hastig steckte er es ein, kehrte aufs Festland zurück und versuchte, Besitzansprüche auf die Insel geltend zu machen.
Was er auch gefunden haben mochte, es muß ihn davon überzeugt haben, wirklich Wertvollem auf der Spur zu sein. Doch bevor sein Antrag entschieden werden konnte, verunglückte Pittbaldo tödlich. Oder war es Mord? Fiel er heimtückischen »Kollegen« zum Opfer?
Auf der Insel wurde weitergebohrt. In einer Tiefe von 61 Meter begann eine harte Substanz, sie war wie Zement und reichte bis in eine Tiefe von 70 Metern. Stand man jetzt endlich kurz vor dem Durchbruch, vor der großen Entdeckung? War man dabei, die letzte schützende Schicht oberhalb des Schatzes zu durchbrechen?
Die Schatzsucher glaubten das, weil sie es glauben wollten. Sie wähnten sich am Ziel und mußten aufgeben. Sie waren pleite und konnten eine weitere Arbeit im Schacht nicht finanzieren. Erneut verstrichen viele Jahre. Jahrzehnte wagte sich niemand mehr an das Projekt »Oak Island« heran. Erst 1893 ging es wieder los. Der mühsam ausgehobene Schacht war natürlich inzwischen wieder eingestürzt, Tonnen von Erdreich waren nachgerutscht, die Grabungen mußten also von vorn beginnen.
Wieder wurden Probebohrungen durchgeführt. Wichtigstes Ergebnis: Die zementartige Schicht, die in einer Tiefe von 61 Metern beginnt, ist nicht massiv, sie umschließt einen Hohlraum, eine Art Kammer. In dieser Kammer befinden sich, das ergeben die Bohrungen, »Gegenstände aus Metall«, teils in Barrenform, teils kleiner. Das wollen Experten an den feinen Bewegungen des Bohrers gespürt haben. Deutlich sei zu registrieren gewesen, wie kleinere Objekte vom Bohrer zur

Seite geschoben wurden. Die Metallgegenstände selbst wurden nicht einmal angeritzt, so daß nicht bekannt ist, aus welchem Material sie gefertigt sind. Sind es Barren und Münzen aus Gold, wie die Abenteurer hoffen?
Immer wieder wurden große Anstrengungen unternommen, den Schacht bis zum Grund auszuheben, das gelang aber nie. Letztlich weiß bis heute niemand, wie tief er wirklich ist. Auch nicht, wann ihn wer anlegte.
1949 wurde auf Haiti eine Sensation vermeldet. Per Zufall wurde ein ähnlicher Schacht wie auf Oak Island gefunden. Ganz unten im Schacht fanden sich Goldmünzen im Wert von immerhin 50000 Dollar. War Ähnliches auf Oak Island zu erwarten?
Oak Island ging in »privaten Besitz« über. Ein Konzern will angeblich mehrere Millionen Dollar investieren, um das Geheimnis der Insel endlich zu lüften. Würde sich der Aufwand lohnen? Das vermag niemand zu sagen.
Zur Frage des Alters der Anlage: 1992 liegen der Firma Castellvillar mehrere Datierungen vor. Doch anstatt daß nun bekannt ist, wie alt der Schacht ist, weiß man weniger denn je.

Besucher aus der Zukunft oder Piraten?

Die verschiedenen Messungen ergaben ganz unterschiedliche Altersangaben. Nach »Probe A« ist die Schachtanlage von Oak Island 1100 Jahre alt, stammt also aus der Zeit von etwa 900 nach Christus. »Probe B« ergibt ein Alter von nur 300 Jahren, die »Probe C« hingegen von »weniger als 300 Jahren«. Wie sind diese widersprüchlichen Datierungen zu erklären? Wurde der geheimnisvolle Schacht vor 1100 Jahren ausgehoben? War er dann über Jahrhunderte in Betrieb? Bis vor 300 Jahren? Oder stammen die Holzproben, die 300

Jahre alt oder gar jünger sind, bereits von Schatzsuchern und gar nicht von den Erbauern der Anlage?
»Probe D« schließlich, streng wissenschaftlich nach der Radiocarbonmethode durchgeführt, erbringt ein eigentlich unsinniges Resultat. Demnach enthält der Schacht Holz, das im Jahre 3100 wuchs – 3100 nach Christus. Holz aus der Zukunft?
In Büchern wie »Zeittunnel« setzt sich der Bestsellerautor Ernst Meckelburg, dessen Werke im Langen-Müller-Verlag erscheinen, für die These ein, UFOs seien nichts anderes als Zeitmaschinen aus der Zukunft, gesteuert von Menschen von übermorgen. Wenn nun im Schacht von Oak Island Material gefunden wird, das aus dem vierten nachchristlichen Jahrtausend stammt, könnte das ein Beleg für Meckelburgs Behauptung sein? Sollte die Anlage gar von Zeitreisenden stammen, die aus dem Jahr 3100 stammen und in unsere Vergangenheit eindrangen?
Eine andere Erklärung klingt freilich einleuchtender: Beim Bau des Schachts wurde radioaktiv verstrahltes Material, wie es selten in der Natur vorkommt, nämlich radioaktive Pechblende, verwendet. Die dabei auftretende radioaktive Strahlung könnte dafür verantwortlich sein, daß völlig irre C-14-Altersbestimmungen entstanden. Dergleichen Material wurde aber bislang nicht im Schacht gefunden.
Janusz Piekalkiewicz beschäftigte sich intensiv mit dem Geheimnis der Insel. Er kam zu dem Ergebnis, daß die Tatsache, daß offensichtlich mit großem technischem Aufwand ein Versteck geschaffen wurde, dafür spricht, daß auch etwas sehr Wertvolles verborgen wurde. Sonst hätte man sich nicht so viel Mühe gegeben. Aber: Wer soll da geschuftet haben und warum? Etwa ein Pirat aus der Zeit der berüchtigten Seeräuberkapitäne?
1993 gingen Meldungen durch die US-Presse, wonach der berüchtigte Seeräuberkapitän Kidd auf Oak Island seine

enormen Schätze deponierte. Historiker verweisen darauf, daß Seeräuber Kidd, nachdem er in England zum Tode verurteilt worden war, sein Leben durch ein vielversprechend klingendes Angebot zu verlängern suchte. Würden die Behörden seine Exekution aufschieben, so der Piratenchef, sei er bereit, eine Flotte an jenen Ort zu lenken, wo er seine Ostindienschätze versteckt habe. Nähere Angaben waren ihm nicht zu entlocken. Die Behörden gingen auf seinen Vorschlag nicht ein, Piratenboß Kidd wurde 1701 in London auf Staatskosten vom Diesseits ins Jenseits befördert.

Neben Kidd wird ein weiterer Pirat mit Oak Island in Verbindung gebracht: Edward Teach, genannt Schwarzbart. Kurz bevor der gefürchtete Freibeuter auf der Insel Ocracoke vor Nordkarolina erschossen wurde, prahlte er: »Ich habe einen Schatz vergraben, den nur der Teufel und ich finden können!« Meinte er damit Oak Island?

Derlei Vermutungen, die Oak Island in Verbindung mit Piraten bringen, müssen als fragwürdig bezeichnet werden. Wenn Piraten irgendwo wertvolles Beutegut versteckten, dann geschah das so unauffällig wie möglich. Die komplizierte Methode, durch weitläufige unterirdische Röhrensysteme Wasser in den Schatzschacht zu leiten, machte aber aufwendige Arbeiten erforderlich, ließ sich keineswegs einfach verwirklichen. Außerdem wollen Piraten schnell wieder an ihr Gold herankommen können. Das ist auf Oak Island nicht möglich, wenn in der Tiefe tatsächlich ein Piratenschatz ruhen sollte.

Überhaupt: Wie sollen die unterirdischen Tunnel zum Meer hin angelegt worden sein? Hat man sich einfach, vom Schacht ausgehend, wie ein Maulwurf durch die Erde gewühlt? Wohl kaum, denn hätten die Arbeiter das Meer erreicht, wären sie in den hereinbrechenden Wassermassen jämmerlich ertrunken. Es gibt nur eine Möglichkeit: Bei Ebbe wurde vor der Küste der Insel ein Damm gebaut, der es ermöglichte, einen Teil des Meeres trockenzulegen. Dann grub man die Tunnel, und zwar vom nun trockenen Meeresboden aus zum Schacht. Als die Tunnel fertiggestellt waren, zerstörte man den Damm wieder, flutete das Küstenstück und damit auch die Tunnel.

Wie sollte man aber bei Bedarf den Schatz wieder heben? Leerpumpen ließ sich der Schacht 1935, als man modernes elektrisches Gerät einsetzte, nicht. Eine Möglichkeit wäre: Man müßte ausfindig machen, wo die wasserführenden Tunnel ins Meer münden, müßte wieder einen Damm errichten und einen Teil der Küste trockenlegen. Dann würde wohl der Schacht auch bei Ebbe wieder leerlaufen.

Die Firma »Triton Alliance Ltd.«, finanziert von amerikanischen und kanadischen Investoren, will einen anderen Weg einschlagen. Ein 20 Stockwerke tiefer Schacht soll in die Erde getrieben werden, 24 Meter im Durchmesser. 27000 Kubikmeter Erde mit einem geschätzten Gewicht von 50000 Tonnen sollen ausgehoben werden. Gewaltige Pumpen, so Chefingenieur Bill Cox, sollen ständig 20000 bis 30000 Liter Wasser absaugen – pro Minute.

Je öfter Versuche unternommen wurden, dem Geheimnis des Schachts im wahrsten Sinne des Wortes »auf den Grund« zu gehen, desto mehr wurde zerstört, desto schwieriger wurde es späteren Glücksrittern gemacht, überhaupt noch zu erkennen, wo sie denn arbeiten mußten. Chefingenieur Bill Cox hat Großes vor. Sein gewaltiger Schacht soll so angelegt werden, daß alle bisherigen Grabungsversuche umschlossen werden. Auf diese Weise hofft man, eventuell vorhandene abführende Seitengänge sofort zu erkennen. 10 Millionen Dollar sollen investiert werden.

Für Mildred Restall, sie lebt in Western Shore in Sichtweite der Insel, brachte die Schatzsuche nur Unglück. Sie warnt: »Laßt die verfluchte Grube in Ruhe!« 1965 lebte sie mit ihrem Mann, ihrem Sohn und einigen Arbeitern direkt auf

Oak Island. Am 17. August 1965 stürzte ihr Mann Bob bei einem Kontrollgang in eines seiner Grabungslöcher. Sein Sohn Boby wollte ihm helfen. Auch er verunglückte tödlich. Zwei Arbeiter wollten die Toten bergen – und kamen selbst dabei um.

Auf dem Totenschein der vier Männer steht: »Sumpfgasvergiftung und/oder Ertrinken«. Wo freilich auf Oak Island Sumpfgas sein soll, das vermochte niemand zu sagen. Man munkelte von Mord. Doch polizeiliche Untersuchungen in diese Richtung wurden erst gar nicht durchgeführt. Mildred Restalls Warnungen verhallten ohne Wirkung. Die Suche geht weiter. Und je länger Menschen versuchen, dem Schacht wertvolles Gut abzugewinnen, je mehr Hoffende daran scheitern, desto höher werden die Erwartungen geschraubt, desto spektakulärer fallen die erträumten Gewinne aus.

Als 1909 ein junger Rechtsanwalt namens Franklin Delano Roosevelt, der später Präsident der USA werden sollte, auf Oak Island mit Schaufel und Pickel sein Glück versuchte, hoffte er, Gold im Werte von 10 Millionen Dollar zu finden. 1930 fabulierten vermeintlich »Wissende« schon von 20 Millionen Dollar, 1960 war sogar schon von 100 Millionen Dollar die Rede. 1993 spricht David Tobias, Chef der Firma Triton, mit glänzenden Augen von einem möglichen Fund im Wert von »mehreren Milliarden Dollar«.

Wie weit heute, anno 1996, die Schachtarbeiten gediehen sind, wird wie ein Staatsgeheimnis gehütet. Nach einem mir vorliegenden Telex wurde eine Tiefe »von über 30 Metern« erreicht. Mehr ist nicht zu erfahren. Das Telex endet mit den Worten: »Sorry, but nobody is talking!« (»Entschuldigung, aber keiner redet ein Wort!«) Weil es um mehr als um Gold und Geschmeide geht? Etwa gar um außerirdische Technologie? Um eine Maschine, die vor Jahrtausenden von Extraterrestriern auf die Erde gebracht wurde?

Wie ich bereits ausführlich in meinem Buch »Das Sphinx-Syndrom. Die Rückkehr der Astronautengötter« (siehe Kapitel 4: »Experiment Wüste – Manna von den Göttern«) nachgewiesen habe, rüsteten die Astronautengötter die aus Ägyptenland fliehenden Israeliten mit einem Automaten aus, der Manna produzierte und die Verzweifelten während ihres 40 Jahre währenden Wüstenmarsches nährte. Der Elektronikspezialist und Sprachforscher George Sassoon fand im Text der Kabbala »Buch Sohar« eine so präzise Beschreibung dieses außerirdischen Apparates, daß er einen Konstruktionsplan bis ins letzte Detail anlegen konnte, tatkräftig unterstützt von Rodney Dale, einem Biologen und technischen Schriftsteller.
Dr. Johannes und Peter Fiebag sind nun zu der Überzeugung gekommen, daß die Bundeslade des Alten Testaments zumindest Teile dieser »Manna-Maschine« enthielt. Wo sich aber die Bundeslade heute befindet, das ist eines der großen Rätsel der Menschheitsgeschichte. Seit vielen Jahrhunderten wird sie gesucht – weltweit. Und die Suche wird neuerdings intensiviert, seit vieles dafür spricht, daß die »Heilige Lade« zumindest Teile außerirdischer Technologie enthält. Wer in den Besitz der Bundeslade kommt, kann damit rechnen, einen Schatz von unvorstellbarem Wert in seinen Besitz zu bringen.
Den brillanten Recherchen der Autoren Dr. Johannes und Peter Fiebag zufolge suchten die Tempel-Ritter Ende des 12. Jahrhunderts im »Heiligen Land« nach der Bundeslade. Fanden sie sie? Schafften sie sie nach Frankreich, wo sie als Heiligtum gehütet und bewahrt wurde? Fest steht, daß Templer ihre kostbarsten Besitztümer vor 1307 aus ihrer Hochburg von La Rochelle holten und versteckten. Aber wo?
Schafften sie sie nach Amerika? Etwa auf dem Umweg über Mexiko? Waren es die Ritter des Templerordens, die das so extrem abgesicherte System von Oak Island schufen, um tief

in der Erde des kleinen Eilands die Bundeslade zu deponieren? Mein Kollege Wolfgang Siebenhaar hat diese Vermutung in einem Artikel geäußert, den er für das Fachblatt »Ancient Skies« schrieb.
Wenn Teile der Manna-Maschine oder gar der ganze Apparat tief im Schacht von Oak Island ruhen, ist höchste Vorsicht angesagt bei der Bergung. Sassoon und Dale haben nachgewiesen, daß die Manna-Maschine ihre Energie aus einem Miniatur-Atomreaktor bezog. Die verrückten Datierungen, die »unmöglichen« Altersangaben, die die C-14-Messungen im Schacht ergaben, könnten dadurch entstanden sein, daß Neutronenstrahlung aus dem Reaktor der Manna-Maschine austritt! Das bedeutet: Auf alle Fälle darf nur unter Anwendung präzise geplanter Schutzmaßnahmen versucht werden, zu bergen, was die Erbauer des Schachts versteckten. Eine mögliche radioaktive Verseuchung muß in die Überlegungen einbezogen werden!
Was aber wird geschehen, wenn tatsächlich eine außerirdische Maschine ans Tageslicht gefördert wird? Ich bin sehr skeptisch und halte die Gefahr für sehr groß, daß extraterrestrische Technologie nicht der Öffentlichkeit gezeigt würde. Wissenschaftler und Militärs dürften derlei phantastische Funde stillschweigend in irgendwelchen Geheimdepots verschwinden lassen, vermutlich unter dem Vorwand, man wolle die »breite Masse« nicht unnötig beunruhigen, nicht verängstigen.
Solche Geheimhaltungspolitik führt seit 1947 dazu, daß wichtiges Material zum Absturz eines UFOs bei Roswell, New Mexico, zurückgehalten wird. Und überhaupt wird auch in unseren Tagen die UFO-Forschung allgemein sehr stark behindert, weil Berge von Fakten als Geheimmaterial von Militärs gehütet werden.
Weltweit werden Unterschriften gesammelt, die endlich dieser Geheimniskrämerei ein Ende bereiten sollen. Die US-

Behörden sollen sämtliche Dokumente über den Roswell-Fall publik machen. Es geht aber um mehr: Darüber hinaus sollen alle sonstigen UFO-Unterlagen endlich frei zugänglich gemacht werden, die immer noch unter Verschluß gehalten werden.
Ich halte diese Aktion für sehr wichtig und unterstütze sie. Meine Leserinnen und Leser können sich gern an der Aktion beteiligen (siehe Anhang: Roswell-Initiative).
Wenn außerirdische Wesen die Weiten des Universums überwunden haben und zur Erde gekommen sind, dann ist das eine Information für die gesamte Menschheit und nicht nur für einen erlesenen Zirkel von Mächtigen aus dem Bereich des Militärs und der Politik!

Teil IV

Zentralamerika – Rätselhaftes Reich der Mayas und Azteken

»Ich mag es, wenn es geheimnisvoll
und rätselhaft ist.«

JOSTEIN GAARDER, Philosoph und Bestsellerautor

»Wissenschaft lebt von Rätseln – gewiß.
Man kann Wissenschaft durchaus als eine
Strategie des Rätsel-Lösens verstehen.«

Prof. Dr. DIETER B. HERRMANN

15 Mexico-City... heute und gestern

Auch Zentralamerika habe ich auf den Spuren der großen Welträtsel bereist. In Mexico-City besuchte ich eine Pyramide, die genauso »unmöglich« ist wie ihre »Kollegen« auf dem Grund des Rock Lake. Ich erkundete ein komplexes System von sakralen Bauten und Pyramiden, das ein exaktes Modell unseres Sonnensystems darstellt, einschließlich jener Planeten, die erst in unserem Jahrhundert entdeckt worden sind. Bei Palenque kletterte ich hinab in eine unterirdische Gruft unter – einer Pyramide. Wurde sie zu Ehren eines außerirdischen Astronauten errichtet?
Überhaupt: Im Reich der Mayas und Azteken ist so manches mysteriös und rätselhaft. Gläserne Schädel sind ebenso geheimnisvoll wie steinerne Kugeln oder der unheimliche Spuk der Gruft von Barbados.
»Wanderer, du bist in der durchsichtigsten Region der Lüfte angekommen!« Mit diesen Worten des Nationaldichters Alfonso Reyes wurden Besucher Mexikos noch vor wenigen Jahrzehnten begrüßt. Heute hängt eine giftige Dunstglocke über der Riesenmetropole. In einer Höhe von 2480 Metern im Hochtal von Anahuac gelegen, leben hier im Jahre 1996 mehr als 25 Millionen Menschen. Fachleute der UNO gehen davon aus, daß es schon zur Jahrtausendwende 40 Millionen sein werden, wobei die meisten davon dann in den gigantischen Elendsvierteln des 1500 Quadratkilometer großen Molochs der Stadt leben dürften.
Jährlich sterben etwa 100 000 Menschen in Mexico-City an der giftigen Luft, die den Gestank von Bitterfeld in der ehe-

maligen DDR wie ein erquickendes Labsal erscheinen läßt. Schon liegen sorgsam ausgearbeitete Pläne vor, wonach Säulen aufgestellt werden sollen, an denen, wohl gegen Bezahlung und für die Armen unerschwinglich, reine, saubere Luft »getankt« werden kann.

Unterwegs zu Recherchen für dieses Buch quälte ich mich durch Mexico-City. Pedro, mein Taxifahrer, eigentlich Zahnarzt und Uhrmacher von Beruf, weist stolz auf den Chapultepec-Park: »Hier spazierte anno 1460 schon Montezuma II.«

Heute flanieren hier schwerreiche Mexikaner, bettelarme Arbeitslose und kamerabehängte Touristen. »Die Ahuehuetebäume haben sich wohl an die giftige Luft gewöhnt! Sonst würden sie nicht so prachtvoll gedeihen!« Eifrig gehen Schuhputzer ihrer Arbeit nach – und Legionen von geschickten Taschendieben, die dafür sorgen, daß so manches Schmuckstück, von Touristen feilschend erstanden, doch im Lande bleibt und neuerlich verkauft werden kann.

Ich selbst wurde um Reisepaß und Flugtickets »erleichtert«, was meinen Mexiko-Aufenthalt um einen nervenaufreibenden Tag verlängerte. Ich mußte mir von der deutschen Botschaft einen Ersatzpaß ausstellen lassen. Dazu benötigte ich neue Paßbilder. Die möglichst schnell zu bekommen, das war ein Abenteuer für sich!

»Bald schon wird es wohl 200 000 Taxifahrer in der Stadt geben!« erklärt mir Pedro sorgenvoll. »Dann werde ich wohl noch einen weiteren zusätzlichen Beruf ergreifen müssen.« Vielleicht wird er dann eine Bude aufmachen und seine Dienste als Wahrsager anbieten.

Unbeschreiblich ist die Not von Mexico-Citys »verlassenen Kindern«. Die Polizei schätzt, daß mehr als 70 000 Minderjährige in Mexico-City ein elendes Dasein fristen. Sie haben ihre Familien verlassen oder sind verstoßen worden, schlagen sich mehr schlecht als recht durchs Leben. Auch wenn

das Gesetz Kinderarbeit verbietet, müssen in Mexiko eine Million Kinder schuften: in Fabriken, Lagerhallen und Werkstätten.
Maria zum Beispiel, 14, verkauft seit sieben Jahren Blumen auf der Straße. Sie hat einen »Vertrag« abgeschlossen mit einem Blumenhändler. »Angst haben wir vor den Polizisten. Alle paar Wochen kommen sie, quälen und schlagen uns!« vertraut sie mir an. Niemand weiß, wo die Kinder Unterschlupf finden. Einige Gruppen hausen in Erdbebenruinen, stets in der Angst lebend, wieder vertrieben zu werden. Bandenkriege zwischen den einzelnen Gruppen sind an der Tagesordnung.
Gallejas Romero, honduranischer Staatspräsident: »In Mexico-City entführen Verbrecher Kinder. Es sind professionelle Organdiebe.« Oberstaatsanwalt Pablo Chapa hält derlei Geschichten für »erfundene Horrormärchen«, doch Gallejas Romero behauptet: »Ich kenne betrogene Familien persönlich!«
Das heutige Mexico-City liegt auf geschichtsträchtigem Boden. Am 8. November 1519 tauchte der spanische Eroberer Hernando Cortes im Hochtal von Mexico-City auf. Er und seine goldgierigen Mannen standen staunend vor der Hauptstadt Tenochtitlan.
Hernando Cortes berichtete Kaiser Karl V.: »Alle Straßen sind der Länge nach von Kanälen durchzogen, so daß zwischen ihnen eine Wasserverbindung besteht. Über diese Kanäle, von denen einige sehr breit sind, führen Brücken.«
Unbekannt ist, wie viele Menschen in der prunkvollen Stadt lebten. Wir sind auf Schätzungen angewiesen. Es dürften 100 000 Familien gewesen sein, jede mit etwa sieben Mitgliedern. Eine Bevölkerungszahl von etwa 700 000 Menschen ist also durchaus realistisch. Manche Schätzungen gehen sogar von einer Million Menschen aus.
Zu Beginn des 16. Jahrhunderts stand Tenochtitlan in voller

Blüte. Eine vergleichbar luxuriös-zivilisierte Stadt gab es in jener Zeit in Europa nicht. Kein Wunder, daß sich die Spanier in eine Märchenwelt versetzt fühlten. Bernal Diaz del Castillo: »Wir staunten und sagten, das gliche den Wundern, von denen im Amadis, dem berühmten Ritterroman, berichtet wird, denn die riesigen Türme und Pyramiden und Gebäude im Wasser waren alle aus Stein gebaut. Einige unserer Soldaten fragten sich sogar, ob das, was sie sahen, nicht ein Traumbild sei.«

Besonders prachtvoll waren die Häuser der Würdenträger angelegt, auch die amtlichen Gebäude und Säulen. Schlichter ausgeführt waren die Wohnhäuser der einfachen Azteken. Doch selbst die einstöckigen Häuser hatten alle einen geräumigen Innenhof, wo Gemüse und Blumen gediehen. Mit der Reinlichkeit nahmen es die »wilden Azteken« wesentlich genauer als die »zivilisierten Europäer«. Jede Familie verfügte über ein eigenes Dampfbad. Während sich Europas Adel bemühte, üble Körpergerüche mit duftenden Parfüms zu bekämpfen, vertraute der einfache Azteke mehr der reinigenden Wirkung eines zudem gesunden Dampfbads.

Der Ursprung der mexikanischen Hauptstadt liegt im Dunkeln. Wir wissen aber, daß es bereits um 1400 nach Christus zwei Zentren gab. Damals legten die Azteken mit enormem Arbeitsaufwand zwei Sumpfgelände trocken, bauten riesige Siedlungen aus Pfahlhäusern. Um 1600, als im christlichen Rom Giordano Bruno als Ketzer verbrannt wurde, weil er an die Existenz außerirdischen Lebens glaubte, war die Hauptstadt 1000 Hektar groß und – darauf war man besonders stolz – exakt nach dem Willen der Götter angelegt.

Vier Hauptbezirke gab es. Coepopan, der Ort der Blumenblüte, lag im Norden. Im Osten, in Teopan, konzentrierten sich prachtvolle Tempel. Moyotlan, der Bezirk im Süden, trug die treffende Bezeichnung »Region der Mücken«. Die fliegenden Plagegeister vermehrten sich prächtig in den nahe

liegenden Sümpfen. Der vierte Bezirk, im Westen gelegen, wurde als die »Wohnstätte der Reiher« bezeichnet, hieß Aztalcalco. Das alles versetzte die Spanier in Erstaunen, was sie aber nicht daran hinderte, die glanzvolle Stadt in Schutt und Asche zu legen.
Die heutige Hauptstadt Mexico-City liegt auf den Trümmern der alten Metropole. Umfangreiche archäologische Ausgrabungen sind kaum mehr möglich. Spärlich ist das Wissen über die Urgeschichte. Tenochtitlan wurde einer Sage zufolge 1370 nach Christus von Häuptling Tenoch gegründet. Erste Siedlungen am See aber gab es schon zu wesentlich früheren Zeiten. So sollen sich hier schon 15 000, vielleicht 20 000 vor Christus Menschen angesiedelt haben.

Wieder eine »unmögliche Pyramide«

1922 entdeckte der amerikanische Archäologe Byron Cummings im heutigen Stadtgebiet von Mexico-City bei Cuilcuilco eine Pyramide. Das Gebäude lag unter einem Berg von Lava und Vulkanasche, mußte mühsam freigelegt werden. Nachdem die runde, vierstöckige Pyramide ausgegraben war, versuchten Archäologen, ihr Alter zu bestimmen. Inschriften waren keine angebracht worden. Kein Hinweis der Erbauer wurde gefunden, der auch nur einen vagen Anhaltspunkt geliefert hätte. Trotzdem meinten die Archäologen, vom Baustil her eine Altersangabe vornehmen zu können. Deutlich sei eine Beeinflussung durch die Olmeken zu erkennen. Also wurde das Bauwerk mit »frühestens viertes vorchristliches Jahrhundert« datiert. Begann also die Hauptstadt Tenochtitlan im vierten Jahrhundert vor Christus als Kulturzentrum zu entstehen?
»Die Pyramide von Cuilcuilco ist älter!« widersprach der Archäologe C. A. Burland. »Sie wurde 900 vor Christus be-

gonnen, 350 vor Christus aufgegeben.« Archäologe Leo Deuel vermutete hingegen, der Bau sei zwischen 600 und 300 vor Christus angefangen worden. Je mehr Wissenschaftler sich mit Cuilcuilco auseinandersetzten, desto verwirrender und rätselhafter wurde die Angelegenheit.

Geologe George E. Hyde beschäftigte sich mit den Lavamassen, die das Bauwerk teilweise überdeckt hatten. »Die Lavaschicht ist 7000 Jahre alt!« meinte der Wissenschaftler. Ein recht phantastisches Resultat! Wäre doch Cuilcuilco damit älter, als die ägyptischen Pyramiden nach herkömmlicher Lehrmeinung sind. Es sei denn, auch sie sind wiederum wesentlich älter, als die Schulwissenschaft behauptet.

Sorgsam wurde von Byron Cummings notiert, welche Schichten beim Ausgraben der Pyramide weggeräumt werden mußten. Die Spitze der Pyramide war von Geröll und Schutt bedeckt. Der Hauptteil lag unter einer Lavaschicht, die, so Geologe George E. Hyde, 7000 Jahre alt war. Dann folgte eine Schicht, die der »frühen klassischen Periode« zugerechnet wurde, 200 bis 400 nach Christus.

Allein schon dieses Ergebnis ist eigentlich unmöglich. Eine Schicht aus nachchristlichen Zeiten kann doch nicht von Lava bedeckt sein, die 7000 Jahre alt ist.

Unter der »frühen klassischen Schicht« folgte eine Lage »Vulkanasche«. Dann entdeckte man Spuren einer »fortgeschrittenen frühen Kultur«. Darunter stießen die Archäologen wieder auf eine Schicht Vulkanasche, gefolgt von einer Lage mit Funden aus »einer sehr primitiven Kultur«.

Mit Hilfe der Radiocarbonmethode wurde diese Schicht datiert: Sie stammt aus dem Jahr 2161 vor Christus, ist also über 4000 Jahre alt. Darunter kam ein festes Fundament aus Pflastersteinen zum Vorschein.

Fachautor und Archäologe Ron Willis: »Obwohl die Pyramide etwas Aufsehen erregte, wurde der Fund bald von vielen Archäologen ignoriert, einfach weil die Pyramide eine

komplexe Zivilisation in Mexiko voraussetzen würde, die mehrere Jahrtausende vor Ägypten und Sumer bestand.« Daran konnte, wollte kein Archäologe so recht glauben.
Byron Cummings: »Die Pyramide war 60 Meter hoch, 129 Meter im Durchmesser an der Basis breit. Mindestens zweimal wurde die Pyramide vergrößert, wobei jedesmal eine neue Außenverkleidung aufgetragen wurde.«
Heute zieht das seltsame Bauwerk kaum noch Reisende an, doch ein Besuch der Pyramide von Cuilcuilco lohnt sich ganz bestimmt. Sie befindet sich südlich des Universitätscampus von Mexico-City.

Stadt der Götter

Als Tenochtitlan von den »zivilisierten Europäern« verwüstet wurde, schlummerten keine 40 Kilometer davon entfernt gewaltige Kultanlagen, Pyramiden und Tempel in einer Art Dornröschenschlaf vor sich hin. Rätselhafte Bauwerke lagen unter üppig bewachsenen Hügelchen, die wie natürliche Erhebungen aussahen. Sie waren den Einheimischen wohlbekannt. Ihren Überlieferungen zufolge waren sie in grauer Vorzeit errichtet worden. Ein heiliger Mythos weiß:
»Während der Nachtzeit, als die Sonne noch nicht schien, als es noch keinen Tag gab, da versammelten sich die Götter an dem Ort, den man Teotihuacan nennt, um über den Menschen zu beraten.«
Der Polyglott-Reiseführer »Mexiko« bestätigt: »Die Azteken fanden hier schon eine verfallene Sakralstätte und nannten sie ›Ort der Götter‹, da sie die gigantischen Bauwerke nur von diesen errichtet vorstellen konnten. Wir wissen nicht, wer Teotihuacan erbaute, wie es ursprünglich hieß, wann und warum es zerstört wurde.«
Prof. Hans Schindler-Bellamy, Wien, mutmaßt: »Mir scheint,

daß Teotihuacan plötzlich und ohne ersichtlichen Grund verlassen wurde. Ich muß an die Mayas denken. Sie bauten glanzvolle Städte und verließen sie zwischen 600 und 900 nach Christus aus unerfindlichen Gründen, um andernorts wieder neu seßhaft zu werden.« Maya-Spezialist Rafael Girard: »Dieser jähe Abbruch aller Arbeiten zu einer Zeit, da sich die Maya-Zivilisation in voller Blüte befand, zeigt, daß ihr Untergang gewaltsamer Art war.«
Freilich sind keinerlei Spuren gewaltsamer Auseinandersetzungen zu finden: weder in den verlassenen Städten der Vertreter der Maya-Kultur noch in Teotihuacan. Im Fall von Teotihuacan ist weder bekannt, wann die Stadtanlage verlassen wurde, noch warum, ja wir wissen nicht einmal genau, wann und von wem sie erbaut wurde.
Viele Jahre lang leitete Laurette Sjeourne als Archäologin die Ausgrabung von Teotihuacan. Sie schreibt: »Die Ursprünge dieser Hochkultur stellen das unzulänglichste aller Geheimnisse dar. Es ist sehr schwer, sich vorzustellen, daß der Komplex geistiger Voraussetzungen plötzlich, vollkommen ausgebildet, einfach vorhanden gewesen wäre. Wir haben keinerlei materielle Zeugnisse für diesen erstaunlichen Entwicklungsprozeß.«
Archäologische Untersuchungen wurden 1864 von Ramon Almarez begonnen. Für archäologische Grabungen waren Batres und Desire Charnay zuständig. 1905 versuchte Leopoldo Batres Bauwerke zu rekonstruieren. Spätere Archäologen warfen ihm allerdings vor, mehr zerstört als gerettet zu haben. Erst 1962 wurde der »Schmetterlingspalast« freigelegt und restauriert, 1971 stießen Archäologen auf einen Tunnel unterhalb der Sonnen-Pyramide.
Die Stadt Teotihuacan ist entlang einer vier Kilometer langen und 45 Meter breiten Straße errichtet worden, die heute den Namen »Calzada de los Muertos«, Straße der Toten, trägt, eine freilich völlig willkürlich gewählte Bezeichnung.

Am nördlichen Ende erhebt sich terrassenförmig die »Mondpyramide« (Grundfläche: 150 x 200 Meter). Befindet man sich am Südende und blickt nach Norden, so erscheint der gewaltige Komplex als eine einzige riesige Treppe, die in die Mondpyramide übergeht. Das Ganze wirkt wie eine Treppe, die in den Himmel führt. Um diesen Effekt zu erzielen, war sorgsame Planung erforderlich. Diese Leistung erscheint um so bewundernswerter, wenn man bedenkt, wie lange an dem kühnen Projekt gearbeitet wurde.

Begonnen wurde mit den Baumaßnahmen bereits um 800, vielleicht 1000 vor Christus. Im sechsten Jahrhundert nach der Zeitwende fanden sie ihren Abschluß. Von Anfang an muß ein präzises Baukonzept vorhanden gewesen sein, das dann weit über 1000 Jahre lang befolgt wurde.

Eine Unmöglichkeit: Den Erbauern von Teotihuacan wird in der gesamten wissenschaftlichen Literatur eine Schrift abgesprochen! Wie soll man dann die komplizierten Baupläne von Generation zu Generation überliefert haben? Etwa mündlich?

Steht man auf der Mond-Pyramide und blickt gen Süden, so sieht man nur noch eine Straße. Die schier endlose Treppe, die man von Süden aus bestaunte, sie ist jetzt »verschwunden«.

Die Sonnen-Pyramide von Teotihuacan (Grundfläche 222 mal 265 Meter) ist das gewaltigste Bauwerk Südamerikas. Ihr Volumen übertrifft sogar das der ägyptischen Cheopspyramide. Ein erstaunliches Kuriosum: Der Gesamtkomplex von Teotihuacan ist so angelegt, daß Sonnen- und Mond-Pyramide beide gleich hoch zu sein scheinen. Dabei überragt die Sonnen-Pyramide ihre »Kollegin« um 20 Meter.

Noch zu Zeiten der Spanier stand auf der Spitze der Sonnen-Pyramide eine gewaltige Statue. Sie soll einen Gott dargestellt haben, was Juan de Zumarraga, den ersten Bischof von Mexiko, wenig interessierte. Er ließ die Statue zerschla-

gen. Das Kunstwerk war mit Gold und Silber überzogen. Daraus wurden Barren gegossen.
Je intensiver sich Wissenschaftler mit Teotihuacan beschäftigen, desto mehr kommen sie zur Überzeugung, daß die gesamte gigantische Anlage alles andere als willkürlich gebaut, sondern bis ins kleinste Detail durchgeplant worden ist.
Hugh Harleston vermaß den Gebäudekomplex und kam zu der Erkenntnis, daß die Bauten an der »Straße der Toten« nach einem besonderen Plan errichtet wurden. Und zwar stellt ihr Grundriß ein präzises Modell unseres Sonnensystems dar: Pyramiden und Plattformen stehen für die durchschnittlichen Bahndaten von Merkur, Venus, Erde und Mars.
Im »Teotihuacan-Modell« beträgt die Entfernung Sonne-Erde 96 Einheiten, Merkur hat einen Abstand von 36, Venus einen von 72 und Mars einen Abstand von 144 Einheiten. Das stimmt exakt. Doch damit nicht genug! Auch der Asteroidengürtel ist im Modell Teotihuacan an der richtigen Stelle »eingezeichnet« – als künstlich angelegter Kanal.
Planet Saturn, so scheint es zunächst, fehlte im Modell. Aber auch er war, astronomisch exakt, durch ein Gebäude markiert worden, das freilich einer Straße für Touristen zum Opfer fiel und abgerissen wurde.
Es wird noch phantastischer: Die Planeten Uranus, Neptun und Pluto sind im Modell in korrekter Entfernung wiedergegeben. Dabei wurden diese Sonnentrabanten erst in den Jahren 1781, 1846 und 1930 entdeckt. Sie müssen den Erbauern von Teotihuacan bereits vor Jahrtausenden bekannt gewesen sein. Ein solches Wissen paßt freilich nicht in das Bild, das die Wissenschaft von den Teotihuacanern zeichnet.
Gibt es eine plausiblere Erklärung? Waren die Entfernungen der Planeten von der Sonne doch nicht bekannt? Wurden die Gebäude der »Straße der Toten« nach einem mathematischen System verteilt – und zufällig ein maßstabgerechtes

Abbild unseres Sonnensystems erschaffen? Auf den ersten Blick scheint dieser Lösungsvorschlag akzeptabel zu sein.
1772 versetzte der Hamburger Johann Elert Bode nicht nur die Fachwelt in Erstaunen, als er zu beweisen suchte, daß die Entfernungen der Planeten von unserer Sonne einem mathematischen Gesetz »gehorchen«.
Bode hat mit einer harmlosen Zahlenspielerei begonnen. Er bildete eine Zahlenreihe, fing mit 0 an, ließ 1 folgen und verdoppelte dann die Zahlen. So ergaben sich die folgenden Zahlen: 0–1–2–4–8–16–32–64. Er multiplizierte die Zahlen sodann mit 3, was folgende Reihe ergab: 0–3–6–12–24–48–96–192. Jetzt zählte er noch überall 4 hinzu. Ergebnis: 4–7–10–16–28–52–100–196.
Diese letzte Zahlenreihe spiegelt nun recht exakt die Entfernung der Planeten von unserer Sonne wieder. Setzt man nämlich den Abstand Erde-Sonne mit 10 gleich, so ergeben sich verblüffende Übereinstimmungen mit Bodes Reihe.
Tatsächliche Entfernung der Planeten von der Sonne:

Merkur	Venus	Erde	Mars	X	Jupiter	Saturn	XX
3,9	7,4	10	15,2	?	52	95,4	?
Bodesche Reihe:							
4	7	10	16	28	52	100	196

Zunächst fiel auf: Zwei Zahlen der Bodeschen Reihe schienen keinen Planeten zu entsprechen: nämlich die 28 und die 196! Dann aber entdeckte man den Asteroidengürtel jenseits des Mars. Tatsächliche Entfernung: 27. Bode: 28. Und auch der Planet Uranus – Entfernung von der Sonne circa 192 Einheiten – findet sich in der Bodeschen Reihe wieder: 196.
Natürlich erscheint die Vorstellung, beim Bauplan von Teotihuacan habe man sich an eine willkürlich gewählte Zahlenreihe gehalten, weniger phantastisch, als daß prähistorische Besucher aus dem All vor Jahrtausenden einen Plan unseres

Sonnensystems nach Mexiko brachten. Die Sache hat aber einen Haken: Die Bodesche Reihe endet mit Uranus. Sie hat keinen Platz mehr für Neptun und Pluto. Im Modell von Teotihuacan sind aber auch diese Außenposten unseres Sonnensystems maßstabgerecht im richtigen Abstand zur Sonne wiedergegeben!

Das Rätsel bleibt also bestehen! Als ein Bestandteil des geheimnisvollen Pyramiden-Paradoxons! Denn ebenso unmöglich wie die Pyramiden von Rock Lake, vor der »Sintflut« entstanden, sind die Pyramiden in Mexiko, die ein korrektes Modell unseres Sonnensystems darstellen. So schreibt Martin Lehmann, Herausgeber von »Discover«, als Fazit seiner bemerkenswerten Abhandlung »Teotihuacan, Zahlen und Fakten eines Rätsels«: »Unsereins steht fassungslos vor den mathematischen Tatsachen, welche die Erbauer von Teotihuacan angewandt haben. Doch führt uns dieses Beispiel wiederum deutlich vor Augen, wie wenig wir tatsächlich von unserer eigenen Vergangenheit wissen.«

Das Rätsel der »Glimmerkammer«

Alten Überlieferungen zufolge gibt es im Bereich Teotihuacans eine Vielzahl geheimer unterirdischer Gänge und Kammern. In einige unterirdische Gänge bin ich hineingekrochen. Sie waren leer. Und sehr, sehr staubig.

Erst 1983 wurden mehrere Kellerräume entdeckt, deren Decken mit einer 15 Zentimeter dicken Glimmerschicht »isoliert« worden waren. Niemand vermag zu sagen, woher die dazu erforderlichen großen Mengen Glimmers stammen. In den Gebirgen Mittelamerikas ist die in Teotihuacan verwendete Glimmerart »Vitrum muscovitum« nur in sehr geringen Mengen anzutreffen. Der Stoff muß in Mengen importiert worden sein. Aber wann und wo? Vielleicht aus

Brasilien? Oder aus den Rocky Mountains Nordamerikas? Und warum wurde das glitzernde Material in die Decken eingezogen?
Glimmer, ein Kalium-Aluminium-Hydrosilikat, glitzert im Sonnenlicht. Theoretisch hätte man also das Material als optische Verzierung verwenden können. Das aber ist im vorliegenden Fall nicht geschehen: Die Schicht wurde in eine unterirdische Decke eingezogen, war also gar nicht zu sehen, den Sonnenstrahlen gar nicht ausgesetzt.
Vor Ort in Teotihuacan mußte ich erleben, daß die Archäologen nicht gern über die »Glimmerisolierung« sprechen. Und nur weil ich ausdauernd insistierte und zu einer »Spende« bereit war, wurde mir von einer mürrischen Wächterin kurz Zugang verschafft. Ein rostiges Schloß wurde geöffnet, eine metallene Klappe wie zu einem Kohlenkeller aufgewuchtet. In der Dunkelheit wirkte der Glimmer wenig glanzvoll, die dichten, schuppenartig angelegten Schichten erschienen mir als eher matt.
30 Quadratmeter Glimmerschicht, erfuhr ich, habe man bislang entdeckt. Doch niemand vermag zu sagen, wie groß die tatsächlich vorhandene Fläche ist. Dazu sind weitere Ausgrabungen erforderlich. Doch dazu fehlt, wie es scheint, das Geld. Oder auch der Wille? Weltweit mußte ich bei meinen Forschungsreisen auf den Spuren des »Pyramiden-Paradoxons« immer wieder feststellen, daß dort das Interesse, Ausgrabungen voranzutreiben, am geringsten ist, wo Ergebnisse zu erwarten sind, die in das herkömmliche Bild von der Vorgeschichte von Erde und Menschheit nicht so recht passen wollen.
Heutzutage wird Glimmer in Technik und Industrie sehr geschätzt, weil das Material bis 800 Grad Celsius hitzefest ist, extreme Temperaturveränderungen ebenso verträgt wie eine Vielzahl von Säuren, wie sie etwa im Boden entstehen, wenn abgestorbene Mikroorganismen und Regenwasser zusam-

menkommen. Glimmer ist bestens geeignet als Isolator gegen Elektrizität.
Warum setzte man Glimmer in den Kellerdecken von Teotihuacan ein und wann? Ein Techniker unserer Tage würde sagen: Man wollte die Räume unterhalb der Glimmerschicht schützen. Vor Säuren etwa, aber auch vor Elektrizität, etwa Blitzschlag. Was aber wurde in den unterirdischen Räumen aufbewahrt? Was mußte gegen Elektrizität und Säuren abgesichert werden? Darauf weiß die Archäologie keine Antwort zu geben. Erich von Däniken bringt seine außerirdischen Besucher ins Spiel. Er schreibt: »Ich habe keine Patentlösung anzubieten und kann nur meinen armen Verstand und meine Phantasie einsetzen, um mögliche Lösungen anzudeuten. Wurden die Kellerräume von der Decke her isoliert, weil in ihnen empfindliche Geräte lagerten? Instrumente, die sowohl vor elektrischen Entladungen, wie Blitzen, geschützt sein mußten als auch vor saurem Regenwasser und hohen Temperaturen?«
Über derlei modernes Gerät verfügten die irdischen Erbauer von Teotihuacan nicht. Sollten also außerirdische Besucher die unterirdischen Räume genutzt haben? Je intensiver ich mich mit vorgeschichtlichen Mysterien auseinandersetze, desto klarer wird mir: Viele scheinbar unlösbare Rätsel der Vergangenheit wären rasch geklärt, wenn die Astronautengötter mit ins Kalkül einbezogen würden.
Das trifft auch auf das geheimnisvolle »Wunder der Jungfrau« von Guadalupe zu, das ich im folgenden Kapitel beschreiben möchte.

16 *Das Wunder der Jungfrau von Guadalupe*

»Es muß Stätten geben, wo jeder Mensch, wer auch immer es sei, das Übernatürliche in dem Maße, wie Gott es will, mit Händen greifen kann. Es wird aber nie so deutlich geschehen, daß wir nicht mehr frei wären, es zu leugnen.« Bestätigung für diese Worte von François Mauriac über den Wallfahrtsort Lourdes fand ich in Mexiko. In der Basilika der Jungfrau von Guadalupe.

Sie wurde zur Erinnerung an das Wunder gebaut, das sich am 17. Dezember des Jahres 1531 ereignete. Der damals 57jährige Juan Diego hatte eine Marienerscheinung.

Wunder entziehen sich oft einer kritischen Betrachtungsweise. Doch von jener geheimnisvollen Begegnung ist so etwas wie ein fotografischer Beweis erhalten geblieben. Und je intensiver man sich mit dem Phänomen auseinandersetzt, desto größer erscheint das Geheimnis.

Am Morgen des 9. Dezember 1531 machte sich Juan Diego vor Sonnenaufgang auf den Weg von seinem Heimatdorf Tolpetlac nach Tlatilolco. Fast täglich besuchte der gebürtige Azteke, er war 1525 zum katholischen Glauben übergetreten, die Frühmesse. Der Weg war weit, neun Meilen lang und anstrengend, führte er doch über teilweise unwegsames, hügeliges Gelände. Straßen in unserem Sinne gab es nicht. Unweit des Berges Tepeyac vernahm Diego wunderschöne Musik. Sie schien aus der Richtung der aufgehenden Sonne zu kommen. Er wollte schon seinen Weg fortsetzen, da wurde er vom Berg her angerufen: »Juanito, Juan Dieguito.« Er blickte sich suchend um und sah ein »edles Fräulein, deren Gewand leuchtete wie die Sonne, als ob es vom Licht widerstrahle«. Geheimnisvolles Leuchten ging auch vom Felsen aus, auf dem die Erscheinung stand. »Der Glanz von ihr schien wie Edelsteine, wie der schönste Schmuck. Und die Kakteen und die übrigen Kräutlein sahen aus wie Smaragde. Wie Türkis sah ihr Blätterwerk aus, und ihre Zweige, ihre Dornen leuchteten wie Gold.« Juan Diego fiel ehrfürchtig auf die Knie.

Wieder sprach die Erscheinung. Sie sei »die vollkommene heilige Jungfrau Maria«. Sie wünsche, daß man ihr auf dem Tepeyac ein Heiligtum errichte. Er, Juan Diego, sei dazu bestimmt, vor den Bischof von Mexiko zu treten und den Wunsch Marias kundzutun. Eifrig machte sich der Azteke auf den Weg. In der Stadt angekommen, besteht er darauf, unbedingt den Bischof, Juan de Zumarrage, zu sprechen. Erst nach Stunden wird er vorgelassen, bekommt aber nur schwache Vertröstungen zu hören. Man werde sich »zu gegebener Zeit« mit seiner Angelegenheit beschäftigen.

Bitter enttäuscht eilt Juan Diego zum Tepeyac zurück. Wieder sieht er die Erscheinung. Er bittet sie flehentlich, doch einen anderen Gesandten zum Bischof zu schicken, einen würdigeren Menschen, der besser geeignet sei als er.

Die Erscheinung betont aber, es sei »notwendig«, daß er »persönlich« hingehe und bitte. So spricht er gehorsam am Tag darauf wieder beim Bischof vor, der jetzt schon etwas unwirsch reagiert. Irgendwie imponiert dem mächtigen Kirchenmann aber auch die Beharrlichkeit des »kleinen Gläubigen«. Jetzt erteilt ihm der Bischof einen Auftrag: Er möge sich wieder an die Erscheinung wenden und sie um ein »Zeichen« bitten, das erkennen lasse, daß sie wirklich die »Königin des Himmels« sei.

Ängstlich und zweifelnd kehrt Juan Diego zum Tepeyac zurück. Er befürchtet, daß die Jungfrau verärgert reagieren könnte. Wieder erlebt er die geheimnisvolle Erscheinung. Es

sieht so aus, als habe sie ihn erwartet. Sie vernimmt seine Bitte um ein Zeichen – und ist bereit, eines zu gewähren. Am nächsten Morgen, am 12. Dezember, soll er sich wieder einfinden. Was Maria auch vorhat, sie benötigt anscheinend eine gewisse Zeit der Vorbereitung.
An jenem 12. Dezember erkrankt Juan Diegos Onkel, Juan Bernardino, schwer. Neffe Juan Diego soll einen Priester holen. Heimlich will er sich am Tepeyac vorbeischleichen, hofft, von der Erscheinung nicht gesehen zu werden. Befürchtet er doch, aufgehalten zu werden und den Priester zu spät zu erreichen. Sein Plan aber schlägt fehl.
»Sie (die Erscheinung) kam ihm von der Seite des Hügels entgegen, sie schnitt ihm den Weg ab, sie sagte zu ihm: ›Was ist geschehen, mein kleinster Sohn? Wohin gehst du?‹«
Kummervoll berichtet Juan Diego vom kranken Onkel. Die Erscheinung erklärt, der Onkel sei »geheilt«. Um jene »Heilung« ranken sich viele fromme Legenden. Unterschiedlichste Krankheiten, ja schlimme Verletzungen, werden genannt. Und es heißt immer wieder: Der Onkel sei tatsächlich auf wundersame Weise plötzlich gesund geworden.
Die Erscheinung erteilt Juan Diego einen Auftrag. Er soll eine Vielzahl von »Blüten und Knospen« pflücken, dort, wo er die Jungfrau zum ersten Mal gesehen habe. Ohne zu zögern erfüllt Juan Diego diesen Auftrag. Auf der Spitze des Tepeyac blühen herrliche Blumen, als sei es Sommer. Und das in der winterlichen Trockenzeit. Juan Diego pflückt die Blüten, sammelt sie in seinem Gewand, seiner Tilma, und bringt sie der wartenden Gestalt. Die läßt sich die Blüten zeigen, nimmt sie »mit ihren ehrwürdigen Händen, dann legt sie sie wieder in seine Tilma hinein«. Wieder erhält Juan Diego einen Auftrag: Er soll erneut den Bischof aufsuchen und ihm die »verschiedenen Blumen bringen«.

Das Wunder

Nach mehrstündigem Warten wird der Bote der Erscheinung vorgelassen. Hohe Würdenträger der Kirche sind neben Bischof Don Sebastian Ramirez y Fuenleal zugegen. Vor den Augen höchster kirchlicher Würdenträger kommt es zum eigentlichen »Wunder von Guadalupe«. Auf dem Stoff der Tilma Juan Diegos erscheint »das geliebte Bild der Vollkommenen, der heiligen Jungfrau Maria, der Mutter Gottes«.

Der älteste überlieferte Bericht, den Nican Mophua 1649, ältere Textquellen benutzend, ins mexikanische Nahuatl übersetzt hat, hält fest: »Als der regierende Bischof es sah und alle, die dort waren, knieten sie nieder, bewunderten es sehr.«

Jetzt ist selbst der Bischof von der Echtheit der Erscheinung überzeugt. Er läßt eine Kapelle am Tepeyac bauen. 1695 wird eine Kathedrale errichtet. 1754 wird in einer Bulle des Papstes Benedikt XIV. das Wunder ausdrücklich als echt anerkannt. Zu Beginn der 70er Jahre unseres Jahrhunderts erweist sich die Kathedrale als vom Verfall bedroht. 1976 wird eine Basilika erbaut, die dem stets wachsenden Zustrom an Gläubigen Rechnung trägt. Sie bietet 20 000 Menschen Platz. 1981 und 1990 besuchte Johannes Paul II. das Gotteshaus in Mexiko, ein imposantes Denkmal erinnert daran.

Ich selbst empfand den modernen Beton-Stahl-Holzbau, rund angelegt, von außen zunächst als kühl, vergleichbar mit einer modernen Mehrzweckhalle. Im Inneren aber herrscht eine faszinierende Atmosphäre vor. Reiche Blattgoldverzierungen erstrahlen geheimnisvoll im Sonnenglanz. Profaner sind die drei Förderbänder, die die Gläubigen am Heiligenbild vorbeibewegen, das hoch oben hinter dem Hauptaltar angebracht ist. Oft versagt die Technik, die Förderbänder bleiben stehen. Oder sie werden von mitfühlenden Patres

abgeschaltet, die frommen Pilgern mehr Zeit vor dem Heiligenbild für fromme Andacht geben wollen.
Von fast jedem Punkt des riesigen Gotteshauses kann man das wundersame Bildnis sehen. Es stellt das Zentrum der Kathedrale dar. Reiche Mexikaner finden sich hier ebenso ein wie arme Indios, die oft weite Reisen auf sich nehmen, um das Heiligtum mindestens einmal im Leben gesehen zu haben. Ehrfürchtig knien sie nieder und beten oft in religiöser Verzückung. Ärmlich gekleidete Bauern halten ein Nickerchen auf den Kirchenbänken, was von den Patres wie den übrigen Besuchern der Kathedrale geduldet wird. Nur wenn jemand zu laut schnarcht, wird er sanft geweckt.
Ein Priester erklärte mir: »Auch und gerade für die müden Gläubigen bietet unser Gotteshaus einen Hort der Ruhe und der Besinnung. Leider stören die Touristen manchmal sehr, die jeden Respekt missen lassen, auch während der heiligen Handlungen im Gottesdienst umhergehen und fotografieren. Auch wenn sie von weit her gekommen sind, sollten sie mehr Respekt vor dem Glauben haben. Und vor den heiligen Gegenständen, die im Zentrum dieses Glaubens stehen!«
Man könnte die Geschichte von der Marienerscheinung von Guadalupe als fromme Legende, als erbauliche Dichtung abtun, ersonnen, um den Indianern Mexikos den katholischen Glauben schmackhafter zu machen, nachdem sich die spanischen Eroberer ja als alles andere denn als fromme Christen erwiesen hatten – wäre da nicht bis in unsere Tage ein einzigartiger Beweis erhalten geblieben: das Bildnis von der Maria auf der Tilma Juan Diegos, 152,24 Zentimeter groß und gründlicher von Wissenschaftlern untersucht als jeder andere Gegenstand frommer Verehrung.
Zuletzt beschäftigte sich ausführlich Dr. Johannes Fiebag mit dem Porträt. Es lohnt sich allemal, die Ausführungen des Wissenschaftlers nachzulesen. Je intensiver sich Wissenschaftler mit dem Bild, das Gläubige wie konfessionell nicht

gebundene Menschen gleichermaßen fasziniert, beschäftigen, um so geheimnisvoller, ja wundersamer wird es.
Eigentlich ist es schon ein Wunder, daß das 1531 entstandene »Bild« überhaupt noch existiert. Der Stoff, auf dem es sich abzeichnet, ist aus groben Agavefasern gewebt. Dieses Gewebe hat im Normalfall eine Lebensdauer von etwa 20 Jahren. Die Tilma aber stammt nachweislich aus dem Jahre 1531, ist also über 450 Jahre alt. Sie hätte sich schon längst auflösen und zerfallen müssen. Niemand vermag zu erklären, wie sie »konserviert« wurde. Wobei gründlichste Analysen keinerlei konservierende Substanzen ausmachen konnten.
Geradezu wundersam ist die Tatsache, wie gut die Farben erhalten sind – und das nach mehr als 450 Jahren, speziell wenn man bedenkt, daß Stoff und Fasern in den ersten 100 Jahren völlig ungeschützt aufbewahrt wurden. Und das bei ungünstigsten Verhältnissen. Hing das Bildnis doch in einer, wie wir aus zeitgenössischen Berichten wissen, feuchten und zugigen Kapelle.
Doch damit nicht genug! Unzählige Gläubige waren überzeugt davon, daß der direkte Kontakt mit dem Wunderbild Krankheiten heile, Wunden zum Verschwinden bringe. So wurde die Tilma sehr häufig abgenommen. Tausende legten sie sich auf den Leib, Hunderttausende küßten sie. Es war auch ein weit verbreiteter Brauch, Amulette und Talismane daran zu reiben. Dadurch sollte sich ein Teil der heilsamen Wirkung übertragen lassen.
Schließlich brachten Zigtausende Gläubige Kerzen zur »Maria von Guadalupe«, stellten sie in unmittelbarer Nähe des Bildnisses auf. Dr. Johannes Fiebag verweist auf eine Untersuchung, die Prof. Philip Callahan von der Universität von Florida 1979 durchführte. Der Gelehrte kam zu folgendem Schluß: Eigentlich hätte das Licht der Votivkerzen in nunmehr weit über 450 Jahren schon längst die Farben zum

Verblassen gebracht, wenn alles mit »natürlichen« Dingen zugegangen wäre. Dem ist nicht so, und es bleibt ungeklärt, wieso die »Farben« auch heute noch so wie frisch »gemalt« sind, was etwa ihre Leuchtkraft angeht.

Gemalt ist das »Bild« aber auf keinen Fall. Das fand Prof. Richard Kuhn, Nobelpreisträger aus Heidelberg, heraus. Eine gründliche Analyse ergab: Weder auf noch in den Fasern befindet sich Farbe. Pinselstriche waren ebensowenig auszumachen. Folgerichtig stellte Prof. Francisco Camps Ribera eine bis heute nicht beantwortete Frage: »Wenn das Bild keine Malerei ist, was ist es dann?« Eher verwirrend als erhellend war das Ergebnis einer Untersuchung durch Experten der Firma Kodak: »Das Bild ist seinem Wesen nach eine Fotografie!«

Dr. Johannes Fiebag macht auf ein weiteres Phänomen aufmerksam. 1929 entdeckte der mexikanische Fotograf Alfonso Gonzales, daß sich in den Augen der Mariengestalt etwas widerspiegelt. Diese Beobachtung wurde inzwischen bei mehreren wissenschaftlichen Untersuchungen bestätigt. Und spezifiziert.

Dr. Jorge Escalante Padilla, Augenarzt, setzte modernste Elektronenmikroskopanalysen und Computer ein. Und stellte fest, daß die Pupillen der Maria von Guadalupe eine Szene wiedergeben, wie sie sich vor mehr als 450 Jahren ereignet hat.

Dr. José Aste Tonsmann von der Cornell-Universität vergrößerte die Abbildungen der Augen auf das 2000fache und benutzte dann verschiedene optische Filter, um winzigste Details zu erkennen, die in den Augen der Jungfrau zu sehen sind. So machte er einen alten Mann im Profil aus, bei dem es sich wahrscheinlich um Bischof Zumarraga handelt. Der kirchliche Würdenträger spricht mit einem weiteren Mann, wahrscheinlich mit Dolmetscher Gonzales. Am Boden kauert Juan Diego, gerade seinen Mantel ausbreitend. Außerdem sind zu sehen: eine Mutter mit Baby auf dem Rücken, ein Indio, vielleicht der Mann der Frau und ein kleiner Junge (Sohn der Familie?).

Seltsam: Erst die Elektronik aus dem Raumfahrtzeitalter läßt das rätselhafte Bild der Jungfrau von Guadalupe aus dem Jahr 1531 in seiner Einzigartigkeit erkennen. Man bedenke: Die Abbildungen in den Pupillen sind so klein, daß sie erst mit elektronischer Digitalisierung erkennbar sind. Es ist nicht zu erklären, wie anno 1531 jene winzigen Details auf den groben Stoff gebracht werden konnten.

Dr. Johannes Fiebag: »Der Vorgang der Bildentstehung war dabei nicht eine Fotografie im herkömmlichen Sinne. Zum einen fungierte die Tilma Juan Diegos sowohl als Linse als auch als Farbfilm, zum anderen blieb das Objekt der Fotografie, nämlich die Mariengestalt, während des Vorgangs unsichtbar, möglicherweise haben wir es mit einer Art Infrarotaufnahme zu tun, die mit dem Auge nicht wahrnehmbare Wellenlängen sichtbar machte. Fraglos muß sich irgend etwas im Raum befunden haben, andernfalls würden sich Juan Diego und die anderen Personen nicht im Auge der Gestalt widerspiegeln können.«

Wunder entziehen sich meist jedem Versuch einer technischen Erklärung. Im Fall der Maria von Guadalupe wird die Rätselhaftigkeit mysteriösen Geschehens erst mit Hilfe heutiger, modernster Technik voll erfaßbar. Eine Lösung des Rätsels aber vermag auch die modernste Technik nicht anzubieten.

Es ist, als habe irgendwer oder irgendwas vor Jahrhunderten eine Rätselfrage gestellt, deren Antwort womöglich erst von künftigen Generationen gefunden werden kann. Erst das Hintergrundwissen heutiger modernster Raumfahrttechnik macht ein weiteres »Geheimnis« des alten Mexiko verständlich: ein phantastisches Steinrelief, gefunden in einer Gruft, tief unter einer Pyramide. Ohne Zweifel ist es ein wesentlicher Bestandteil der komplexen Materie, die ich unter dem Begriff »Pyramiden-Paradoxon« zusammenfasse. Auch wenn dieser Terminus oft symbolisch gemeint ist, so sind es doch weltweit immer wieder Pyramiden wie die vom Grunde des Rock Lake in Wisconsin oder die von Palenque in Mexiko, die die großen Rätsel dieser Welt ausmachen.

17 *Palenque und das Geheimnis der Grabplatte*

Am Fuße des Chiapas-Gebirgszuges liegt die wohl schönste Ruinenstadt Amerikas. Sie birgt ein Geheimnis, tief unter einer Pyramide. Ist auf der Grabplatte von Palenque ein außerirdischer Astronaut zu sehen?

Die im Südwesten Nordamerikas lebenden Hopi-Indianer, deren Name »die friedlichen Leute« bedeutet, berichten, daß ihre Vorfahren in grauer Vorzeit im heutigen Mexiko ein kulturelles Zentrum gründeten: Palatquapi, später Palenque. Im Mittelpunkt habe eine Universität gestanden, ein Haus des Lernens.

White Bear Fredericks, in der Hopi-Reservation Old Oraibi in Arizona geboren und studierter Religionswissenschaftler: »Es war eine große Gemeinde. Sie wurde nicht mit Sklavenarbeit erbaut. Es kostete gar keine Mühe, sie zu bauen. Die Grundlage aller Arbeit lag im Geistigen.«

Auch heute noch liegt die Geschichte jener Stadt im Dunkeln. Niemand kennt ihren ursprünglichen Namen. »Palenque« tauften sie die Spanier. Übersetzt heißt das: »befestigte Häuser«. Erst 1773 erfuhr Antonio de Solis, geistlicher Kurator in Tumbala, im heutigen Chiapas gelegen, man sei auf seltsame Steinhäuser im Urwald gestoßen. Der Geistliche gab nichts »auf solche dummen Gerüchte«. Roman Ordonez, Priester in Ciudad Real, erfuhr ebenfalls von den steinernen Bauten. Er ließ einen Erkundungstrupp zusammenstellen und gab dann das Kommando zum Aufbruch. Ergebnis: Nur sechs Kilometer von Santo Domingo entfernt verbirgt sich eine rätselhafte Ruinenstadt.

Die königliche Behörde »Audencie« in Guatemala befahl dem Offizier Antonio del Rio, die geheimnisvolle Stätte von Santo Domingo aus zu erforschen. Freilich machte der Urwald nicht nur zur Regenzeit diese scheinbar kurze Strecke zur höllischen Strapaze. Am 3. Mai 1787 kam Antonio del Rio in Palenque an. Von Bauwerken war kaum etwas zu erkennen, die Ruinen waren vom Urwald überwuchert.

Del Rio war freilich alles andere als ein Wissenschaftler oder gar Archäologe. Er wollte so schnell wie möglich der Moskitohölle entrinnen, ließ willkürlich graben. Mit 32 archäologischen Fundstücken und 25 Zeichnungen zog er wieder ab. Darüber freuten sich nicht zuletzt auch die indianischen Zwangsarbeiter, denen steinerne Fratzen Furcht einflößten und die lieber früher als später die unheimliche Region verlassen wollten.

Del Rios Bericht stieß auf totales Desinteresse. Schätze waren offensichtlich nicht zu entdecken, für steinerne Zeugnisse geheimnisvoller Vergangenheit interessierte sich niemand. Doch sollte del Rios Bericht Langzeitwirkung zeigen. Auf Umwegen gelangte er nach London, wo er 1822 als schmales Büchlein erschien. Und er machte Jean-Frederic Graf von Waldeck auf die Ruinenstadt aufmerksam. Sofort initiierte der eine Spendenaktion, brachte aber nur wenig Geld zusammen. Mit seinem ganzen »Vermögen«, bescheidenen 3000 Dollar, brach Graf von Waldeck 1822 nach Mexiko auf. Zu seiner großen Freude stellte ihm die Regierung von Mexiko ein amtliches Papier aus: die Genehmigung, Palenque zu erkunden und gründlich zu erforschen.

Seine Freude war freilich verfrüht, denn mexikanischen Indios war das Dokument herzlich gleichgültig. Nur gegen Barzahlung waren sie bereit, in wuchernden Urwaldgestrüppen Ruinen freizulegen. So waren von Waldecks 3000 Dollar sehr schnell verbraucht. Zum Glück stieß er schon bei seiner ersten Ausgrabung auf ein Rätsel, das bis heute nicht geklärt werden konnte. Auf wuchtigen Skulpturen ist eine Unmöglichkeit dargestellt. Man hat eindeutig Elefantenköpfe in Stein gemeißelt. Woher aber kannten die Bewohner von Palenque jene großohrigen Vierbeiner? Graf von Waldeck kam zu folgendem Schluß: Die Stadt wurde von Einwanderern aus Afrika oder Asien gegründet, jedenfalls von Menschen, die Elefanten kannten. Heute wissen wir freilich, daß auch in Zentralamerika einst Elefanten beheimatet waren, freilich vor mehr als 12000 Jahren. Sollten also die Bildwerke vor mehr als 12000 Jahren entstanden sein? Etwa zu jener Zeit, als die geheimnisvollen Pyramiden von Rock Lake erbaut wurden? Zu einer Zeit, als nach antiken Historikern die sogenannte »Cheopspyramide« – noch vor der Sintflut – hochgezogen wurde? Und gab es damals – vor 12000 Jahren – eine Verbindung zwischen den verschiedenen Völkern der verschiedenen Kontinente? Wurden sie alle von den gleichen Astronautengöttern besucht?

Gern hätte Graf von Waldeck intensiver geforscht, doch es kam zu einem Regierungswechsel in Mexiko. 1834 sah sich der wißbegierige Adelige schlimmsten Vorwürfen ausgesetzt: Er habe Palenque heimlich geplündert, wertvolle Schätze geraubt. Enttäuscht verließ er Mexiko, kehrte nach Europa zurück und veröffentlichte 1838 in Paris das Buch »Romantische Reise in Yukatan«. Jenes Werk faszinierte den Amerikaner John Lloyd Stevens. Am 3. Oktober 1839 brach der Jurist zusammen mit dem Maler Frederick Catherwood zu einer zweijährigen Abenteuerreise auf. Sie besuchten 44 Ruinenstädte und brachten zwei Bücher heraus, die 1841 und 1843 erschienen. Beide Werke wurden weltweit zu Bestsellern.

In Palenque hausten die beiden Amateurforscher direkt in den Ruinen. Stechmücken, Zecken und Schlangen machten ihnen das Leben zur Hölle. Einheimische Arbeitskräfte

waren, auch bei guter Bezahlung, nur schwer zu bekommen und schufteten mehr als unwillig im Urwald.
Schon Graf von Waldeck waren Parallelen zwischen Palenque und alten europäischen Kulturen aufgefallen. Stevens bewunderte die geheimnisvollen Statuen und notierte »ihre starke Ähnlichkeit mit ägyptischen Steinbildnissen«. Er schrieb: »Nichts hat mich im Roman der Weltgeschichte mehr beeindruckt als diese spektakuläre und liebliche Stadt.«
Staunend registrierten Stevens und Catherwood, daß die Erbauer von Palenque ein kompliziertes Kanalisationssystem angelegt hatten. Auch die Wassermassen, die sich bei häufigen Regenfällen auf den diversen Tempeldächern sammelten, wurden in das vorbildliche Abwassersystem geleitet. Unterirdische Röhrensysteme führten die Wassermassen in ein mächtiges Gewölbe.
Überhaupt wimmelt es in Palenque nur so von unterirdischen Gängen, deren Zweck niemand kennt. Maya-Experten wie John E. Thompson stellen Hypothesen auf, sprechen von mysteriösen »Kulten«, die mit der »Welt der Verstorbenen« zu tun haben sollen.
Die Strapazen, die sich die ersten Erforscher von Palenque zumuten mußten, blieben mir freilich erspart, als ich im Herbst 1993 die geheimnisvolle Ruinenstadt aufsuchte. Von Merida flog ich mit der Mexikana Kurs MX 7801 nach Villahermosa. Und von da aus ging es mit dem Bus nach Palenque. Und während die ersten Erforscher in den zweifelhaften Genuß kamen, ihre Nächte in stickigen Ruinen in Gesellschaft von Myriaden von Moskitos und sonstigem Getier zu verbringen, fand ich eine höchst bequeme Unterkunft im Hotel »Mision Park Inn«, Palenque. (Eine deutsche Touristin beklagte sich freilich, daß sie keinen Fernsehapparat im Zimmer hatte und daß im Gemeinschaftsraum nur spanische Programme, keine deutschen, gesehen würden.)
Palenque, so weiß ich aus der einschlägigen Literatur, erlebte

seinen Höhepunkt im sechsten Jahrhundert nach Christus. Im siebten Jahrhundert sollen die wichtigsten Gebäude errichtet worden sein, damals erlebte die Stadt ihre größte Ausdehnung von etwa acht Quadratkilometer Fläche. Das jüngste Datum, das in einer von zahlreichen Inschriften festgehalten wurde, betrifft angeblich das Jahr 799 nach Christus.

Wurde anschließend die Stadt verlassen, aufgegeben? Wurden die Bewohner vertrieben? Wenn ja: Von wem? Keinerlei Spuren verweisen auf kriegerische Auseinandersetzungen, auch auf Epidemien oder Wetterumstürze, Klimaänderungen größeren Ausmaßes weist nichts hin. Unübersehbar ist die Flut von Daten, die von eifrigen Steinmetzen verewigt wurden. Wir wissen heute, daß Palenquefürst Pacal, ein mächtiger Herrscher, 603 nach Christus geboren wurde und daß er 683 starb. Pacal konnte keinen Herrschaftsanspruch auf Grund seiner Geburt geltend machen, also gab er sich als Wiedergeburt eines Gottes aus mythologischen Zeiten aus.

Wann aber begann die Geschichte von Palenque? Darüber grübeln schon ganze Generationen von Maya-Experten. Prof. Herbert J. Spinden entdeckte in den Ruinen von Palenque Daten, die weit in die Vergangenheit zurückreichen. Im »Tempel des Kreuzes« sind der 7. Februar 3379 vor Christus, der 8. April 3371 vor Christus sowie der 21. Dezember 2619 vor Christus vermerkt. Im »Tempel der Sonne« findet sich der 25. Dezember 2619 vor Christus und im »Tempel des Blattkreuzes« verweisen Inschriften auf den 8. Januar 2618 vor Christus und den 20. April 2584 vor Christus. Solche frühen Daten verwirren weltweit die Maya-Forscher. Hat es doch zu jenen Zeiten angeblich das Maya-Volk noch gar nicht gegeben.

Im Tempel der Inschriften

Das imposanteste Gebäude von Palenque ist die »Pyramide der Inschriften«. 21 Meter hoch thront der Tempel auf einer Pyramide, die aus acht aufeinandergesetzten Plattformen besteht. Auf der Nordseite führt ein steile Treppe zum Heiligtum hinauf. Alle anderen Gebäude in Palenque haben quadratische Grundrisse, der »Tempel der Inschriften« bildet da die einzige Ausnahme.

Aus einem weiteren Grund ist er einzigartig. In Süd- und Mittelamerika dienten Pyramiden ausschließlich als Unterbauten von Tempeln, nie als Grab. Bei der Pyramide dieses Tempels ist das anders. Tief in ihrem Inneren birgt sie eine Grabstätte! Damit ist eine weitere Parallele zwischen Ägypten und Palenque zu erkennen: Auch im Land am Nil wurden Pyramiden errichtet, um großen Herrscherpersönlichkeiten als ewige Ruhestätte zu dienen.

Zunächst glaubte man, damit stelle der Tempel der Inschriften eine einzigartige Ausnahme dar. Doch weit gefehlt. Inzwischen weiß man, daß Pyramiden in anderen Maya-Stätten – wie Kaminaljuyu und Tikal – ebenfalls Gräber enthalten. Damit ist die lange Zeit vertretene These, Maya-Pyramiden hätten nichts mit Begräbnissen zu tun, endgültig als widerlegt anzusehen.

Im Jahre 1949 untersuchte der mexikanische Archäologe Dr. Alberto Ruiz Lhullier den »Tempel der Inschriften«, gründlicher, als seine Vorgänger das getan hatten. Dabei entdeckte er im Inneren des Bauwerks eine gewaltige Bodenplatte, die seine Vorgänger alle übersehen hatten. Er ließ sie entfernen. Jetzt wurde der Ansatz eines Treppenschachts sichtbar, vollkommen zugeschüttet, hauptsächlich mit Steinbrocken. Schon wähnte sich der Archäologe am Ziel, zumindest kurz vor einer großen Entdeckung. Freilich dauerte es noch Jahre, bis er einen sensationellen Erfolg verbuchen konnte. Tonnen

von Schutt mußten weggeräumt werden, bis Lhullier am 15. Juni 1952 vor einer dreieckigen, massiven Steintür (in den Ausmaßen 1,60 x 2,45 Meter) stand.
Die Tür wurde geöffnet. Dr. Alberto Ruiz Lhullier schrieb später über den spannenden Augenblick: »Ich betrat einen großen, leeren Raum, eine Art Eisgrotte, deren Wände und Decke mir vorkamen wie perfekte Flächen, wie eine aufgegebene Kapelle, von deren Decke ganze Vorhänge von Stalaktiten hingen, als ob es dicke, tropfende Kerzen wären.«
Der geheimnisvolle Raum, zu dessen Schutz offenbar mehrere Sklaven geopfert worden waren, liegt zwei Meter unterhalb der Basis der Pyramide. Er ist neun Meter lang, sieben Meter hoch und vier Meter breit.
Es ist nur zu verständlich, daß Dr. Lhullier und seine Helfer die geheimnisvolle Krypta sofort gründlich erforschen wollten. So begingen sie einen entscheidenden Fehler. Sie schlugen die Stalaktiten ab, entfernten die Stalakmiten und zerstörten so konkrete Hinweise, die eine relativ genaue Altersberechnung ermöglicht hätten.
Am Boden des unterirdischen Raums fand sich eine gewaltige Platte, immerhin 3,80 Meter lang und 2,20 Meter breit, 25 Zentimeter dick. Sie war fast zehn Tonnen schwer – und wurde hochgewuchtet, gab den Blick auf einen Sarkophag frei. Im Sarg, er wog 20 Tonnen, wurde ein Skelett gefunden, reich geschmückt mit Jade. Besonders kunstvoll ausgearbeitet war die Gesichtsmaske. Beim Toten soll es sich um den legendären Herrscher Pacal handeln, entnehme ich der wissenschaftlichen Literatur.
In archäologischen Werken wird immer wieder darauf hingewiesen, zwei Jahreszahlen seien auf der Grabplatte verewigt: 603 und 633 nach Christus. Pacal aber starb anno 688. Steht also ein falsches Todesdatum auf dem Stein? Oder verlesen sich die Archäologen? Es wird aber noch verrückter! Rudolf Eckhardt, Maya-Spezialist aus Berlin, legte in seinem

Vortrag »Neues von den Maya: Das Pacal-Paradoxon« dar, daß nach präzisen Maya-Inschriften Pacal im Alter von 80 Jahren und 158 Tagen starb. Medizinische Untersuchungen seiner Gebeine, durchgeführt im Jahre 1952, ergaben aber, daß das Skelett von einem 40jährigen Mann stammt. 1974 wurden neuerlich die sterblichen Überreste untersucht, das Ergebnis von 1952 wurde bestätigt. Was stimmt nun? Die Maya-Angabe, wonach Pacal mit 80 starb? Oder die Datierung der sterblichen Überreste im Sarg? Wurde gar nicht Pacal beigesetzt? Wenn nicht: Wer denn dann?
Weltweit bekannt wurde die Grabplatte von Palenque erst 1968. Erich von Däniken benutzte sie als Titelbild seines Bestsellers »Erinnerungen an die Zukunft«. Der Autor aus der Schweiz wagte eine technische Interpretation, beschrieb die Steingravur wie folgt: »Da sitzt ein menschliches Wesen, mit dem Oberkörper vorgeneigt, in Rennfahrerpose vor uns; sein Fahrzeug wird heute jedes Kind als Rakete identifizieren. Das Vehikel ist vorne spitz, geht über in merkwürdig gerillte Ausbuchtungen, die Ansauglöchern gleichen, wird dann breiter und endet im Rumpf in eine züngelnde Feuerflamme. Das Wesen selbst, vornübergeneigt, bedient mit den Händen eine Reihe unidentifizierter Kontrollgeräte und setzt die Ferse des linken Fußes auf eine Art Pedal. Seine Kleidung ist zweckentsprechend: eine kurze, karierte Hose mit einem breiten Gurt, eine Jacke mit modernem japanischen Halsausschnitt und dicht abschließende Arm- und Beinbänder. Es würde, in Kenntnis korrespondierender Darstellungen, verwundern, wenn der komplizierte Hut fehlen würde. Er ist da, mit Ausbuchtungen und Röhren. Unser so deutlich dargestellter Raumfahrer ist nicht nur durch seine Pose in Aktion – dicht vor seinem Gesicht hängt ein Gerät, das er starrend und aufmerksam beobachtet. Der Vordersitz des Astronauten ist vom hinteren Raum des Fahrzeugs, in dem man gleichmäßig angeordnete Kä-

sten, Kreise und Spiralen sieht, durch Verstrebungen abgetrennt.«
Unterstützung fand Erich von Däniken durch Dr. Wolfgang Briegleb und Prof. Dr. Siegfried Ruff, beide tätig bei der »Deutschen Versuchsanstalt für Luft- und Raumfahrt« in Bonn. Die beiden Raumfahrtexperten konstatieren: »Einer der beeindruckendsten optischen Belege für Dänikens Thesen scheint uns die Grabplatte von Palenque zu sein. Man muß sich hier wirklich Gewalt antun, um nicht mit den Augen unserer Tage eine stilisierte Gemini- oder Wostok-Kapsel zu erkennen. Die Körperhaltung der dargestellten menschlichen Gestalt ist eigentlich nur sinnvoll, wenn sie eine Beschleunigung in Richtung Brust-Rücken erhält, und zwar entweder durch die Schwerkraft oder aber, im Sinne Dänikens, durch Raketenschub. Daß der hypothetische Raketenpilot zudem anscheinend hemdsärmelig fliegt, ist uns eine inzwischen vertraute Vorstellung.«
Auch der amerikanische Flugingenieur John Sanderson und der ungarische Ingenieur Laszlo Toth gingen mit dem Wissen von Raumfahrtwissenschaftlern an die Grabplatte heran und kamen zum gleichen Ergebnis wie Erich von Däniken. Auch sie sehen in der steinernen Darstellung einen raumfahrenden Astronauten.
Es stellt sich die Frage, ob es denn zulässig ist, Maya-Kunst raumfahrttechnisch zu interpretieren. Ist nicht eher die Meinung von Archäologen gefragt?
Sven Koch, Redakteur bei der »Lippischen Landeszeitung«, warf mir in seiner Besprechung meines Buches »Das Sphinx-Syndrom. Die Rückkehr der Astronautengötter« vor, es mangele am Konjunktiv, ich würde als Tatsachen darstellen, was eigentlich nur als Hypothese angeboten werden dürfte. Diesen Tadel gebe ich gern an die Fachwissenschaftler weiter. Denn Archäologen lehnen zwar oft und gern die dänikensche Interpretation der Grabplatte von Palenque ab,

können sich aber keineswegs auf eine alternative Erklärung einigen. Faktisch jeder Archäologe vertritt eine vollkommen andere Meinung als die übrigen Kollegen, beharrt aber dogmatisch auf dem eigenen Standpunkt, der als unbezweifelbare, angeblich erwiesene Erkenntnis dargestellt wird, die wie ein Evangelium akzeptiert werden muß. Zudem würde es den Archäologen keinen Schaden zufügen, wenn sie auch einmal über den Tellerrand ihrer eigenen Fachwissenschaft blicken und zum Beispiel die Meinung etablierter Raumfahrtwissenschaftler mit ins Kalkül einbeziehen würden.

1973 veranstaltete man vor Ort in Palenque einen Fachkongreß mit dem Ziel, sich über die archäologische Interpretation des Palenque-Reliefs einig zu werden. Anlaß zu dieser Tagung mag auch die weltweit diskutierte Däniken-These gewesen sein, der man einstimmig entgegentreten wollte. Doch dazu kam es nicht. Selbst in grundlegenden Fragen, etwa ob denn das abgebildete Wesen nun ein Mensch oder ein Gott sei, gingen die Meinungen weit auseinander.

Fast babylonische Sprachverwirrung herrscht unter den führenden Fachautoren. So meint Paul Rivet: »Dargestellt wird ein Indianer, auf dem Opferaltar sitzend. Hinter seinem Sitz sind stilisierte Barthaare des Wettergottes eingraviert.« Dem widerspricht Miloslav Stingl. Er meint, »die Menschengattung schlechthin« sei dargestellt. »Das Kreuz, das aus seinem Körper wächst, symbolisiert den lebensspendenden Mais.« Marcel Brion ist wieder ganz anderer Ansicht: »In der Mitte der Grabplatte ist die Gestalt eines Menschen ausgehauen, vielleicht das Porträt des Toten, mit Schmuck bedeckt, den Rumpf stark nach rückwärts gebogen, ruht er auf einer großen Maske, die den Gott der Erde, den Tod, darstellt.« Robert J. Sharer behauptet: »Die Szene zeigt den Herrscher Pacal, der in den geöffneten Rachen des Unterweltmonsters stürzt.« Von einem stürzenden Menschen will Pierre Ivanoff gar nichts wissen. Und Tod und

29

30

31

32

36

38

39

40

42

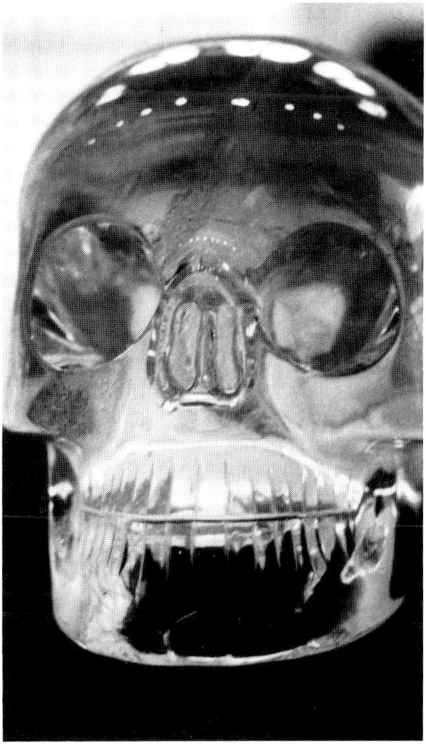

44

29 Die Sonnenpyramide: Sie soll den Göttern als »Landeplatz« gedient haben, lange bevor es Menschen gab.

30 Eine der schönsten Urwaldstädte ist Mexikos Palenque.

31 Die Universität von Palenque, angeblich von Besuchern aus dem All gegründet.

32 Der »Tempel der Inschriften«. Tief in seinem Inneren wurde eine phantastische Steingravur entdeckt.

33 Zeigt die Grabplatte von Palenque einen vorgeschichtlichen Astronauten in seinem Flugvehikel?

34 Hatten Außerirdische beim »Wunder von Guadalupe« ihre Hände im Spiel? Dieses jahrhundertealte Bildnis dürfte es eigentlich gar nicht geben. Enthält es den fotografischen Beweis außerirdischer Besucher?

35–37 Einige Artefakte aus der Sammlung Pater Crespis. Die wissenschaftlich bedeutsamen Objekte sind alles andere als wertlose Fälschungen.

38 Autor Langbein in der Ruinenstadt Machu Picchu.

39 Der gigantische Steinwall von Cuzco wurde in mehreren Etagen angelegt.

40 Steinmonster mit unvorstellbaren Ausmaßen wurden millimetergenau verarbeitet.

41–43 Das eigentliche Wunder von Cuzco befindet sich, von Touristen unbeachtet, nur wenige hundert Meter oberhalb der »Wehranlage«. Mit unbekannten Werkzeugen wurde härtester Stein bearbeitet, als sei er weich wie Butter.

44 Der mysteriöse Glasschädel vom British Museum. Eigentlich dürfte es ihn gar nicht geben. War außerirdische Technologie »im Spiel«?

Sterben würde auch nicht gezeigt, vielmehr gleiche der Mann in seiner »aufschnellenden Haltung dem entstehenden Leben«. Pierre Ivanoff: »Sein Gesicht erinnert an das des Maisgottes, er könnte deshalb die Inkarnation der keimenden Natur sein.«

Dr. Alberto Ruiz Lhullier hätte es gern viel grundsätzlicher. Er erkennt »einen jungen Mann, zurücklehnend, auf eine große Maske des Erdmonstrums. Wir dürfen annehmen, daß die Szene fundamentale Konzepte der Maya-Religion darstellt.« Dürfen wir? Linda Schele vermag dem nicht zuzustimmen. »Das Bildnis zeigt den Augenblick von Pacals Tod und seinen Sturz in die Unterwelt.« Am unteren Ende der Platte sei das »Sonnenmonster« zu sehen.

Ich meine: Die Maya-Experten täten gut daran, einmal über den Tellerrand ihrer persönlichen Fachrichtung hinauszublicken. So gibt es Parallelen zwischen der Grabplatte von Palenque und Darstellungen aus dem sumerischen Bereich, wie Dr. Hermann Burghard verdeutlicht. Der Wissenschaftler vermutet, daß der »Palenque-Lebensbaum« identisch ist mit dem sumerischen »Lebensstrahl«. Die Glyphe für diesen »Maya-Lebensbaum« lautet »Wacah Chan«: »Sechs Himmel« oder »erhobener, aufgerichteter Himmel«. Peter Fiebag weist nun darauf hin, daß entlang dieser Achse »die Götter aus dem Jenseits aufsteigen, und auf demselben Weg kehren sie wieder dorthin zurück«.

Der »Wacah Chan«, die »aufgerichtete Schlange«, findet, so Dr. Hermann Burghard, im sumerischen »USHUM GAL.AN.NA«, dem »großen Drachen am Himmel«, seine Entsprechung.

Immer wieder heißt es in der Maya-Literatur, Pacal auf der Grabplatte befinde sich »auf dem Weg nach Xibalba«. Zibalba oder Tibalba begegnet uns auch im Sumerischen. Dr. Burghard: »Die beiden sumerischen Wörter sind dabei gleichwertig, da zi oder ti im Deutschen sowohl ›Leben‹ als auch ›Pfeil‹ heißen können. Das Zeitwort bal bedeutet ›hinübergehen, herübergehen‹. Man darf auch ›herüberkommen‹ verstehen. Das sumerische ba hat seinerseits den Wert ›zuteilen, zugeteilt‹. Xibalba, wo Pacal hinfliegt, ist demnach im Sumerischen der Ort, von dem der Pfeil herkam. Dazu darf angemerkt werden, daß der Pfeil auch als Symbol für Rakete benutzt wird. Welche Bedeutung man auch annimmt: Dem Maya-Xibalba entspricht auf sumerisch der Ort der Lebensherkunft. Pacal befände sich nach Maya-Aussage also auf dem Weg zum ›Ort der Lebensherkunft‹.« Wo aber soll sich dieser Ort befunden haben?

Weltweit stimmen die heiligen Überlieferungen darin überein, daß der Ursprung des Lebens irgendwo in den Tiefen des Alls lag. Von dort sollen die mythologischen Götter gekommen, auf die Erde herabgestiegen sein. Etwa in Raumschiffen? In Raketen?

Ich war in Palenque, vor Ort. Bei unerträglich scheinender Hitze, gepaart mit extremer Luftfeuchtigkeit, machte ich mich auf den Weg in die »Unterwelt«, kauerte schließlich am Grab Pacals. In der muffigen Gruft, die Kleidung klebte mir am Leibe, ich hatte das Gefühl, förmlich zu zerfließen, ließ ich mir die unterschiedlichen Deutungen der geheimnisvollen Darstellung auf der steinernen Platte durch den Kopf gehen. Jeder einzelne archäologische Fachautor trägt seine individuelle Überzeugung ganz ohne den leisesten Konjunktiv vor. Auf eine stimmige Erklärung vermögen sich die Experten nicht zu einigen. So lange sich aber die Welt der klassischen Wissenschaften, zu denen die Prä-Astronautik heute noch nicht gerechnet wird, nicht für eine zumindest bevorzugte Interpretation entscheiden kann, so lange die diversen wissenschaftlichen »Erkenntnisse« einander widersprechen, so lange ist die »Raumfahrer-Interpretation« zumindest eine mögliche, gleichwertige Erklärung.

18 *Das Geheimnis der gläsernen Schädel*

Im Jahr 1927 leitete der britische Archäologe Frederick A. Mitchell-Hedges Ausgrabungen im üppigen Regenwald von British-Honduras, im Gebiet des heutigen Belize. Der Wissenschaftler konzentrierte sich dabei auf die Ruinen der einstigen Maya-Stadt Lubaantun.
Mitchell-Hedges, die Sekretärin Jane Houlson, der Archäologe Dr. Thomas Gann, Lady Richmond Brown und ein Herr Joyce vom Britischen Museum dachten schon daran, die Arbeiten zu beenden. Schließlich stand die Regenzeit unmittelbar bevor. Da stieß die 17jährige Adoptivtochter von Frederick Mitchell-Hedges, Anna, zwischen den Steinen eines verfallenen Altars auf einen seltsamen Gegenstand. Sie fand einen Schädel aus Kristall: 124 Millimeter breit, 147 Millimeter hoch und 197 Millimeter lang. Zunächst fehlte allerdings noch der Unterkiefer, aber auch dieses Teilstück konnte dank intensiver Suche, wenn auch erst drei Monate später, gefunden werden. Gesamtgewicht des Objekts: 5,3 Kilogramm.
Als einheimische Indios den gläsernen Schädel sahen, erstarrten sie in Ehrfurcht. »Das ist ein Idol unserer Vorväter!« riefen sie aus. »Das ist ein ehrwürdiges Heiligtum, das vor langen Jahren verlorenging!«
Erst 1930 informierte Frederick Mitchell-Hedges, erst recht zögerlich, die Öffentlichkeit über den ungewöhnlichen Fund. 1954 schrieb er in seiner Autobiographie »Danger My Ally« (»Gefahr, mein Verbündeter«): »Der Schädel ist mindestens 3600 Jahre alt, und der Legende nach wurde er vom Oberpriester der Mayas bei rituellen Handlungen benutzt.«

Tatsächlich wurde Quarzkristall relativ häufig in der Maya-Kultur zur Herstellung von Schmuck verwendet. Eine Vielzahl solcher Kostbarkeiten befindet sich heute im Besitz des archäologischen Museums von Oaxa, Mexiko. Ebenfalls aus Quarzkristall wurden kleine Tierfigürchen gefertigt, das mexikanische Nationalmuseum verfügt zum Beispiel über eine Heuschrecke aus dem glasklaren Material. Alten Überlieferungen zufolge brachten die Maya-Indianer Quarzkristall mit Fruchtbarkeit und Tod in Verbindung. So wundert es nicht, daß in Mexiko immer wieder, freilich recht kleine Kristallschädel bei Ausgrabungen gefunden werden. Bei diesen Totenköpfen handelt es sich aber um winzige Miniaturen, gar nicht zu vergleichen mit dem Exemplar, das Anna Mitchell-Hedges fand.

Der Schädel von Lubaantun ist dennoch kein Einzelstück. Im »British Museum«, London, wird ein zweiter, ebenso lebensgroßer Kristallschädel ausgestellt. Der Londoner Schädel wurde von G. F. Kunz am 3. Januar 1898 von »Tiffany und Co., New York« erstanden. Woher stammt er? G. F. Kunz schrieb: »Wenig ist bekannt von seiner Geschichte, nichts über seinen Ursprung. Er wurde in Mexiko von einem spanischen Offizier gekauft und dann einem englischen Sammler übereignet, bei dessen Tod ging er in den Besitz von E. Boban über, wurde später von Mr. Sisson gekauft.« Unbekannt bleibt, wo das Objekt zwischen 1890 und 1908 war, wem es gehörte und wie es in den Besitz von Tiffany gelangte.

Am 24. April gab es im Londoner »British Museum« eine Konferenz. Man beschloß, den Schädel labortechnisch untersuchen zu lassen. Das geschah am 26. April 1950. Man kam zum Schluß, daß das Objekt mexikanischen Ursprungs sei, gegen Ende des 15. Jahrhundertes entstand. Das Material, aus dem der Schädel gefertigt wurde, stamme wahrscheinlich aus Brasilien.

Das »British Museum« hüllt sich auch heute noch weitgehend in Schweigen, was den Kristallschädel angeht. Das verwundert sehr, ist er doch eines der beim Publikum beliebtesten Objekte. Mehr als dürftig sind die Informationen, die offiziell verlautbart werden.

So fällt auch die Beschreibung an der Vitrine, die stets große Scharen von Interessierten anlockt, mehr als knapp aus: »Schädel. Modelliert aus Kristall, Alter ungewiß.« Dann wird doch ein mögliches Alter angegeben: »Der Schädel stammt womöglich aus Mexiko. Während er dem Stil nach mixtekischen Arbeiten aus dem 15. Jahrhundert ähnelt, könnten einige der Linien, die Zähne darstellen, mit einem modernen Gerät herausgearbeitet worden sein. Das läßt sich schwer feststellen. Sollte aber diese Vermutung zutreffen, dann müßte er zu Zeiten nach der spanischen Eroberung gefertigt worden sein.«

Ich habe versucht, im Museum vor Ort Auskünfte zu erhalten. Man teilte mir mit, daß der Schädel in den 60er Jahren unseres Jahrhunderts zeitweise nicht ausgestellt wurde und von Dr. A. E. Werner, dem Chef des hauseigenen Labors, untersucht wurde. Es war Dr. Werners Absicht, herauszufinden, ob das Objekt aztekischen Ursprungs, eine jüngere Kopie oder eine neuzeitliche Fälschung ist. Ob ihm das gelungen ist, ist nicht in Erfahrung zu bringen. Es sollen mehrere Tests durchgeführt worden sein, Ergebnisse wurden aber nicht veröffentlicht.

Im Archiv der »Times«, London, entdeckte ich einen Artikel vom 22. November 1967. Peter Hopkirk schreibt da: »Die geheimen Tests haben bislang keinerlei schlüssige Informationen erbracht.« Warum diese Geheimniskrämerei? Fest steht: Das Museum hält eine Expertise unter Verschluß, die der Öffentlichkeit nicht zugänglich gemacht wird. Und das, obwohl sie aus Steuermitteln finanziert wurde, also von der Öffentlichkeit, die damit ein Anrecht darauf hat, die Ergebnisse zu erfahren.

Über die möglichen Motive für die Geheimniskrämerei kann man nur spekulieren. Zwei Erklärungen bieten sich an. Nummer 1: Der Schädel ist extrem alt und stellt somit ein Paradoxon dar, das nicht in das gängige Bild von der Vergangenheit paßt. Möglichkeit 2: Das Objekt ist eine geschickte Fälschung, das Museum will aber nicht zugeben, daß man auf ein Falsifikat hereingefallen ist.
Ich sprach ausführlich mit Ricardo Mercurio, einem in Caracas lebenden Diamantenschleifer, der sich sowohl mit dem Londoner Schädel als auch mit seinem Gegenstück von Lubaantun auseinandersetzte. Der Experte entdeckte Gemeinsamkeiten zwischen beiden Objekten, stellte aber auch Unterschiede fest. Bei beiden Schädeln sind die rechten und die linken Hälften spiegelartig identisch. In beiden Fällen sind die mittleren Teilstücke ungewöhnlich gerade.
Der Lubaantun-Schädel ist freilich wesentlich präziser und differenzierter ausgearbeitet. Bei ihm sind die Augenhöhlen, Jochbögen und sogenannten Warzenfortsätze (Fortsätze des Schläfenbeins, hinter dem Ohr tastbar) äußerst sorgfältig ausgeführt, beim Londoner Gegenstück hingegen nur angedeutet. Theoretisch könnte der Londoner Schädel eine spätere, schlechtere Kopie der Lubaantun-Version sein.
Ricardo Mercurio macht auf eine rätselhafte Besonderheit aufmerksam: »Da Quarzkristall spiralförmig wächst, entstehen in seinem Inneren ganz bestimmte Achsen, die jedem Diamantenschleifer vertraut sind. Eine falsche Bearbeitung gegen die Achse genügt, um das Werkstück irreparabel zu beschädigen. Bei durchsichtigem Bergkristall ist diese Achse nur durch starke Lupen oder Vergrößerungen des polarisierten Lichts erkennbar.«
Restaurator Frank Dorland fand nun heraus, daß der Schädel von Lubaantun gegen diese Achse gearbeitet ist. Wie ist das möglich, wo doch den Mayas keine Analysemöglichkeiten zur Verfügung standen, die den Verlauf dieser Achse

sichtbar gemacht hätten? Jede maschinelle Bearbeitung hätte den Bergkristall sehr schnell zersplittern lassen, lange bevor an eine Vollendung des Kunstwerks hätte gedacht worden können.

Kommt eine manuelle Bearbeitung des Kristalls in Frage? Theoretisch ja. Dann hätte es 7 Millionen Arbeitsstunden erfordert, so haben Experten errechnet, um den Lubaantun-Schädel zu kreieren. Bedingt durch die geringen Ausmaße des Werkstückes hätte immer nur ein Arbeiter schleifen und polieren können. Wenn wir davon ausgehen, daß in Schichten rund um die Uhr, 24 Stunden am Tag, Tag für Tag, ohne Unterbrechung, geschuftet wurde, ergäbe das eine Arbeitszeit von 800 Jahren. Oder sollte es vielleicht schon Ansätze gewerkschaftlicher Organisationen gegeben haben? Geht man von einem 12-Stunden-Tag aus, würde sich die Herstellungszeit auf 1600 Jahre verdoppeln. Das ist unmöglich, denn so lange währte ja nicht das gesamte Maya-Reich!

Bei Recherchen zu meinem Buch »Die großen Rätsel der letzten 2500 Jahre« stieß ich auf den peruanischen Archäologen Pater Jorge Lira. Angeblich haben ihm Inka-Nachkommen ein Geheimnis anvertraut: Wie man mittels eines Extrakts aus verschiedenen Pflanzen Steine so weich wie Butter machen kann. Bergkristall löst sich nur in Flußsäure. Sollten die Maya-Indianer – oder wer auch immer den Lubaantun-Schädel herstellte – ein ähnliches Rezept wie die Inkas gekannt haben? Vermochten sie ein Pflanzengebräu zu mixen, das Quarzkristall weich werden ließ? Wurde also der Schädel weder gemeißelt noch geschliffen, sondern modelliert? Wie aus Knetmasse geformt?

Die wissenschaftliche Literatur hält sich mit Äußerungen über den Lubaantun-Fund sehr stark zurück. Erst nach intensivem Bibliotheksstudium war es mir möglich, einige wenige Stimmen aus der Gemeinde der Wissenschaftler ausfin-

dig zu machen. Auf eine schlüssige Lösung stieß ich dabei nicht, eher auf Widersprüche.
Norman Hammond hält es für möglich, daß der Schädel aus China stammt und ursprünglich als Geschenk für einen europäischen Herrscher gefertigt wurde. Frank Dorland: »Der Schädel kann 12000 Jahre alt sein, aber vielleicht wurde er auch innerhalb der letzten 500 Jahre gemacht!« Er könne während der Kreuzzüge von den Tempelrittern aus dem »Heiligen Land« nach Europa gebracht worden sein. Tatsächlich ist in den geheimen Schriften des Templerordens von einem Idol namens Baphomet die Rede, wobei es sich nach einer Reihe von Darstellungen um einen Schädel gehandelt hat.
In Europa selbst aber, davon ist Frederick Dockstader überzeugt, kann der Schädel nicht hergestellt worden sein. Gerade die spezielle Ausformung des Kiefers spreche für einen aztekischen Künstler. Ähnlich denkt Adrian Digby: »Mexiko ist die Heimat des ungewöhnlichen Kunstobjekts!«
Eine Frage ist kürzlich beantwortet worden. Gründliche wissenschaftliche Untersuchungen haben ergeben, daß der Kristall, aus welchem der Schädel gefertigt worden ist, aus Calavaras County, Kalifornien, stammt. Ungeklärt bleibt aber nach wie vor, wer das tat und, vor allem, wann das geschah. George Kennedy vom »Institute of Geophysics and Planetary Physics« der Universität von Los Angeles, Kalifornien, datiert das Kuriosum ins 14. oder 15. Jahrhundert unserer Zeitrechnung. Frank Dorland hält ein Alter von bis zu 12000 Jahren für möglich. 12000 Jahre? Somit könnte das umstrittene Objekt entstanden sein, als die Pyramiden von Rock Lake errichtet, die Sphinx gebaut und die Vorlage der Piri-Reis-Karte gezeichnet wurde. Vor der mythologisch-realen Sintflut. Und damit würde das gläserne Kunstwerk zu einem jener Paradoxa, die die Gelehrtenwelt so gar nicht schätzt: Ein Artefakt, von dem niemand wirklich sagen

kann, wie es gefertigt wurde, müßte dann entstanden sein, als es nach herkömmlicher Lehrmeinung auf Erden noch gar keine Kultur gegeben hat, die zur Herstellung solch eines Kunstgegenstands in der Lage gewesen wäre.

Gespenstische Erscheinungen

Alter und Hersteller sowohl des Schädels von Lubaantun wie des Gegenstücks im Londoner Museum bleiben rätselhaft. Unerklärlich sind auch die unheimlichen Erscheinungen, die mit beiden Kristallobjekten in Verbindung gebracht werden. Im Londoner Museum sprach ich mit Aufsichtspersonal und Reinigungskräften. Sie alle wollen von Zeit zu Zeit ein geradezu gespenstisches Leuchten bemerkt haben, das den Totenkopf umhüllt habe.

Anna Mitchell-Hedges hat ihren Glasschädel 1956 und noch einmal von 1964 bis 1970 dem Restaurator Frank Dorland für Untersuchungen zur Verfügung gestellt. Der will dann Phänomene beobachtet haben, die mehr als unheimlich anmuten. Zeitweise sei ein Geruch wahrzunehmen gewesen, der an »eisige Bergluft« erinnerte. Geräusche seien zu hören gewesen, etwa melodischer Chorgesang, harmonisch und doch unheimlich. Diese Töne ließen sich freilich nie auf Tonband festhalten. Dorland: »Ich würde sagen, der Schädel löste bestimmte Reflexe im Gehirn aus, so daß man sich einbildete, Gerüche oder Geräusche wahrzunehmen oder Dinge zu sehen!« Was für Dinge? Dorland: »Manchmal war der Kristallschädel von einer Art Aura umgeben. Versuche, sie zu fotografieren, schlugen fehl. Ein einziges Mal war etwas auf dem Bild zu sehen, aber nur sehr schwach.« Auch im Schädel selbst seien Bilder aufgetaucht, ganze Szenen. »Das Innere eines Tempels, in dem ein Sarg aufgebaut war. Darauf saßen mindestens zwölf Schädel.«

Ich befragte Prof. Hans Schindler-Bellamy, Archäologe und Mythenforscher aus Wien, was er von dem unheimlichen Phänomen halte. Der Gelehrte: »Totenschädel erwecken in unseren Gehirnen naturgemäß unheimliche Gedankenverbindungen. Gegenstände mögen sich im Inneren der Kristallköpfe spiegeln, unsere Phantasie wird angeregt.« Schließlich sei die Kristallkugel schon seit vielen Jahrhunderten ein beliebtes Mittel, um eigene Gedanken zu konzentrieren. Geschieht ähnliches bei den geheimnisvollen Kristallschädeln?

Nach wie vor befindet sich der Lubaantun-Kopf im Besitz von Anna Mitchell-Hedges. Öffentlich gezeigt wurde er nur selten. Vom 2. November 1972 bis 31. März 1973 im »Museum of the American Indian« in New York. Kein anderes Stück zog so viele Besucher in die Ausstellung wie der Kristallschädel. Seine Anziehungskraft mag darin begründet sein, daß die Wissenschaft so wenig über den Gegenstand weiß.

1980 brachte Anna Mitchell-Hedges ihren unheimlichen Kristallschädel nach London, wo er mit seinem »Gegenstück« verglichen wurde. Das Artefakt vom Londoner Museum wurde 1990 im British Museum als Glanzstück einer Sonderausstellung gezeigt, die ausschließlich ungewöhnlichen und kuriosen Artefakten gewidmet war. Kurios mutet eine Erkenntnis von Prof. Dr. Andy Randy von der Universität Kingston an. Bemerkte doch der Gelehrte Ende 1995, daß das Objekt aus Quarzkristall gefertigt ist, was freilich schon seit 100 Jahren bekannt ist. Des Professors Schlußfolgerung: »Quarz gab es nicht in Mexiko, also muß das Objekt gefälscht sein.« Welch krause Logik! Schließlich ist nicht bekannt, ob das Artefakt wirklich aus Mexiko stammt. Und warum sollten die Azteken nicht Quarz importiert haben, etwa aus Nordamerika? Oder: Vielleicht bekamen sie ihn als Kultobjekt von einem befreundeten Stamm geschenkt?

19 *Das Rätsel der steinernen Kugeln*

Im Auftrag der »United Fruit Company« rodeten Arbeiter zu Beginn der 30er Jahre unseres Jahrhunderts den Urwald im Diquis-Delta von Costa Rica. Große Bananenplantagen sollten angelegt werden. Waldbrände wurden im Kampf gegen die Natur bewußt künstlich entfacht, Tausende Bäume wurden gefällt – und ein bis heute ungelöstes Rätsel der Vergangenheit kam ans Licht.
Mitten im Urwald, seit unbekannten Zeiten überwuchert, lagen zum Teil riesige Steinkugeln, spiegelglatt, geometrisch perfekt geformt. Etwa zehn Jahre vergingen, bis die Wissenschaft auf das Phänomen aufmerksam gemacht wurde.
Dr. Samuel Lothrop vom »Peabody Museum« war gerade in Lateinamerika, wollte Ausgrabungen durchführen. Räuberbanden bedrohten den Wissenschaftler und seine Frau, so daß er es vorzog, nach Costa Rica überzuwechseln und sich der geheimnisvollen Steinkugeln anzunehmen. Zusammen mit seiner Frau führte er Ausgrabungen durch. Zunächst auf dem Gebiet der Palmar-Farm. Dann wurden im »Golfo Dulce«-Gebiet weitere Riesenbälle untersucht. Überall stießen die Wissenschaftler auf große Steinkugeln: auf der Camaronal-Insel, auf Bergen im Gebiet der »Cordillera Brunquera«, nahe beim Fluß »Rio Diquis«, bei Uvita und an vielen weiteren Orten. Es sah fast so aus, als sei das Herstellen steinerner Kugeln im Gebiet des heutigen Costa Rica einmal so etwas wie ein Massensport gewesen.
Dr. Lothrop: »Mir bot sich ein phantastischer Anblick!« Auf steinernen Plattformen ruhten Steinkugeln, zum Teil über

zwei Meter im Durchmesser groß und 16 und mehr Tonnen schwer. Wer hatte die Kolosse geschaffen? Wann? Und wie? Der Archäologe ging wissenschaftlich gründlich vor, führte mit seiner Frau Ausgrabungen durch, wobei man zunächst in unmittelbarer Nähe der Steinkugeln begann, dann den Radius der Untersuchungen ausdehnte. Keine Spur von Abfällen, die bei der Herstellung der Kugeln hätten anfallen müssen, wurde gefunden. Werkzeuge fanden sich auch nicht. Indios wiesen die Gelehrten auf Steinbrüche hin, viele Kilometer von den Fundorten der Kugeln entfernt.
Ein Dr. Kussmaul kam zu der Überzeugung: »Die Kugeln sind aus einer Lava angefertigt worden, die viele Kilometer entfernt vorkommt. Möglicherweise wurden sie auf Flößen von den Steinbrüchen im Gebirge herbeigeschafft. An Ort und Stelle scheinen sie nicht bearbeitet worden zu sein.«
Eine naheliegende Vermutung: Die Hersteller der Steingiganten waren gewiß darauf bedacht, die Transportarbeiten nicht unnötig schwierig zu gestalten. Also meißelten sie die Steinkugeln direkt im Steinbruch, um kein Gramm zu viel befördern zu müssen. Wie aber wurden die Kugeln angefertigt? Theorien gibt es mehrere.
Eine besagt, daß man zunächst einen Klotz aus der Lavamasse löste. Der wurde dann zum Großteil im Erdreich vergraben. Die herausragende, überstehende Stelle wurde dann bearbeitet, rund gemacht. Dabei könnten Holzschablonen verwendet worden sein, mit denen überprüft wurde, ob die angestrebte Rundung bereits erreicht worden sei oder noch an manchen Stellen etwas abgetragen werden müsse.
Diese Theorie wird von Archäologieprofessor Hans Schindler-Bellamy, Wien, abgelehnt. Der Wissenschaftler zum Autor: »In der Theorie mag so etwas ja funktionieren, in der Praxis geht das nicht. Mit solch primitiver Methode wäre es

unmöglich gewesen, die zahllosen Kugeln so perfekt rund zu bekommen.«
Nach einer anderen Theorie sind die Kugeln überhaupt nicht künstlich geformt worden, sondern zufällige Launen der Natur. Tatsächlich gibt es in Neuseeland, etwa an der Moeraki-Bucht nördlich von Dunedin, Steinkugeln, die natürlichen Ursprungs sein sollen. Mit diesen »Launen der Natur« haben aber die ohne Zweifel künstlich hergestellten Steinkugeln von Costa Rica nicht die geringste Ähnlichkeit. Wurden sie vielleicht gar gegossen? Wann und von wem? Wie soll der Stein verflüssigt worden sein? Aus welchem Material sollen die erforderlichen Formen bestanden haben? Die dazu erforderliche Technologie gibt es selbst in unserer Zivilisation nicht. Konnte der Stein »bearbeitbar« gemacht werden?
Pater Jorge Lira meint, die Indios hätten Kräutermixturen gekannt, die Steine so weich wie Butter machten. Abgesehen davon, daß zweifelhaft ist, ob dieser Kräuterextrakt auch bei Lava wirkt, wären wiederum äußerst schwierig zu fabrizierende Gußformen erforderlich gewesen, von denen trotz intensiver archäologischer Studien auch nicht die kleinste Spur gefunden wurde.
Ungeklärt wie die Frage nach dem Wie der Herstellung der Kugeln ist auch die Art und Weise ihres Transports. Dr. Kussmaul mutmaßt: »Sie wurden auf Flößen vom Steinbruch antransportiert!« Diese Antwort verliert freilich an Überzeugungskraft, wenn man die in Frage kommenden Wasserwege inspiziert. Es sind eher bescheidene Rinnsale, plätschernde Bächlein, die kaum für Flöße von einigem Tiefgang geeignet sein dürften. Angesichts der 16 und mehr Tonnen wiegenden Steinkugeln müßte man Flüsse von erheblich größerer Tiefe voraussetzen. Nun mag man anführen, daß Flüsse in jenen Zeiten, als die Steinmonster befördert wurden, wann immer das gewesen sein mag, eben

wesentlich mehr Wasser führten als heute. Darüber läßt sich nur spekulieren, entsprechende wissenschaftliche Untersuchungen wurden bislang nicht durchgeführt.
Oder wurden die Kugeln, ihre Form bietet diese Lösung doch an, einfach gerollt? Etwa in den Betten der Bäche? Ein Ding der Unmöglichkeit! Die Kugeln wären im Schlamm steckengeblieben! Zudem lagen Tausende Kugeln kreuz und quer im Urwald verteilt, ohne daß es in der Nähe Flüsse gegeben hätte. Nicht wenige Kugeln wurden auf Bergspitzen befördert, quer durch den Urwald. Sollten zig Kilometer lange Schneisen kreuz und quer durch die Wildnis geschlagen worden sein?
Bleibt noch die Frage, welchem Zweck die Kugeln dienten. Im »Museo Nacional«, San Jose, denkt man an einen rätselhaften »religiösen Kult«, in dessen Zentrum Sterne und Planeten standen.

Sternbilder in Stein?

Wurden also die Kugeln von Costa Rica so aufgestellt, daß sie Sternbilder oder Planetensysteme ergaben? Tatsächlich bildeten die Kugeln oft Gruppen, aus 45 und mehr Steinbällen bestehend, deren Bedeutung bis heute nicht entschlüsselt werden konnte. Leider wurden in den vergangenen Jahrzehnten zahllose Steinriesen aus dem Urwald geholt und in Gärten als Schmuckstücke aufgestellt. Niemand vermag mehr zu sagen, welche Kugelformationen es einst gab.
Dr. Luis Diego Gomez: »Meiner Meinung nach repräsentierten sie Sonne, Mond und andere Planeten unseres Sonnensystems. Sie mögen auch astronomische Bedeutung gehabt haben, wichtige Punkte des Sternenhimmels markiert haben.« Nochmals Dr. Kussmaul: »Da viele dieser Steine in Gruppen zusammenliegen, wobei jeweils eine Basislinie mit

daran gehängten Dreiecken angestrebt zu sein scheint, könnte man annehmen, daß sie astronomischen Zwecken dienten, ähnlich manchen Maya-Stelen, die zur Festlegung bestimmter Daten nach dem Sonnenstand errichtet wurden. Doch dieser Zusammenhang ist ungewiß. Einzelne kleinere Parallelstücke in Guatemala und Mexiko geben ebensowenig Aufschluß, und so muß die Frage, was diese merkwürdigen Bälle bedeuten, offenbleiben.«

Nach wie vor offen ist auch die Frage nach dem Alter der geheimnisvollen Monumente. Den Spaniern der Kolonialzeit waren sie nicht bekannt. Daraus läßt sich nicht ableiten, daß sie erst nach Ankunft der Spanier hergestellt wurden. Im Gegenteil: Wären die Kugeln erst nach dem Erscheinen der Spanier fabriziert worden, hätten sie deren mühevolle Herstellung bemerkt. Und heimlich konnten die Heere von Wunderbällen ganz gewiß nicht produziert werden!

Auch Parallelen zu Maya-Stelen sagen über das Alter der Kugeln nichts aus. Die Mayas waren begeisterte Astronomen, die Steinkugel-Künstler können es schon Jahrtausende früher gewesen sein. Auch wenn Maya-Indianer und Steinkugel-Künstler gleiche Sternenkonstellationen verewigten, so besagt das nicht, daß dies gleichzeitig geschehen sein muß. Dr. Luis Diego Gomez muß zugeben: »Niemand in aller Welt weiß über diesen geheimnisvollen Kult so viel wie unsere Archäologen vor Ort, aber auch sie stehen vor einem Rätsel.« So stellte Dr. Doris Z. Stone – welch passender Name für jemanden, der sich mit Stein auseinandersetzt – nach langjährigen Forschungen vor Ort fest: »Die Kugeln von Costa Rica müssen zu den ungelösten Rätseln der Welt gezählt werden.«

20 *Die unheimliche Gruft von Barbados*

Verschiedenen Vertretern der »Prä-Astronautik«, so auch mir, wird immer wieder der Vorwurf gemacht: »Ihr beschäftigt euch nur mit Geheimnissen, bei denen Besucher aus dem All die Hände im Spiel gehabt haben könnten.« Dieser Vorwurf ist falsch. Bei den unheimlichen Vorgängen auf Barbados etwa handelt es sich um eines der seit Jahrzehnten ungelösten Rätsel Zentralamerikas. Außerirdische hatten mit den Phänomenen sicher nichts zu tun.

Barbados, die östlichste der Kleinen Antillen, ist nur 430 Quadratkilometer groß. In den Polizeiakten des tropischen Eilands findet sich ein unheimliches Rätsel, das unzählige Forscher bisher vergeblich zu ergründen versucht haben. Was mag sich da zu Beginn des 19. Jahrhunderts abgespielt haben?

Die Walrounds waren im 18. Jahrhundert eine wohlhabende Pflanzerfamilie. Das zeigten sie gern in aufwendigem Lebensstil, aber auch in der Gruft, die im Friedhof von »Christ Church« angelegt wurde. 1807 wurde Frau Thomasina Goddard beigesetzt, eine Verwandte der Walrounds. 1808 wechselte die protzig aussehende »letzte Ruhestätte« den Besitzer. Sie wurde von Familie Chase übernommen.

1808 und 1812 starben zwei Töchter der Familie, sie wurden in der Gruft beigesetzt. Noch war alles im Grab in bester Ordnung. Das änderte sich freilich, als im Jahr 1812 die Gruft neuerlich geöffnet wurde, um den Sarg von Familienoberhaupt Thomas Chase aufzunehmen. Irgendwer oder irgendwas hatte die massiven, schweren Bleisärge der Chase-

Töchter bewegt, sie an eine Mauer im unterirdischen Raum gezerrt und hochkant aufgestellt. Jeweils mit dem Kopfende nach unten.
Hatte jemand versucht, Wertgegenstände zu rauben? Und hatte dieser pietätlose Eindringling aus Wut darüber, daß er nichts gefunden hatte, alles durcheinandergebracht? Sorgsam wurde die Gruft untersucht. Seltsam! Es fand sich nicht die kleinste Spur, daß sie überhaupt von unbefugter Hand geöffnet worden war! Und nichts deutete darauf hin, daß sich ein Eindringling in dem unterirdischen Raum aufgehalten hatte, sieht man einmal von dem heillosen Durcheinander ab, das irgendwie produziert worden sein mußte.
Mr. Chase wurde beigesetzt. Die schweren Särge der Töchter wurden wieder ordentlich aufgestellt. 1816 war es wieder einmal soweit. Ein Verwandter, ein junger Mann, war gestorben. Er sollte beigesetzt werden – in der »Ruhestätte« der Familie, die diesen Namen gar nicht mehr verdiente. Von Ruhe konnte in der Gruft nicht mehr die Rede sein!
Im Inneren der Gruft zeigte sich ein schon fast gewohntes Bild. Wiederum waren die Särge mit roher Gewalt durcheinandergewirbelt worden. Der Sarg von Mr. Thomas Chase stand senkrecht an einer der Wände. Hatten die Behörden bei den ersten unheimlichen Vorkommnissen zunächst versucht, Stillschweigen zu wahren, so ließ es sich jetzt nicht mehr verhindern, daß Klatsch, Tratsch und kuriose Behauptungen über die Vorgänge in der Gruft die Runde machten.
Wieder wurde pietätvoll die Ordnung im Grabe hergestellt. Der Eingang zum steinernen Gewölbe wurde versiegelt. Schon acht Wochen später gab es wieder einen Sterbefall in der Familie. Wieder mußte also jemand beigesetzt werden. Jetzt fanden sich zahllose Neugierige ein. Sie wurden nicht enttäuscht. Obwohl die Grabstätte nach wie vor versiegelt

war, hatte wieder – wer oder was? – in der Grabkammer gewütet und die Särge durcheinandergeworfen, so als seien es leichte Bauklötzchen.

Der Gouverneur greift ein

1819 schaltete sich der Gouverneur der Insel ein. Lord Combermere überprüfte selbst, ob die Särge ordentlich aufgestellt waren, ließ dann die wuchtige Grabplatte gleich mehrfach versiegeln. Von nun an war das unheimliche Grab ein Gegenstand öffentlichen Interesses, wurde fast rund um die Uhr beobachtet. Bald schon bekam das Inseloberhaupt zu hören, im Inneren der Gruft seien »unheimliche Geräusche« vernehmbar gewesen. Auf das Drängen der Öffentlichkeit hin ließ der Gouverneur die Siegel am Eingang sorgsam überprüfen. Sie waren unverletzt. Doch schon als man die steinerne Grabplatte zur Seite rückte, zeigte es sich, daß die Särge wieder durcheinandergeworfen worden waren. Nur der bescheidene Holzsarg von Mrs. Goddard war unangetastet geblieben. Sollte eine Art von magnetischer Kraft gewirkt haben, die nur Särge aus Metall, nicht aber solche aus Holz bewegen konnte? Untersuchungen wurden durchgeführt, doch niemand vermochte zu sagen, was wohl der Ursprung einer solchen Kraft hätte sein sollen.

Am 17. Juli 1819 wurden die Särge wieder einmal ordentlich aufgestellt. Am Boden der Gruft wurde feiner Sand ausgestreut. Und man begnügte sich diesmal nicht damit, den Eingang zu versiegeln. Man mauerte ihn zu. Am 18. April des Jahres 1820 ordnete der Gouverneur eine Öffnung der »Ruhestätte« an. Als Zeugen waren Pfarrer Orderson, Major Finch und Richter Lucas zugegen. Diesmal war das Chaos schlimmer denn je. Särge lehnten von innen an der zuge-

mauerten Tür, aus der nicht ein einziger Stein herausgebrochen worden war. Was war geschehen?
Eindringlinge von außen konnten es nicht gewesen sein, die das Innere der Gruft verwüstet hatten. Der zugemauerte Eingang war nicht angetastet worden. Man hatte auch keinen zweiten Eingang von außen geschaffen, keinen Tunnel gegraben. Der Sand am Boden der Gruft zeigte keinerlei Spuren. Auch hier deutete nichts auf einen Eindringling hin. Kein Wesen aus Fleisch und Blut hatte sich hier bewegt. Erdbeben und Überschwemmungen hatte es nicht gegeben, konnten also auch nicht für die geheimnisvollen Vorgänge verantwortlich gemacht werden. Was also war geschehen?
Andere Gräber wurden untersucht. Sie waren unberührt geblieben. Wer oder was konzentrierte sich in unheimlicher Weise auf eine einzelne Gruft? Und warum? Lag ein Fluch vor?
Obwohl es keinerlei Hinweise auf menschliche Verursacher für das Chaos gab, recherchierte die Polizei sehr intensiv. Man dachte an Sklaven, die sich für die schlechte Behandlung rächen wollten. Man überprüfte, ob Anhänger einer Geheimsekte in Frage kamen. Verhöre wurden geführt. Alles geschah ohne Erfolg. Niemand fand eine Lösung für das unheimliche Rätsel.
Anno 1826 wurden bei einer weiteren Untersuchung die Särge wieder durcheinandergewirbelt vorgefunden. Die Behörden kapitulierten vor dem Unheimlichen, vor dem Unbekannten und ließen die Särge umbetten. Die Toten sollten endlich die lang verdiente Ruhe finden. Die unheimliche Gruft steht seither leer. Und bis heute ist nicht geklärt worden, wie es zu den unheimlichen Geschehnissen kam.

Teil V

Südamerika – Im Reich der Inkas

»Es tut einem Mysterium
keinen Abbruch, wenn wir
ein klein wenig davon wissen!«

RICHARD FEYNMAN, Nobelpreisträger

21 *Auf der Suche nach der Urkultur*

Auch Südamerika hat ein ganz besonderes Paradoxon zu bieten: In Ecuador formieren sich unzählige Pyramiden zu riesigen mythologischen Bildern, die nur aus großer Höhe zu erkennen sind. Wir erinnern uns: Ähnliche Riesenkunstwerke wurden von den Vertretern einer unbekannten Kultur auch in zahlreichen Staaten Nordamerikas geschaffen.
Südamerika ist überhaupt der Kontinent mit den vielleicht meisten archäologischen Rätseln: Da warten noch gewaltige Schätze darauf, entdeckt zu werden. Da gibt es archäologische Sammlungen, die noch viele Geheimnisse bergen. Da sind noch unbekannte Städte zu entdecken. Und gigantische Steinriesen warten geduldig darauf, daß jemand kommt, der sie wirklich versteht.
Fast täglich stoßen Archäologen in Südamerika auf Spuren früher Siedler, die sie wieder einmal dazu zwingen, die Geschichtsbücher umzuschreiben. Immer ältere »erste Kulturen« werden zutage gefördert. So ergaben Ausgrabungen in Brasilien, die im Sommer 1993 vorläufig abgeschlossen wurden, daß es bereits vor 50000 Jahren »erste menschliche Siedlungen« in Südamerika gab.
Fast vier Jahre dauerten die Untersuchungen und Auswertungen von Funden aus Höhlen im südlichen Brasilien. Reste von Feuerstätten konnten datiert werden. Höhlenmalereien aus jener frühen Epoche beweisen, daß erste Menschen den Kontinent wesentlich früher eroberten, als bislang angenommen wurde. Hatte man doch bislang geglaubt, der Kontinent sei erst vor 15000 Jahren besiedelt worden!

Im Gebiet des heutigen Bolivien wurden bereits vor zehn bis 20 Jahrtausenden astronomische Beobachtungen durchgeführt. Und der Archäologe George Michanowsky kam zu dem Schluß, daß es schon in jenen frühen Zeiten im Urwald Brasiliens so etwas wie ein »astronomisches Heiligtum« gab.

Am Tor zur Hölle

»Lakha Mantua«, Tor zur Hölle, hieß der geheimnisvolle Ort, zu dem über Jahrtausende hinweg Indios pilgerten. Dafür nahmen sie kaum noch vorstellbare Strapazen auf sich. Auch 1994 sprechen die Einheimischen voller Ehrfurcht von jenem schwer erreichbaren Platz.
Ein anderer Name des heiligen Ortes mutet zunächst merkwürdig an: »Ort der Straußenjagd«. Erklärt wird die Bezeichnung durch eine alte Überlieferung: Ein Strauß wurde einst von zwei blutrünstigen Hunden quer über den Himmel verfolgt und schließlich in der Sternenkonstellation Vela gepackt und getötet. Eine uralte Steinritzung hielt eben dieses Sternbild fest.
George Michanowsky ist überzeugt, für die mythologische Überlieferung vom »Straußentod« und für die Steinritzung eine glaubhafte Erklärung gefunden zu haben. Vor 10 000 bis 20 000 Jahren war in Brasilien ein seltsames Himmelsschauspiel zu beobachten: die Explosion eines Sterns im Bereich von Vela. Der Wissenschaftler: »Die Legende vom Strauß, der verfolgt, gestellt und getötet wird, versinnbildlicht eben diese Supernova.«
Wenn aber bereits vor 10 000, ja vielleicht schon vor 20 000 Jahren Astronomie betrieben wurde, dann muß es irgendwo in Südamerika noch weit ältere Kulturen gegeben haben. Wo mögen sie entstanden sein? Niemand vermag das zu sagen. Vielleicht wird die schlimme Zerstörung weiter Urwaldge-

biete, deren Auswirkungen auf das Weltklima katastrophal sein können, ungeahnte Entdeckungen ans Tageslicht bringen.

Eine der »Urkulturen« Südamerikas mag in Ecuador entstanden sein. Hier werden in den unergründlichen Urwäldern noch unentdeckte Städte vermutet. Es könnte sich dabei um die ältesten Städte Südamerikas überhaupt handeln.

Emilio Estrada führte umfangreiche Grabungen an der Pazifikküste von Ecuador durch und stieß auf eine rätselhafte Kultur: die von Valdivia. Alter: 5000 Jahre. Es dürfte sich dabei um den Ableger einer unbekannten, weit älteren Kultur handeln, die irgendwo in den Urwäldern Ecuadors vermutet wird.

Auch auf der ecuadorianischen Kinshu-Insel förderten Archäologen Spuren dieser unbekannten Kultur ans Tageslicht. Zigtausende Keramikscherben wurden bei Sobata, Ataka und Izumi entdeckt. Alter: 5000 Jahre. Und wieder wird vermutet: Es handelt sich um einen Ableger einer unbekannten Urkultur. Wo und wann mag sie entstanden sein?

1973 stießen die Archäologen James Parsons (USA) und Julio Viteri Camboa (Ecuador) in der Region von Chilintoma im Raum von Guayaquil auf riesige, künstlich angelegte Terrassen. In jenen Gefilden war schon vor Jahrtausenden die Landwirtschaft eine hoch entwickelte Wissenschaft. Ein kompliziertes System aus Kanälen und Dämmen war angelegt worden. Überflüssiges Wasser wurde aus sumpfigen Regionen in Gefilde geleitet, die eher unter Trockenheit zu leiden hatten. Mehrere tausend Hektar Land wurden so kultiviert. Das geschah vor immerhin 4000 Jahren. So erstaunlich die Funde auch waren, man hatte wieder nicht die rätselhafte »Urkultur« entdeckt. Dr. Jorge Marcos fragt: »Wo liegt die Wiege dieser Kultur? Und wie alt ist sie?«

Im August 1974 stießen Archäologen der Universität von

Illinois, USA, bei Real Alto auf deutliche Hinweise auf eine sehr hochstehende Kultur. Reste von Siedlungen wurden ausgegraben, die alle wie auf dem Reißbrett entworfen aussahen. Alter: 4500 Jahre. Wieder vermutete man: Es handelt sich um einen Ableger der geheimnisvollen Urkultur von Ecuador. Inzwischen entdeckte man eine »Dependance« sogar in Peru: im Tal des Ucayali-Flusses.
Schon die Eroberer Almagro und Pizarro gaben nach einigen verzweifelten Versuchen, die sumpfigen Urwälder Ecuadors zu durchdringen, entnervt auf. Wurde so eine rätselhafte Urstadt vor der Zerstörung bewahrt?
Spekulationen über das Alter der Urkultur sind durchaus möglich: dank unscheinbarer Maiskörner. Vor rund 4000 Jahren war der Mais in der Valdivia-Kultur bereits bekannt. Abdrücke von Maiskörnern wurden als verzierende Ornamentik in Keramiken aus Ton gefunden.
Wenn aber 2000 vor Christus bereits Mais kultiviert wurde, wann wurde er »erfunden«? George Beadle, Nobelpreisträger und führender Forscher in Sachen Genetik, mutmaßt: Es gab Vorläufer des Mais, ein Kraut namens Teosinte. Nach Auskunft von Biologen hat es aber mindestens 20000 Jahre gedauert, um durch Zuchtauswahl aus Teosinte Mais zu erzeugen. Sollte es also schon 22000 vor Christus in Ecuador ein gezieltes landwirtschaftliches Zuchtprojekt gegeben haben? Das ist kaum vorstellbar und mit den herkömmlichen Theorien über die Anfänge menschlicher Kultur nicht vereinbar.
Paul C. Mangelsdorf von der Harvard-Universität: »Teosinte ist eine Art Unkraut. Daraus kann sich nie und nimmer Mais entwickelt haben, der veredelt wurde! Es muß einen wilden Mais gegeben haben, der veredelt wurde.« Freilich suchen Forscher weltweit bislang vergeblich nach diesem wilden Mais. Warum sollte er spurlos verschwunden sein?
Nach uralter indianischer Mythologie schenkten die Götter

den Menschen den ersten Mais. Es sollen die Zwillingsgötter Hunahpu und Ixbalanque gewesen sein, die schon Mais anbauten, noch bevor es Menschen gab.
Die führenden Götter Ecuadors müssen alles andere als gutmütig gewesen sein. Um 3000 vor Christus wurden ihnen blutige Menschenopfer dargeboten, um ihren Zorn zu besänftigen. Vieles spricht dafür, daß diese überirdischen Wesen mit speienden Vulkanen in Verbindung gebracht wurden. Archäologe Pater Pedro Porras ist überzeugt: Die Menschen von Ecuador verehrten »himmlische Götter«. Die Verbindung zwischen Erde und den himmlischen Gefilden sollen Vulkane gewesen sein. Pyramiden waren dann Nachbildungen dieser Berge. Sie stellten den kosmischen Berg dar, auf dessen Spitze Götter wohnten. Als Pendler zwischen Göttern und Menschen wurden mythische Wesen angesehen: geheimnisvolle Jaguare.
Einem dieser Jaguare war eine ganze Stadt geweiht. Sie wurde 1978 von der »Archäologischen Fakultät der katholischen Universität von Quito« 40 Kilometer nördlich von Macas an den Ufern des Upano-Flusses entdeckt. Liegt hier die älteste Stadt Südamerikas, nahm hier die geheimnisvolle Urkultur von Ecuador ihren Anfang?
Im Herbst 1992 drang ich zusammen mit einigen Freunden nach strapaziösestem Anmarsch in das Zentrum jener Stadt vor, die heute mitten im Urwald liegt, zu der nicht einmal Pfade führen. Deutlich auszumachen sind trotz des alles überwuchernden Urwalds unzählige, zum Teil riesige Pyramidenhügel. 180 Bauten wurden bislang entdeckt. Sie sind teilweise 70 Meter lang und gut 20 Meter breit. Besonders imposant sind Erdwälle von beachtlicher Länge. Einer mißt stolze 800 Meter!
Vom Erdboden aus ergeben die Bauten keinen Sinn. Betrachtet man sie aber aus der Luft, vom Flugzeug aus, formieren sie sich zu Bildern. Gesichter von riesenhaftem For-

mat starren in den Himmel. Deutlich erkennt man Augen, Nasen und Münder. Riesengroß ist das Bild eines stilisierten Jaguars.
Seltsam: Auch in Nordamerika gibt es riesige, aus Erdhügeln geschaffene Bilder, die nur aus großer Höhe zu erkennen sind (siehe Kapitel 10 dieses Buches!). Für wessen Augen waren sie bestimmt? Warum nahmen die Indios Nord- wie Südamerikas unglaubliche Strapazen auf sich, um Kunstwerke schier unglaublichen Ausmaßes zu bauen, die in ihrer Gesamtheit von ihren Schöpfern allenfalls erahnt werden konnten?
Wir sind heute dazu in der Lage, jene Riesenbilder zu bestaunen: vom Hubschrauber oder Flugzeug aus. Derartige Flugapparate aber standen den Indios vor Jahrtausenden nicht zur Verfügung. Die Indianer waren freilich von der Existenz höchst realer Götter überzeugt. Sollten jene geheimnisvollen Wesen die Riesenbilder sehen? Sollten den Astronautengöttern Botschaften vermittelt werden, die wir Heutigen nicht mehr verstehen?
Vor Ort in Südamerika erfuhr ich, daß auch heute noch die Auca-Indianer Ecuadors das Geheimnis der riesigen Bildwerke kennen. Sie sind vom Aussterben bedroht und begegnen den Vertretern unserer »Zivilisation«, die ihnen stets nur Unglück brachten, ihnen als menschenverachtende, goldgierige Schatzsucher begegneten, mit großem Mißtrauen. Sie behalten ihre Geheimnisse für sich. So wird ihr Wissen wohl für immer verlorengehen.

Mit Grabräubern unterwegs

Eine »Urkultur« wird auch im Gebiet des heutigen Chile vermutet. An der Küste wurden zahllose Mumien ausgegraben, die 5000, ja bis zu 10 000 Jahre alt sein sollen. Ich selbst

war dabei, als Grabräuber auf halbem Wege zwischen Iquique und Patillos eine gut erhaltene Mumie bargen. Deutlich zu erkennen war im Inneren der Mumie eine Art Holzgerippe, das wohl dazu diente, daß die »menschliche Form« des Verblichenen möglichst lange erhalten blieb.
Seltsam: Die Hände hatte man abgeschnitten und mit Schnüren wieder an die Armstümpfe gebunden. Geheimnisvoll, ja unheimlich wirkte das Gesicht des Toten. Es bestand aus einer schwarzen Maske, die mit einer klebrigen Masse bestrichen war. Der Mund war wie zu einem Schmerzensschrei weit geöffnet.
»Durch diese Öffnung sollte später die Seele wieder in den Leib zurückkehren!« erklärte mir einer der Grabräuber, der als Hausdiener einer deutschen Familie unsere Sprache recht gut gelernt hatte. Der junge Mann machte mich auch auf die Perücke aufmerksam, die der Tote trug. Sie war ihm über den Kopf gestülpt und mit Schnüren festgebunden worden.
»Gehen Sie nicht etwas respektlos mit den sterblichen Überresten eines Toten um?« fragte ich eher zaghaft »meinen« Grabräuber. Der erwiderte ungehalten: »Zeigen die Archäologen etwa mehr Pietät, wenn sie zum Beispiel ägyptische Mumien im Londoner Museum in Kellerräumen stapeln oder gar in Vitrinen zur Schau stellen?« Ich mußte meinem Gesprächspartner zustimmen. Auch wollte ich nicht den Zorn der Grabräuber auf mich lenken. Denn um ehrlich zu sein: In jener menschenverlassenen wüstenartigen Küstengegend Chiles hatte ich doch auch Angst. Gesetzt den Fall, die Herren Plünderer hätten mich ermordet und verscharrt – meine Gebeine wären, wenn überhaupt, so schnell nicht wieder ans Tageslicht gekommen.
»Wissen Sie, wie man die Toten behandelt hat?« fragte ich, um dem Gespräch eine Wendung zu geben. »Man ist nicht sehr respektvoll mit ihnen umgegangen!« erfuhr ich. Das Gehirn sei entfernt und durch Asche, manchmal auch Stroh

ersetzt worden. »Sämtliche Innereien wurden ebenfalls entnommen. Den leeren Leib füllte man mit einem Gemisch aus Gras, Asche und Fischleim. Manchmal nahm man auch Tierblut! Übrigens: Besondere Sorgfalt galt der Rekonstruktion der Geschlechtsteile.« Es folgten einige mehr als derbe Witze über das Intimleben der Mumien, die ich lieber nicht wiedergeben möchte. Schließlich wurde mir die Mumie gar zum Kauf angeboten. Ich lehnte dankend ab. Das führte dazu, daß sich die Laune meines Gesprächspartners erheblich verschlechterte. Meine vollmundigen Komplimente sein erstaunliches Wissen über die Mumien betreffend normalisierten die Situation wieder. Trotzdem war ich mehr als erleichtert, als ich am späten Abend in meinem Hotel wieder eine heiße Dusche genießen konnte. Noch nach Tagen meinte ich den unangenehmen Geruch der Mumie in der Nase zu haben, von entsetzlichen Träumen, in denen auferstehende Tote eine nicht unerhebliche Rolle spielten, ganz zu schweigen.

22 *Auf der Suche nach Schätzen*

Südamerika ist der Kontinent der Grabräuber. Tagtäglich werden Mumien geborgen, Töpferwaren dem Erdreich entrissen, wandern archäologische Funde von unermeßlichem Wert in Privatsammlungen reicher Europäer und Amerikaner. Auf diese Weise werden Fundstätten zerstört, die Wissenschaftlern wertvolle Aufschlüsse über die Vergangenheit des rätselhaften Kontinents ermöglichen könnten. Doch angesichts der Armut, die in den südamerikanischen Ländern herrscht, ist es fast verständlich, daß Einheimische versuchen, die Vergangenheit ihrer Länder in bare Münze umzuwandeln. Und die Nachfrage nach archäologischen Artefakten ist enorm. Fänden sie keine Käufer, gäbe es rasch keine Grabplünderungen mehr.

In zahlreichen Ländern werden aber noch unglaubliche Schätze vermutet. So auch in Ecuador. Legenden und Sagen ranken sich um Reichtümer, die nach wie vor der Entdeckung harren. Wer sie findet, kann auf ein sorgenfreies Leben und auf Entdeckerruhm hoffen. Und so sind ständig Abenteurer aus aller Herren Länder unterwegs auf der Suche.

Valverdes Gold

1790 suchte der Spanier Atanasio Guzman in den Llanganati-Bergen Ecuadors nach dem Gold der Inkas. Man munkelt, daß er bei einem trockengelegten See den Eingang einer

Höhle gefunden hat, die bis zum Rand mit unermeßlichen Reichtümern gefüllt war. Glücklich wurde der Schatzsucher nicht. Er starb im Wahnsinn.

1857 fand Richard Spruce angeblich Aufzeichnungen Guzmans mit Hinweisen auf den mysteriösen Schatz. Guzman und Spruce waren beide überzeugt: Jede Reise zu den unbeschreiblichen Goldschätzen muß bei Pillaro beginnen. Von Pillaro aus soll es möglich sein, in wenigen Tagen zu Fuß den Schatzhort zu erreichen.

Es liegt sogar eine präzise Wegbeschreibung vor, die zu den Reichtümern führen soll. Sie stammt freilich aus dem Jahr 1536, wurde von einem spanischen Soldaten namens Juan Valverde zu Papier gebracht. Valverde hatte eine Tochter aus dem vornehmen Geschlecht der Salasaca geheiratet, als die letzten Kämpfe zwischen Inkas und Spaniern ausgefochten wurden. Offenbar schlug sich der wackere Soldat auf die Seite der Verlierer, kämpfte für die Inkas. Zweimal wurde er – als Belohnung? – vom Schwiegerpapa zum Schatzversteck geführt. Unvorstellbare Reichtümer will er gesehen haben. Einen Bruchteil des Schatzes durfte er an sich nehmen, so daß er als reicher Mann nach Spanien zurückkehrte.

In Spanien beschrieb er den Weg zum Schatz. Hunderte, ja Tausende Abenteurer haben, mit Valverdes Aufzeichnungen im Reisegepäck, versucht, das rätselhafte Versteck ausfindig zu machen. Niemandem ist es gelungen. Niemand weiß, wie viele Abenteurer bei der Suche ums Leben kamen. Auch kann niemand sagen, ob Valverdes Plan stimmt. Hat er absichtlich Falschinformationen eingebaut? Oder hat sich die Landschaft in den vergangenen Jahrhunderten so stark verändert, daß seine Wegbeschreibung vollkommen nutzlos geworden ist?

Im Herbst 1992 wurde aus Ecuador gemeldet, man habe eine neue »heiße Spur« gefunden. Eine 50 Mann starke Expedition unter der Leitung von Mike Mancusi, versehen mit modernstem Gerät, etwa Satelliten-Navigationssystemen, ausgestattet, glaubt eine sensationelle Entdeckung gemacht zu haben. Von einem »künstlichen Tunnel« ist die Rede, welcher, so berichtet der Weltreisende Magister Helmut Zettl aus Österreich, der Eingang zum Inka-Depot sein könnte. Das System sei durch »Wasserfälle« gesichert gewesen, dann hätten Steine den Weg versperrt.

Steht die Entdeckung eines legendären Inka-Schatzes bevor? Fest steht: Eine Fülle von angeblich konkreten Hinweisen, die zum Reichtum führen sollen, wird gehandelt. Geht man ihnen nach, führen sie ins Nichts.

Weniger spektakulär mutet auf den ersten Blick ein anderer »Schatz« an. Er ist nicht versteckt, droht aber verlorenzugehen. Er ist freilich weniger von materiellem Gold- als von wissenschaftlichem Wert. Wenn diese Tatsache auch leider in der Welt der Wissenschaft weitgehend geleugnet wird.

Weltweit bekannt wurde dieser geheimnisvolle »Schatz« bereits 1972. In jenem Jahr erschien Erich von Dänikens dritter Weltbestseller »Aussaat und Kosmos«, nachdem »Erinnerungen an die Zukunft« und »Zurück zu den Sternen« bereits eine »Dänikenitis« ausgelöst hatten.

Auf wenigen Seiten dieses Buches beschreibt Erich von Däniken die Sammlung eines Pater Crespi.

Die Sammlung von Pater Crespi

Wer war Pater Crespi? Crespi (1891–1982) betreute über 50 Jahre lang die Gemeinde von »Maria Auxiliadora«, der »hilfreichen Mutter Gottes« in Cuenca, Ecuador. Bei den Indios genoß der ehrwürdige Priester geradezu den Ruf eines Heiligen. Auch heute noch spricht man, besonders in den Kreisen der ärmsten Bevölkerung, voller Hochachtung und Liebe von ihm.

Vor »seiner« Kirche, die inzwischen weitgehend renoviert worden ist, wurde Pater Crespi ein Denkmal gesetzt. Es wird ständig mit frischen Blumen geschmückt. Die Ärmsten der Armen rufen Pater Crespi im Gebet an, hoffen, daß er bei Gottvater ein gutes Wort für sie einlegen und auf ihre Not aufmerksam machen wird.

Zu Lebzeiten von Pater Crespi bedankten sich viele Indios mit Kunstwerken, die sie in großen Mengen aus nah und fern herbeischleppten. Bald stapelten sich wahre Berge, etwa im Schuppen im Hinterhof, aber auch in anderen Räumen der Kirche. Erich von Däniken fotografierte zahllose Objekte aus Vater Crespis Sammlung, gab einige der Fotos in seinem Buch »Aussaat und Kosmos« wieder. Obwohl in diesem Bestseller Dänikens jene Passagen, die sich mit Pater Crespis Sammlung auseinandersetzen, nur sehr wenig Raum beanspruchen, stürzte sich die Kritik letztlich fast ausschließlich auf dieses Thema, wobei es wiederum nur um eine vordergründige Frage ging: Sind die metallenen Kunstgegenstände in Pater Crespis Sammlung aus massivem Gold oder nicht?

Diese eingeengte Sichtweise ließ zum einen außer acht, was die Metallobjekte zeigen, etwa abstrakte Formen, aber auch konkrete Bilder und Schriftzeichen, Symbole und Buchstaben. Zum anderen wurde dabei übersehen, daß nicht alles Gold sein muß, was glänzt. Gerade im vorgeschichtlichen Ecuador wurde die Kunst der Metallmischung perfekt beherrscht und virtuos praktiziert.

Es ging den frühen Künstlern Ecuadors nicht vordergründig darum, möglichst viel Gold und Silber zu verarbeiten. Wichtiger waren ihnen Form und Inhalt der Werke. Was wie Gold aussieht, in Wirklichkeit aber keines ist, ist damit noch lange keine wertlose Fälschung. Dieser absurde Standpunkt der Kritiker Dänikens ist so neu nicht. Schon die barbarischen Zerstörer der südamerikanischen Kultur unterschieden nur zwischen »Gold/Silber« und »wertlos«. Heutige Zeitgenossen sollten diese primitive Sichtweise längst abgelegt haben. Dem ist anscheinend nicht so, zumindest nicht im Falle der Däniken-Kritiker.

Pater Crespi war zudem nicht nur ein frommer Kirchenmann, er war auch ein Wissenschaftler von erheblichem Ansehen. So hatte er über Jahre den Posten des Direktors des Goldmuseums von Cuenca inne. Ohne Zweifel vermochte er zwischen echten archäologischen Funden und Fälschungen zu unterscheiden. Natürlich wußte Pater Crespi auch, daß die Inkas Metall-Künstler waren, die gern einfache Metalle mit einer hauchdünnen Schicht Gold überzogen. Manche dieser Virtuosen unter den Inkas benutzten mit Vorliebe Mischungen, die zur Hälfte aus Kupfer und zu je einem Viertel aus Gold und Silber bestanden. Andere versahen Kunstwerke aus »einfachen Metallen« mit einer hauchdünnen Goldschicht, manchmal nur 0,5 bis 2 Mikrometer dünn.

Professorin Lechtmann: »Die Herrscher des Inka-Reiches nutzten Gegenstände, die wie aus purem Gold aussahen!« Das mußten die goldgierigen Spanier feststellen, die, aus dem vermeintlich »zivilisierten« Europa kommend, edelste Kunstwerke vernichteten. Sie ließen kostbarste Kunstwerke einstampfen, einschmelzen, nur um möglichst viele Goldbarren nach Hause verfrachten zu können.

Heute staunen wir ob der Kunstfertigkeit, mit der in Zeiten lange vor Kolumbus Metalloberflächen veredelt wurden, wobei komplizierteste Techniken angewandt wurden, die für einen erstaunlich hohen Wissensstand sprechen. Mit derlei Fragen beschäftigten sich Erich von Dänikens Gegner nicht, als sie sich mit Pater Crespis Sammlung »auseinandersetzten«. Sie riefen lautstark: »Ist ja alles kein massives Gold!« Und was kein massives Gold ist, das kann in ihren Augen nur wertlos sein. Ich wiederhole: Just diesen Standpunkt

hatten auch die goldgierigen Wüstlinge aus Europa, die die südamerikanische Kultur vernichteten.
Die angesehene wissenschaftliche »Epigraphische Gesellschaft«, lange Jahre geleitet vom inzwischen verstorbenen Prof. Barry Fell, sah und sieht die Sammlung des verstorbenen Crespi als ganz und gar nicht wertlos an. Und diese wissenschaftliche Vereinigung steht da keineswegs alleine da. So wurde ein Teil der Crespi-Sammlung für 433 000 US-Dollar von der »Banco Central« aufgekauft. Es ist kaum anzunehmen, daß eine Bank eine solch beträchtliche Summe für »wertlosen Plunder« ausgibt.

Der die Erde stützt

Die »Epigraphische Gesellschaft« begnügt sich freilich nicht mit Überlegungen, aus welchen Materialien die Objekte aus Crespis Sammlung angefertigt sind. Sie schenkt auch den Schriftzeichen ihre Aufmerksamkeit. Da fand sich in Crespis Besitz zum Beispiel ein »Votivtäfelchen, dreieckig«. Ganz oben ist eine Sonne zu sehen, darunter ist ein Elefant abgebildet, ganz unten befinden sich Schriftzeichen.
Experten der »Epigraphischen Gesellschaft« fanden Erstaunliches heraus: Die Schrift ist demnach vergleichbar mit der auf einem Denkmal von König Mesinissa, Thougga, Tunesien, aus der zweiten Hälfte des dritten vorchristlichen Jahrhunderts. Die Buchstaben ergeben auch einen Sinn, lassen sich übersetzen. Prof. Fell, mit dem ich ausführlich über das Fundstück telefonierte, gab den Text übersetzt in »America BC« (»Amerika vor Christus«, eine deutsche Ausgabe des vorzüglichen Sachbuchs liegt nicht vor) wieder: »Der Elefant, der die Erde stützt auf den Wassern und sie erbeben läßt.«
Seltsam: Da befinden sich Schrifttafeln in der Sammlung von

Pater Crespi mit libyschen Zeichen. Die Texte lassen sich übersetzen, beinhalten anscheinend religiös-mythische Motive. Rätsel geben die dargestellten Elefanten auf. Sollte es vor Jahrtausenden überseeische Kontakte gegeben haben (siehe hierzu auch Kapitel 17 des vorliegenden Buches)? Prof. Dr. Kanjilal, Kalkutta, untersuchte ebenfalls mehrere Schrifttafeln aus Crespis Sammlung. Er kam zum verblüffenden Ergebnis, daß einige davon altbrahmanisch sind. Wer wagt es da noch, von »wertlosem Plunder«, von »plumpen Fälschungen« zu sprechen? Wer soll denn die Fälschungen ausgeführt haben? Schlichte Indios? Das müssen hochgebildete Menschen gewesen sein, kundig nicht nur in Altbrahmanisch, sondern auch in Libysch/Ägyptisch.
Ich kann jenen, die die Sammlung von Pater Crespi als »wertlosen Plunder« abtun, einen schweren Vorwurf nicht ersparen. In unserer Zeit ist es für Wissenschaftler von Rang und Namen ein gewagtes Unterfangen, sich mit Fundgegenständen zu beschäftigen, die irgendwie »nicht stimmen«, die irgendwie paradox erscheinen. Auf Vorwärtskommen bedacht, die eigene akademische Laufbahn im Auge, scheuen sich viele Wissenschaftler, Dinge, die aus dem Rahmen fallen, auch nur zu untersuchen. Sie befürchten, als Außenseiter zu gelten.
Ich wiederhole: Lautstark bezeichneten einige »Entlarver« die Sammlung Crespis pauschal als »wertlos«, ohne sich auch nur auf oberflächliche Untersuchungen zu stützen oder gar selbst zu recherchieren. Ergebnis: Die Bereitschaft auf Seiten der Wissenschaft, sich mit Crespis Sammlung zu beschäftigen, sank auf ein Minimum. Rühmliche Ausnahmen sind Prof. Kanjilal und die »Epigraphische Gesellschaft«. Im Band 20 ihrer regelmäßigen Publikationen, erschienen 1991, setzte sich diese Vereinigung mit Crespis Sammlung auseinander. Entsetzt und enttäuscht stellten die Wissenschaftler fest, daß sie nach und nach verlorengeht.

Ist das das traurige Ende einer wertvollen Sammlung? Wird achtlos vernichtet, was entziffert, übersetzt werden müßte? Ich befürchte es. Nein: Ich weiß es! Im Herbst des Jahres 1992 war ich selbst vor Ort in Cuenca. Ein Padre Enriques teilte mir mit, daß nur noch kärgliche Reste der von Crespi zusammengetragenen Kunstgegenstände im Kloster aufbewahrt werden. Doch wie lange noch?
Esteban Salazar vom »Museo Banco Central« ist überzeugt: Pater Crespi besaß bedeutende Objekte. So hatte er zahllose »wertvolle Tongefäße« zusammengetragen, die heute im Museum aufbewahrt werden. Zahlreiche Metallobjekte hingegen wurden, so Salazar, von Militärs nach Machalla verschleppt. Es gelang mir nicht, und das trotz intensiver Recherche, herauszufinden, wo diese Artefakte heute aufbewahrt werden. Andere Metallarbeiten, auch solche mit geheimnisvollen Schriftzeichen und Symbolen, befinden sich nachweislich noch im Kloster in Cuenca. Negative Presseberichte haben aber die frommen Padres dazu veranlaßt, sich möglichst in Schweigen zu hüllen, wenn es um Pater Crespis Sammlung geht.
Mit meinen Reisegefährten Steffi Liersch, Torsten Sasse und Willi Dünnenberger gelang es mir, in das Kloster eingelassen zu werden. Die »letzte Tür« vor dem Raum mit Crespi-Artefakten blieb uns aber verschlossen. Widersprüchliche Auskünfte wurden uns gegeben: »Da ist nichts mehr da. Und es lohnt sich nicht, die Sachen anzusehen, da sie wertlos sind!« Enttäuscht haben wir uns im Kloster umgesehen. Mit meinen Reisegefährten fand ich Teile der Crespi-Sammlung. Metallplatten mit rätselhaften Schriftzeichen, aber auch mit mehr als merkwürdigen Bildern und Symbolen, gab es zu sehen.
Doch in was für einem Zustand waren die Kunstgegenstände. Wie war man mit ihnen umgegangen! Beschriftete Metallplatten wurden dazu verwendet, man glaubt seinen

Augen nicht zu trauen, um zum Beispiel eine schadhafte Holztreppe auszubessern. Großflächige Metallfolien wurden an mehrere Holzwände genagelt, um brüchige Stellen zu überdecken. »Das ist noch gar nichts!« vertraute mir ein ältlicher Pater an. »Wenn Sie wüßten, was alles bei den Renovierungsarbeiten in den Fundamenten einfach einbetoniert worden ist!«

Gern hätte ich mit dem »Superior de la Communidad de Cuenca«, mit Padre Valverde, gesprochen. Der Klosterchef war aber erst beim Mittagessen, hielt dann seinen Mittagsschlaf und war dann schließlich nicht bereit, sich über die Crespi-Sammlung zu äußern.

Vor Ort gewann ich einen traurigen Eindruck. Es sieht so aus, als ob unfundierte Veröffentlichungen über die angebliche Wertlosigkeit der Crespi-Sammlung die Sache zu einem mißliebigen Thema gemacht haben. Damit keine Mißverständnisse entstehen: Es geht nicht vordergründig darum, aus welchem Material die Platten und Folien mit den Schriftzeichen gefertigt sind. Von Interesse sind ausschließlich die Schriftzeichen selbst.

Es mag reizvoll sein, Erich von Däniken in Artikeln und Büchern zu »entlarven«. Mag sein, daß manche »Enthüller« nur auf diesem Wege etwas für ihr bescheidenes Ego tun können. Erich von Däniken ist auch wahrhaftig nicht mimosenhaft, er verträgt Kritik. Doch alle »Entlarver« sollten sich vor Augen führen: Sie haben im Fall der Crespi-Sammlung dazu beigetragen, daß Relikte aus frühen Zeiten mißachtet, ja vernichtet wurden, bevor sie überhaupt wissenschaftlich untersucht werden konnten. Niemand vermag zu sagen, welcher Schaden dadurch der Wissenschaft entstanden ist, was der Menschheit an Erkenntnissen verlorengegangen ist.

Ein Hoffnungsschimmer bleibt: Esteban Salazar vom »Museo Banco Central« versucht verzweifelt, die noch vorhandenen Fundstücke Crespis wieder zu einer Sammlung zusammenzufügen und der Öffentlichkeit zugänglich zu machen. Ich fürchte aber, daß schon zu viele Kostbarkeiten vernichtet und für immer verschwunden sind.

Noch eine Sammlung

Im Frühjahr 1982 entdeckte der Höhlenforscher Russel Burrows in Illinois ein unterirdisches Höhlensystem. In den Tunneln fand er eine Vielzahl von Artefakten, so zum Beispiel steinerne Platten mit geheimnisvollen Schriftzeichen. Luc Bürgin schreibt: »Zumindest einige der gefundenen Darstellungen ähneln in verblüffender Weise denjenigen, die sich auf den Goldtafeln des inzwischen verstorbenen Paters Crespi (Ecuador) befinden.«

Erst in jüngster Vergangenheit entstanden heftige Diskussionen über »Burrows' Cave«. Manche Forscher sprechen von einem Betrug, andere, etwa Jean Hunt von der »Louisiana Mounds Society«, gehen von der Echtheit der Artefakte aus. Jean Hunt schreibt: »Es scheint mir doch sehr unwahrscheinlich, daß jemand in der Lage sein sollte, eine derartige Menge künstlerischer Gegenstände in so kurzer Zeit herzustellen. Außerdem teilte mir eine Person, deren Glaubwürdigkeit für mich außer Zweifel steht, mit, daß es die von Burrows beschriebenen Kunstgegenstände tatsächlich gibt.« Und Dr. Gene M. Phillips, Gründer und Präsident der »Ancient Astronaut Society«, ist sehr angetan vom Höhlenentdecker. Er hat inzwischen Kontakt mit ihm aufgenommen und hält ihn für einen »aufrichtigen Forscher«.

Russel Burrows will nun erreichen, daß »das Höhlensystem und die darin gelagerten Gegenstände einer genauen Analyse unterzogen werden. Wie auch immer die Schlußfolgerungen ausfallen, wir werden sie akzeptieren. Voraussetzung dafür

ist aber, daß die ganze Sache vorurteilsfrei angegangen wird.«
Dieser Wunsch des Höhlenentdeckers Burrows ist nur zu berechtigt. So bleibt zu hoffen, daß die von ihm gefundenen Kunstgegenstände wissenschaftlich seriös untersucht werden. Vorurteile dürfen dabei keine Rolle spielen. Es geht nicht an, daß Artefakte voreilig als »Fälschungen« deklassiert werden, weil sie in ein liebgewordenes Bild von der Vergangenheit des Menschen nicht so recht passen wollen.
Schon sind äußerst negative Urteile zu vernehmen – aus der »akademischen Welt«. Sie stammen, wie Burrows konstatiert, von »Experten«, die die umstrittenen Gegenstände nie zu Gesicht bekommen haben und sich auf Beschreibungen von Drittpersonen berufen. Mögen die von Burrows getätigten Funde vorurteilsfrei untersucht werden und ein anderes Schicksal erleben als die Sammlung von Pater Crespi!

23 *Im Tresor der Zeit*

Von Ecuador nach Peru. Um 1140 vor Christus blühte im späteren Peru die geheimnisvolle Chavin-Kultur. Ihr Ursprung verliert sich in der unergründlichen Vergangenheit. Von 200 vor Christus bis etwa 800 nach Christus wurde das Land von »Götterkönigen« beherrscht, die mit himmlischen Wesen in Verbindung gestanden haben sollen. Um das Jahr 1000 nach Christus galt der Sonnengott als oberster Boß im »Olymp« Perus. Erst im Jahr 1200 unserer nachchristlichen Ära soll Manco Capac das Inka-Reich gegründet haben. Jahrhunderte später, gegen 1450, haben Inkas fast die gesamte Andenregion Perus unterworfen. Nur 100 Jahre währte die Blütezeit jenes sagenhaften Reiches, dann wurde es von den Spaniern unter Francisco Pizarro vollkommen vernichtet.

Machu Picchu

Nicht so recht in die Geschichte einordnen läßt sich eine rätselhafte Stadt: Machu Picchu. Das Kleinod der peruanischen Anden, 2360 Meter hoch über dem Urubambatal gelegen, entging glücklicherweise der Zerstörungswut der goldgierigen Vertreter unserer europäischen Zivilisation. Der Name Machu Picchu heißt übersetzt so viel wie »der alte Berggipfel«. Gern wird die Stadt auch als »Tresor der Zeit« bezeichnet. In ihren Mauern scheint die Zeit vor Ewigkeiten stehengeblieben zu sein.
Betritt man die Ruinenstadt, so verweist eine Inschrift auf

den angeblichen Entdecker. Hiram Bingham sei, nachdem die Stadt viele Jahrhunderte lang aus dem Gedächtnis der Menschen verschwunden war, auf ihre gut erhaltenen Bauten gestoßen. Anno 1911.

Als ich mich auf meinen ersten Besuch in Machu Picchu vorbereitet habe, mußte ich feststellen, daß die Behauptung, Bingham habe 1911 die Inka-Festung entdeckt und einem Dornröschenschlaf entrissen, nicht stimmen kann. Das schöne Märchen entbehrt, so oft es auch wiederholt wird, jeder Grundlage. Als Bingham 1911 die Ruinenstadt betrat, stieß er auf eine unübersehbare Inschrift, die in eine der Mauern geritzt worden war: »Augustin Lizarraga, Enrique Palma und Gabino Sanches – 1901«. Diese drei Abenteurer durchsuchten 1901 zum wiederholten Mal die uralten Gebäude. Sie fanden eine gut erhaltene Mumie, die sie kurz entschlossen raubten. Auch war Machu Picchu im Sommer des Jahres 1901 keineswegs menschenleer. Ein Indio namens Anacleto Alvarez spazierte gut gelaunt durch die Gemäuer. Er hatte den gesamten Komplex gepachtet – und das schon seit 1893.

Bereits 1875 bereiste Charles Wiener im Auftrag des französischen Unterrichtsministeriums Peru. Zwei Jahre lang suchte er auf stets qualvoll-strapaziösen Wegen »heilige Orte« auf. Seine Ausbeute war groß: 4000 archäologische Fundstücke brachte er nach Frankreich. Sie kamen in den Besitz des »Musée de Paris«.

Machu Picchu war Charles Wiener bereits 1875 bekannt, was seinen umfangreichen Aufzeichnungen eindeutig entnommen werden kann. Die Stadt findet sich auf einer Karte Wieners korrekt eingezeichnet. Aber auch Wiener war keineswegs »Entdecker« der geheimnisvollen Stätte. 1775 gehörte sie ganz offiziell zum Besitz von Don Martin de Concha, der sie vom Schwiegerpapa Marcos Antonio de la Camara y Escudero geerbt hatte. Und der hatte sie ganz of-

fiziell gekauft. Die amtliche Beurkundung dieses Vorgangs liegt noch vor, sie wurde von einem Notar Ambrosio de Lira aus Cuzco angefertigt und beglaubigt.
Wie Mr. Bingham wohl auf die Inka-Festung aufmerksam wurde? Darüber kann man heute nur noch spekulieren. Bekannt ist, daß im Jahre 1894 Don Luis die mysteriöse Stadt erkundete, geführt von Augustin Lizarraga. Jener Mann gehörte anno 1911 zum Troß Binghams. Daß er sich als »Entdecker« Machu Picchus feiern ließ, verzeiht man Mr. Bingham noch am ehesten, man sieht ihm auch wohlwollend nach, daß er behauptet, der Name der geheimnisvollen Stadt sei »vergessen« gewesen. Übel nimmt man ihm aber die Plünderung der erstaunlich gut erhaltenen Ruine. Enrique Portugal, ein Fachjournalist, schreibt empört: »Machu Picchu ist von Hiram Bingham auf unbeschreibliche Art und Weise geplündert, verwüstet und beraubt worden. Er schaffte eine riesige Ladung von goldenen Gegenständen und Kunstwerken weg.«
Derlei Anschuldigungen sind nicht neu, sie wurden bereits Ende der 30er Jahre von seriöser Seite vorgebracht, etwa 1938 von der Zeitung »La Nacion«: »Zum Unglück schaffte die Bingham-Expedition eine große Anzahl von Kisten aus Peru heraus, die ein Kapitel der tausendjährigen Geschichte der amerikanischen Menschheit enthielten. Als die Ladung mit einer so reichen Beute nach Mollendo gelangte, wollte die empörte Bevölkerung der Stadt mit Gewalt deren Verschiffung verhindern.« Leider ohne Erfolg.
Wohin wurden die Kunstschätze geschafft? Wo befinden sie sich heute? Wurden sie verkauft? An wen? An private Sammler vielleicht? Vor Jahrzehnten sollen noch Fundgegenstände in Räumlichkeiten der Yale-Universität vorhanden gewesen sein. Fest steht jedenfalls: Hiram Bingham hat im Gegensatz zu den Gepflogenheiten der wissenschaftlichen Welt keine Auflistung der von ihm getätigten Funde

veröffentlicht. Weder das Museum von Machu Picchu noch andere Museen in Peru verfügen auch nur über den kleinsten Gegenstand aus der rätselhaften Vergangenheit der geheimnisvollen Ruinenstadt.

Übrigens: Über viele Jahrhunderte empfanden es eigentlich alle Entdecker aus zivilisierten Ländern als Selbstverständlichkeit, archäologische Fundstücke aus der »dritten Welt« in Besitz und mit nach Hause zu nehmen. In unseren Tagen werden weltweit Gerichte angerufen, die dafür sorgen sollen, daß die Zeugnisse früher Kulturen wieder in ihre Heimatländer zurückgebracht werden müssen.

Zahllose geheimnisvolle Orte suchte ich auf, um für das vorliegende Buch zu recherchieren. Einer der mysteriösesten und schönsten war ohne Zweifel Machu Picchu.

Nebel liegt über Machu Picchu, umwabert auch den Huana-Picchu-Berg. Plötzlich reißen die Nebelbänke auf, gleißende Sonnenstrahlen tauchen alles in ein mysteriöses Licht.

Beim Rundgang durch die menschenleere Stadt fällt auf, daß hier ganz offensichtlich unterschiedliche »Baumeister« am Werk waren. Die einen benutzten wahrhaft riesige Steingiganten, Kolosse, die penibel glattpoliert wurden. Es sieht so aus, als ob sie mit unbekannten Werkzeugen geschnitten worden seien, als ob das mit spielerischer Leichtigkeit geschehen sei. Wer diese Baumeister waren, wir wissen es nicht. Sicher ist nur: Sie arbeiteten in einem Stil, der alles andere als inkahaft ist.

Die Inkas haben wohl die gewaltigen Steingiganten bereits vorgefunden und als Fundamente für ihre eigenen Bauwerke benutzt. Völlig korrekt schreibt Erich von Däniken in seinem Bildband »Die Spuren der Außerirdischen«: »Die Inkas errichteten ihre Mauern auf bestehenden Monolithen.« Jeder Besucher vor Ort kann dem nur zustimmen. Das Inka-Mauerwerk ist geradezu stümperhaft zu nennen im Vergleich zu den Bauten ihrer Vorgänger, auf die sie mit kleinen

Steinen aufbauten. Als ob sie großen Respekt vor den vielleicht als göttlich angesehenen Vorgängern gehabt hätten, wurden zum Teil jüngere Inka-Mäuerchen um ältere, riesige bearbeitete Monolithen herum errichtet. So als wolle man »Heilige Orte« nicht verletzen.
Es ist ein Paradoxon. Die ältere Baustufe von Machu Picchu ist die überragend bessere. Dabei müßte sich doch die Kunst, mit Steinmaterial umzugehen, evolutionär entwickelt haben. Doch genau das Gegenteil ist der Fall. Am Anfang stand die Perfektion, was folgte, ist nicht einmal ein müder Abklatsch des Alten. Anstatt daß die Erbauer von Machu Picchu langsam gelernt hätten, einfach beginnend und immer besser werdend, waren ihre baumeisterlichen Fähigkeiten am Anfang perfekt und wurden nach und nach immer mäßiger. Standen ihnen zu Beginn ihrer Tätigkeit die »himmlischen Lehrmeister« zur Verfügung, später dann nicht mehr? Waren die Hilfreichen wieder in den Tiefen des Universums verschwunden?
Die Manie, scheinbar spielerisch mit Riesensteinen umzugehen, war weltweit vor Jahrtausenden verbreitet. Ganz ähnliches Mauerwerk ist, um zwei Beispiele zu nennen, in der hethitischen Zyklopenstadt Hattuscha in der heutigen Türkei, aber auch auf der Osterinsel zu bestaunen. Die Ähnlichkeiten sind so verblüffend, daß sich eine Frage aufdrängt: Waren da die gleichen Baumeister am Wirken? Oder unterrichteten die gleichen Lehrmeister? Dieser naheliegende Gedanke wird freilich von der Archäologie abgelehnt.
Machu Picchu wirkt wie auf dem Zeichentisch entworfen, schnurgerade durchziehen enge Straßen die Stadt, führen über steile Treppen. Und immer wieder: riesige Steingiganten. Wir stoßen auf eine Art »Höhle«, künstlich in den gewachsenen Stein getrieben. Mittendrin: eine steinerne Treppe, aus einem einzigen Klotz herausgemeißelt, sauber poliert, präzise gearbeitet. Doch die oberste Stufe führt die

ganze Treppe ad absurdum. Sie endet vor einer Steinwand. Und das Ganze ist wiederum von Inka-Baumeistern, die später dazukamen, mit kleinen »Steinchen« eingefaßt worden.

Kaum 100 Meter entfernt liegt ein Steingigant unvorstellbaren Gewichts. Auch seine Oberfläche ist sorgsam poliert. Einschnitte wurden vorgenommen, in spielerischer Eleganz. Sie ergeben keinen erkennbaren Sinn. Der Steinriese sieht so aus, als habe ein Riesenbaby mit einem scharfen Messer einem Butterklumpen zugesetzt.

Wir setzen unseren Spaziergang fort, gelangen in einen Raum, von dem niemand weiß, wozu er diente. Die Fachliteratur nennt präzise Begriffe, tut so, als ob genauestens bekannt sei, was wo in welchen Räumen geschah. Doch alle Bezeichnungen sind rein willkürlich gewählt. Uns liegen keine Aufzeichnungen der Erbauer vor.

Die Wände des Raumes bestehen aus mannshohen, meterlangen Steinmonstern. Sie sind oft vielfach verwinkelt, perfekt gearbeitet und sauber geschnitten, spiegelglatt poliert. Wahrscheinlich trugen sie einst eine Dachkonstruktion. Man erkennt deutlich entsprechende Einkerbungen und Einschnitte. Die Steinriesen sehen aus, als seien sie aus Beton gegossen und als habe man die Verschalungen eben erst gelöst. Doch der Schein trügt: Hier wurde harter Naturstein bearbeitet. Mit welchen Werkzeugen? Niemand vermag das zu sagen, und die Antwort, die eine ältliche Touristenführerin mit zitternder Stimme vorträgt, sie vermag nicht so recht zu überzeugen: »Man bohrte Löcher in den Stein, klopfte Holzkeile hinein, sprengte die Steine auseinander.«

Es lohnt sich, auch die unmittelbare Umgebung der »Kernstadt« von Machu Picchu abzuschreiten. Da liegen nämlich rätselhafte Steinmonster herum. Zu einer Plattform mit eingebauter »Rückenlehne« führt ein kleines Treppchen empor. Eine These besagt, daß hier einst angesehene Bürger Machu

Picchus nach ihrem Tode zum Trocknen an die Sonne gelegt wurden. Eine wenig pietätvoll anmutende These, möchte ich meinen, die, obzwar in der wissenschaftlichen Literatur teilweise als »bewiesen« ausgegeben, rein spekulativ ist.

Der »Sonnenstein«

Alle Wege führen zum rätselhaftesten Stein, zum Intihuatana, zum »Sonnenstein«. Aus einem mit dem Grundfelsen verwachsenen Stein herausgehauen, wirkt er fast wie eine moderne Skulptur. Welchem Zweck diente er? Neuesten Erkenntnissen zufolge war er ein Teil eines ausgeklügelten astronomischen Systems. Es soll der Beobachtung von Sonne, Mond, Planeten und Sternen gedient haben. Es würde sich gewiß lohnen, die wichtigsten Sternbilder in einen modernen Computer einzugeben, um herauszufinden, was mit dem rätselhaften Stein alles angepeilt wurde.

Den Spaniern blieb Machu Picchu zum Glück verborgen. Sie hätten sonst die Stadt mit Sicherheit dem Erdboden gleichgemacht. Leider ist Machu Picchu auch 1996 gefährdet und bedroht. Und wieder kommt das Unheil von Fremden aus fernen Ländern. Jährlich besuchen etwa 150 000 Touristen die Ruinenstadt. Vielen ist offenbar nicht bewußt, daß sie eine Stätte betreten, die dem Inka-Volk heilig war. Sonst würden sie nicht so arglos ihren Müll hinterlassen. Immer wieder versuchen Touristen, Namen oder Initialen in die Mauern zu ritzen oder gar Steine von den Wänden abzuschlagen... als Mitbringsel für zu Hause.

Besonders rücksichtslos verhalten sich freilich Rucksacktouristen, die gern mit Verachtung auf Gruppenreisende herabsehen. Diese »Individualisten« marschieren den »Inka-Pfad« entlang und hinterlassen Massen von Abfall, beschädigen durch Lagerfeuer Mauerwerk, das Jahrhunderte überstand. Es wurden schon Inka-Mauern abgerissen, um Umrandungen für Lagerfeuer zu schaffen. Angesichts der schlimmen Beschädigungen, die Touristen heute noch anrichten, ist es eigentlich überhaupt nicht verwunderlich, daß erst in jüngster Zeit unweit von Machu Picchu entdeckte größere Ruinenkomplexe nicht der Öffentlichkeit zugänglich sind. Man befürchtet wohl mit Recht, daß sie dem Vandalismus anheim fallen, bevor sie wissenschaftlich untersucht werden können.

Schon bei meinem ersten Besuch in der Ruinenstadt fiel mir an einem Berg ganz in der Nähe von Machu Picchu etwas auf. Aus der Ferne betrachtet scheint da etwas den Steilhang hinaufzuführen. Man könnte einen Pfad vermuten. Tatsächlich wurde, von wem auch immer, eine gewaltige Mauer gebaut, mehrere Meter breit, mehrere Meter hoch, vermutlich Hunderte von Metern lang. Sie wirkt absurd, erscheint völlig sinnlos angesichts der extremen Steilheit des Berges.

War sie gar nicht als trennende Mauer gedacht, sondern als Signal, als Zeichen, das nur »fliegende Götter« sehen konnten? Sollte sie auf den Gipfel des Berges hinweisen, die Götter vielleicht dazu veranlassen, auf der Kuppe des Berges niederzufahren?

Wie auch immer: Der gesamte Berg ist urwaldartig bewachsen, und niemand vermag zu sagen, was sich auf seinem Gipfel befindet. Eine weitere Ruinenstadt, wie mir Einheimische versicherten? Oder eine Plattform für die Götter? Für mich steht fest: Diesen Fragen werde ich bei einem weiteren Südamerikabesuch nachgehen! Denn leider fand ich in der wissenschaftlichen Literatur nicht den kleinsten Hinweis auf den mysteriösen Berg. Und so zeigte es sich wieder einmal: Wer den großen Rätseln der Menschheit nachspüren will, muß selbst vor Ort recherchieren!

Die genaue Lokalisation des Berges verschweige ich bewußt. Ich möchte nicht dazu beitragen, daß ein Geheimnis geplündert wird, bevor es wissenschaftlich untersucht werden konnte. Natürlich ist auch mir bekannt, daß Peru die Einnahmen, die der moderne Tourismus erbringt, dringend benötigt, nicht zuletzt auch zur Finanzierung archäologischer Forschungsprojekte. Freilich sollte es für jeden Besucher eine Selbstverständlichkeit sein, sich so zu verhalten, daß das mysteriöse Inka-Erbe und die Relikte aus der Zeit ihrer Vorgänger nicht beschädigt oder gar zerstört werden.

24 *Wunder in Stein*

Rund 100 Kilometer südöstlich von Machu Picchu liegt die Inka-Stadt Cuzco. Die Ursprünge dieser Gebirgsmetropole sind unbekannt. Wir wissen nur, daß die Stadt schon im 15. Jahrhundert ein Metropolis Südamerikas war und rund 200 000, vielleicht sogar 300 000 Menschen beherbergte. Im Norden der Stadt gibt es eine gewaltige Anlage zu sehen: die sogenannte »Festung von Sacsayhuaman«. Da zieht sich unendlich erscheinende 545 Meter lang und in drei gewaltigen Stufen übereinander in Zickzacklinien ein gigantischer Wall dahin. Da türmen sich, insgesamt oft weit über 20 Meter hoch, wahre Monster von Yucay-Kalkstein aufeinander. Jeder einzelne Block ist sauber gearbeitet und glatt poliert. Jeder noch so große Koloß paßt sich millimetergenau seinem »Nachbarn« an.

Besonders imposant: Steinriesen aus schwarzem Andesit, bis zu 400 Tonnen schwer – pro Stück, versteht sich! Ohne jegliches Bindewerk wurden die oft vieleckigen Kolosse zusammengefügt, und zwar so, als habe man Spielzeugklötzchen aufeinandergetürmt und nicht Steinriesen erschreckender Ausmaße.

Niemand vermag wirklich überzeugend darzulegen, wie der Stein bearbeitet wurde, so daß die Riesen zusammenpassen wie ein kompliziertes Puzzlegefüge. Die Fugen fielen dabei so knapp aus, daß sich heute oft noch nicht einmal die Schneide eines Messers dazwischen schieben läßt. Stammt dieses Monumentalwerk überhaupt von Inka-Baumeistern?

Prof. Hans Schindler-Bellamy, Archäologe aus Wien, bestreitet das: »Die Anlage wurde eher vor 10000 als vor 1000 Jahren gebaut. Und zwar erdbebensicher.«
In Cuzco lernte ich Jaime Bayona Pozo kennen. Der Polizeibeamte ist wie kaum ein zweiter Peruaner über die archäologischen Rätsel Cuzcos informiert: Wenn es seine karge Freizeit zuläßt, führt er auch interessierte Touristen. (Wer vor Ort mit Señor Jaime Bayona Pozo Kontakt aufnehmen möchte, wendet sich am besten an das Büro der »Policia de Turismo«, Plaza de Armas No. 115, Portal de Belen, Cuzco. Achtung: Er spricht nur Spanisch!)
Im Besitz des kundigen Polizeibeamten befindet sich eine kuriose Sammlung: Tausende kleiner Steinchen, die bei Ausgrabungen an einem einzigen Fundort ans Tageslicht gefördert wurden. Señor Jaime Bayona Pozo meint, daß es sich bei den Steinen um Miniaturausgaben der Kolosse von Cuzco handle. Wurde also die Riesenmauer erst im Modellversuch zusammengesetzt, bevor man sich an die riesigen Steinmonster wagte? Wann soll das geschehen sein?
Der Inka-Herrscher Pachautec (1438–1471) ließ die Stadt Cuzco zu neuem Glanz erblühen. Er beanspruchte freilich nicht, der Erbauer der Metropole zu sein. Das soll in grauer Vorzeit der Schöpfergott Viracocha selbst gewesen sein.
In der Kirche von Santo Domingo erzählte mir Pater Francesco: »Cuzco lag einst im Zentrum des mächtigen Inka-Reiches. In grauer Vorzeit stiegen einst vier Schwestern und vier Brüder aus einem unterirdischen Tunnel. Das soll bei Pacari-Tambo, im Osten der späteren Hauptstadt, gewesen sein. Der älteste der Brüder ergriff vier Felsbrocken und schleuderte sie in die vier Himmelsrichtungen. Damit markierte er die Grenzen des Inka-Reiches.«
Die alte Überlieferung verdeutlicht, daß die unterirdischen Gänge im Raum Cuzco nicht von Inka-Konstrukteuren stammen, sondern auf eine ältere Kultur zurückgehen. Zu

Inka-Zeiten gab es schon sowohl die gigantische Wehranlage als auch die unterirdische Welt mit ihrem verwirrenden System von Gängen. Pater Francesco: »Womöglich sind die unterirdischen Labyrinthe viele Jahrtausende älter als die Anfänge des Inka-Reichs!«
Heute ist kaum noch etwas bekannt über das komplexe unterirdische System. Teile der Tunnels sind von der peruanischen Armee durch Sprengungen zerstört worden. Fremde, die versuchen, in die unterirdische Welt einzudringen, werden von den Einheimischen mehr als argwöhnisch beäugt. Wird doch irgendwo in einem der Gänge der wohl größte Goldschatz der Welt vermutet.

Schatzsuche

Pedro Cieza de Leon schreibt: »Wenn die Spanier, als sie Cuzco betraten, nicht so betrügerisch und grausam vorgegangen wären, dann hätten sie viele Schiffsladungen Gold mehr nach Spanien liefern können, die nun irgendwo in unterirdischen Gefilden lagern und wohl nicht mehr gefunden werden, weil diejenigen, die die Verstecke kennen, nun tot sind!«
Uns ist ein Protokoll aus dem 16. Jahrhundert überliefert, verfaßt von Felipe de Pomares. Demnach nervte Dona Maria de Esquivel ihren Mann, einen echten Nachkommen des stolzen Inka-Geschlechts. Sie wolle zu den besseren Kreisen von Cuzco gehören, sich nicht wegen des »ärmlichen Inka-Manns« verlachen lassen. Sie wollte ihre Reize mit kostbarem Schmuck unterstreichen. Eines Tages konnte Carlos das Gezeter seiner ihm Angetrauten, so berichtet das Protokoll weiter, nicht mehr ertragen. Er verband seinem unzufriedenen Eheweib die Augen und führte die Dame in die unterirdischen Gänge und Gewölbe der Stadt.

Einen einzigen Raum bekam sie zu sehen. Die Wände waren mit Gold und Silber getäfelt. In kunstvoll ausgearbeiteten Nischen standen Goldstatuen in Lebensgröße. Mehrere goldene Tische trugen Lasten aus Edelsteinen und Goldpokalen. Dona Maria durfte nichts vom unermeßlichen Reichtum mitnehmen. Daran hielt sie sich. Und sie soll auch ihr Versprechen gehalten und nie mehr über ihren »verarmten Inka« gelästert haben.
1533 befand sich der Inka-Herrscher Atahualpa als Gefangener in den Händen der Spanier. Sie erklärten sich bereit, den Regenten freizulassen, wenn ein Raum von sechs Meter Länge und fünf Meter Breite mannshoch mit Gold angefüllt werde. Diese Nachricht verbreitete sich rasch im Reich, und bald schon setzte ein Strom von unermeßlichen Reichtümern ein. So kamen etwa 600 Tonnen zum Teil herrlichster Schmuckstücke aus Gold zusammen. Alles wurde von den Spaniern sofort verflüssigt und in Barren gegossen. Schließlich wurde Atahualpa feierlich für »frei« erklärt, man wolle ihn, so hieß es, nur noch als »Gast in Gewahrsam« halten, bis mehr Spanier eingetroffen seien.
Freilich dachte man nicht daran, das gegebene Wort auch zu halten. Einem Eingeborenen auch noch so hohen Ansehens gegenüber fühlte man sich dazu nicht verpflichtet. Atahualpa wurde in einem Scheinprozeß, dessen Ausgang von Anfang an feststand, zum Tode verurteilt. Ein Vorwand unter vielen: Er hatte oft nackt zusammen mit vielen schönen Jungfrauen gebadet.
Ein Hauptmann Mena schreibt als Augenzeuge: »Am Abend führten sie den Indio auf die Plaza, banden ihn an einen Pfahl und wollten ihn auf Geheiß des Gobernadors lebendig verbrennen. Da es aber Gott gefiel, ihn zu bekehren, sagte Atahualpa, er wolle Christ werden.« Er ließ sich von Padre Vincente de Valverde auf den Namen Don Francisco de Atahualpa taufen.

Den Heiden Atahualpa hätte man bei lebendigem Leibe verbrannt, der Christ Don Francisco de Atahualpa bekam das zweifelhafte Privileg, »nur« erdrosselt und anschließend als Leiche verbrannt zu werden. Als Gipfel der Heuchelei muß man es bezeichnen, daß der tote Regent von den Spaniern ein feierliches Begräbnis mit viel Pomp erhielt. Seine Mörder legten Trauerkleidung an.

Währenddessen trafen aus dem ganzen Inka-Reich weitere unermeßliche Reichtümer ein, die als Lösegeld gedacht waren. Da ist die Rede von einer Karawane, bestehend aus 11000 Lamas, die auf dem Weg zu den Spaniern war. Schätzungen zufolge trugen die Tiere insgesamt fünf Tonnen Gold. Atahualpas Frau ließ den Transport noch rechtzeitig stoppen, bevor er in die Hände der Spanier fiel. Er wurde im Tunnelsystem unter Cuzco versteckt. Der Name des unbekannten Eingangs in die Unterwelt ist überliefert: »Ort, an dem man verlorengeht.« Dieser geheimnisvolle Name wurde vor Jahrhunderten geprägt. Anno 1700 drang eine Schar von Abenteurern in das unterirdische System ein. Nur einer der Männer kehrte zurück. Und dieser eine Überlebende soll wahnsinnig geworden sein, nur noch unverständliche Laute gelallt haben.

1814 zeigte Brigadier Matieo Garcia Pumakahua, ein Inka-Nachfahre, seinem Vorgesetzten einen Teil des legendären Schatzes. Mit verbundenen Augen führte er den Offizier vom Hauptplatz von Cuzco zu einem Wasserlauf, wälzte einen Stein zur Seite, so daß eine Treppe freigelegt wurde. Dann stiegen die beiden Männer hinab. Im unterirdischen Reich durfte der hochrangige Offizier »Backsteine« aus purem Gold, edelste Geschmeide und Tierfiguren aus Silber bestaunen. Später erinnerte sich der Spanier: »Deutlich hörte ich die Uhr der Kathedrale von Cuzco schlagen. Die Schätze, die ich sah, müssen sich also irgendwo unter der Stadt selbst befinden!«

Jahrzehnte später, Mitte des 19. Jahrhunderts, will der Abenteurer Bill McGovern unterirdische Gänge gesehen haben. Er schreibt: »Nahe bei Sacsayhuaman gibt es geheimnisvolle Höhlen, die in das Innere der Erde reichen. Hier hat man Altäre zu Ehren der Götter der unterirdischen Gefilde aus dem Stein geschlagen.« Doch auch damals war der eigentliche Eingang zur Unterwelt schon nicht mehr lokalisierbar. Eine unterirdische Passage soll von Sacsayhuaman bis nach Cuzco führen. In jenem Gang, so heißt es, befindet sich noch heute ein großer Teil des Goldes der Inka-Herrscher.

Viele Einheimische in der Gegend von Cuzco glauben, daß nur ein echter Inka-Nachfahre dazu in der Lage sei, die legendären Schätze zu heben. Mit Hilfe der Zauberei habe es die Inka-Königin unmöglich gemacht, daß je ein Fremder das Geheimnis von Cuzco lüftet. Sie habe einen Spiegel besessen, der die Zukunft enthüllte, und habe so vorhersehen können, was künftige Schatzsucher anstellen würden.

1992 und 1995 besuchte ich Cuzco, recherchierte vor Ort und fand einiges über das geheimnisvolle Tunnelsystem heraus. Noch heute soll es direkt unter dem Hauptaltar der Kirche von Santo Domingo einen Eingang in die unterirdische Welt geben. Ich sah den primitiven Holzverschlag, der diesen Eingang verschließt. Weitere christliche Gebäude wurden ebenfalls auf alten Inka-Bauten errichtet, die ebenfalls Zugang zum Gangsystem hatten: die Kirche von San Cristobal, die Kathedrale von Cuzco, die Kirche von Santa Catalina, die Kapelle von Santa Rosa. Verbindet man diese sakralen Gebäude auf dem Stadtplan von Cuzco miteinander, so ergibt sich eine schnurgerade Linie, deren Verlängerung nach Sacsayhuaman führt. Sollten jene Gebäude nach wie vor unterirdisch mit einem Tunnel verbunden sein?

Kurios die Antwort, die mir ein Geistlicher gab: »Nein! Und außerdem sind die unterirdischen Gänge viel zu gefährlich!«

Verheimlichte Sensationen

Bei Sacsayhuaman schufen unbekannte Genies die eigentliche Sensation von Cuzco, die die erstaunliche »Wehrmauer« bei weitem in den Schatten stellt: ein Wunder in Stein. Was man hier zu sehen bekommt, das ist einfach unglaublich. Archäologen stehen vor einem Rätsel – und verschweigen die phantastischen Steinanlagen in der Fachliteratur. Touristen verirren sich selten in jene Gefilde.

Am besten beginnt man seinen Fußmarsch durch den Park der steinernen Verrücktheiten im Tempelheiligtum Tampu Machay oberhalb von Cuzco. Diesen heiligen Ort erreicht man bequem von Cuzco aus in einem Taxi in wenigen Minuten. Vom Quellheiligtum läuft es sich bequem zu Fuß in Richtung Cuzco-Stadt. Man sollte aber mehrere Stunden einkalkulieren. Und bedenken, daß jede körperliche Anstrengung in der dünnen Höhenluft zur Strapaze werden kann. Es empfiehlt sich, Medikamente gegen Höhenkrankheit dabei zu haben.

Auf den ersten Blick sieht es so aus, als sei die hügelige Gebirgslandschaft ein Meer aus natürlichem, gewachsenem Stein, ein Gewirr aus relativ kleinen Brocken, großen Quadern und gewaltigen Plattformen. Tritt man aber näher, erkennt man, daß kaum ein Stück Stein unbearbeitet blieb. Immer wieder begegnet man seltsam zugeschnittenen Steinungetümen. Man könnte glauben, unbekannte Baumeister seien mit Beton zugange gewesen, hätten erst kürzlich die glatten Wände von den Verschalungen befreit. Doch die poliert aussehenden Flächen sind perfekt bearbeiteter Naturstein.

Felsmonster wie der Cusieluchayoc lassen staunen. Da sind »Treppenstufen« geschlagen, Vertiefungen in allen Formen in den Stein gemeißelt, da verlaufen exakte Kanten. Alles erscheint rätselhaft, die »Nischen«, die kleinen »Kämmerchen«, die »Vitrinen«. Eine Felsgruppe sollte unbedingt besucht werden: der »Kenko Grande«, der »Große Stein«. Hier stand einst eine kunstvolle Riesenstatue, ein fünf Meter hohes Bildnis des mythologischen Puma. Das Kunstwerk wurde von den Spaniern vollkommen zerstört.

Überall auf dem »Großen Stein« finden sich thronartige Sitze, rechtwinkelig »ausgeschnitten«. Niemand vermag zu sagen, welchem Zweck die geheimnisvolle Anlage diente. Einheimische Touristenführer erzählen gern attraktiven Europäerinnen, auf den Steinsesseln habe man einst junge Mädchen gynäkologisch untersucht. Nur Jungfrauen waren für den Sonnenkult zugelassen.

Neueren Untersuchungen zufolge ist diese These frei erfunden. Es handelte sich vielmehr um eine Art steinernes Observatorium. Ferne Gestirne, wie etwa Alpha Zentauri oder die Plejaden, wurden anvisiert. Wann? Von wem? Niemand weiß es.

Die verwirrende Vielfalt von Steinbearbeitungen ließe sich wohl nur mit Hilfe moderner Computerprogramme auf ihre astronomische Bedeutung hin untersuchen. Doch es fehlt ganz offensichtlich am Geld. Es sind nicht einmal ausreichend finanzielle Mittel vorhanden, um das gewaltige Areal vor mutwilliger Zerstörung zu bewahren. Ganze Heerscharen von Wächtern wären dazu erforderlich.

Es wäre angebracht, die komplexen Anlagen millimetergenau zu erfassen, zu vermessen, Pläne zu zeichnen und zu untersuchen, welchen Sinn die Anlage gehabt haben mag. Nachdem ja nun der »kalte Krieg« zwischen Ost und West beigelegt ist, sollten doch in den gewaltigen Computern der einst verfeindeten Militärs ausreichend Kapazitäten frei geworden sein, die sich jetzt für ein umfangreiches Forschungsprogramm sinnvoll einsetzen ließen.

Wer die steinernen Rätsel erkunden möchte, sollte unbedingt eine starke Taschenlampe mit dabei haben. In vielen der riesigen Steinmonster befinden sich, tief in den gewachsenen Stein getrieben, künstliche Höhlen. Da wurden riesige Räume geschaffen, steinerne Sitzplätze geschlagen, kuriose Podeste aus dem gewachsenen Stein gehauen. Rohrleitungen wurden angelegt, angeblich um Opferflüssigkeiten den unterirdischen Göttern darzubieten.

In der Unterwelt

Ich krieche in eine Höhle, taste mich langsam vor. Schätzungsweise 100 Meter tief gelange ich in die »Unterwelt«. Wände und Decken sind säuberlich poliert. Offenbar hat es irgendwann einmal ein Erdbeben gegeben. Wann mag das gewesen sein? Die Naturgewalten haben mehrfach den Verlauf des waagerechten Schachts unterbrochen. Gewaltige Risse lassen erahnen, welch gigantische Kräfte hier am Werk gewesen sein müssen.

Das betrifft auch einen wahrhaft kuriosen Koloß von Stein. Mehrere Stockwerke hoch ragt er in die dünne Luft der Anden. Die unbearbeitete Unterseite, die einst im Boden steckte, ist jetzt oben. Stufen sind angebracht, sie können nicht mehr begangen werden, hängen sie doch nun von der Decke herab. Rundum ist der Riese bearbeitet, mit Werkzeugen unbekannter Art. Was mögen das für Naturkräfte gewesen sein, die solch einen Brocken aus dem Erdreich rissen, in die Luft schleuderten, und zwar so hoch, daß er auf dem »Kopf« stehend liegenblieb? Kann ein Erdbeben überhaupt derlei »Kunststücke« vollbringen?

Meine zweite Südamerikareise führte mich im Frühjahr 1995 neuerlich nach Sacsayhuaman. Wieder spazierte ich durch die Wunderwelt aus Stein, achtete aber besonders auf Höhleneingänge. Mehrfach kroch ich in Eingänge, die zum Teil steil in unterirdische Gefilde führten. Ich zwängte mich

durch enge Löcher, krabbelte weiter. Manchmal mußte ich auf dem Bauch kriechen, weil die Tunnel streckenweise nur ganz unten breit genug für mich waren.
Waren diese Gänge künstlich angelegt worden? Oder hatte man in grauer Vorzeit natürliche Felsspalten erweitert? Immer wieder stieß ich auf in die Wände geschlagene Nischen. Mir scheint, daß sie noch heute für Opfergaben an die Götter benutzt werden. Bei allem Eifer für den Katholizismus haben die Nachfahren des einstmals ruhmreichen Inka-Volkes die alten, ursprünglichen Götter keineswegs vergessen.
Die Schriftsteller John Mitchell und Robert J.M. Rickard, die sich intensiv mit den großen Geheimnissen dieser Welt beschäftigen, schrieben, die etablierte Wissenschaft gebe vor, ein allumfassendes Weltbild zu besitzen. Sie könne diesen Eindruck aber nur dadurch aufrechterhalten, daß unliebsame Ergebnisse und Fakten unterdrückt würden.
Diese These mag in besonderem Maße auf den Park der steinernen Rätsel oberhalb von Cuzco zutreffen. Es mutet schon mehr als merkwürdig an, daß über jenes Mysterium, das von Cuzco aus notfalls auch zu Fuß erreicht werden kann, so beharrlich geschwiegen wird. Es ist selbst manchem Archäologen in Peru nicht bekannt.
Eine Warnung muß wirklich beachtet und sehr ernst genommen werden: Die Gebiete oberhalb von Cuzco sind sehr weitläufig und bedingt durch die hügelige Landschaft schwer einzusehen. Wer sich hier alleine aufhält, kann in großer Gefahr schweben. Die Nachfahren des einst so stolzen Inka-Volkes sind oft bettelarm und sehen es als ausgleichende Gerechtigkeit an, wenn sie die Nachfahren jener Europäer, die die blühende Zivilisation ihrer Vorväter vernichteten, bestehlen. Und wenn Sie einmal vor die Wahl gestellt werden sollten, sich von Geld oder Leben zu trennen, dann ist falscher Heldenmut wirklich nicht angebracht.

Cuzco II

Seit Jahrhunderten suchen Abenteurer und Forscher aus aller Welt die legendäre Stadt Paititi. Der Name stammt aus der Sprache der Quechua-Indianer und läßt sich mit »das Gleiche wie Cuzco« übersetzen. Nun streiten sich die Gelehrten darüber, was das bedeuten mag. Soll damit ausgesagt werden, daß die Stadt wie Cuzco aus Stein gebaut ist? Oder bedeutet es, daß auch »Cuzco II« eine Art Königsresidenz war?

1681 notierte der Jesuit Fray Lucero, Missionar im Rio-Huallagu-Gebiet des nordöstlichen Peru: »Paititi liegt in den Wäldern östlich von Cuzco. Dort leben bärtige weiße Indianer, Curveros genannt. Ihr König bewohnt einen weißen Palast. Er ist ein Nachfahre des Inka Tapuak Amaru, der noch 1533 mit 40000 Gefolgsleuten fliehen konnte. Er nahm einen riesigen Schatz mit sich.«

1971 reiste Bob Nichols, ein amerikanischer Abenteurer, zusammen mit zwei weiteren Männern den Rio Pantiacolla entlang gen Norden in eben diese Region. 1972 fand der japanische Forscher Y. Sekino heraus, daß die jungen Männer von Machiguenga-Indianern ermordet worden waren. Weil sie der geheimen Stadt zu nahe gekommen waren?

Gregory Deyermenjian, ein US-Anthropologe, meint: »Die Stadt könnte in den Bergen zwischen dem Rio Pantiocalla und dem Rio Pinipini zu finden sein.« Carlos Landa Beuenschwander, Archäologe aus Arequipa, Peru, vermutet »Cuzco II« auch dort, präzisiert aber die Lokalisation: nordöstlich von Paucartambo.

1984 unternahm Gregory Deyermenjian in Begleitung von Michael Mirecki eine sorgsam vorbereitete Expedition. Sie starteten in Cuzco. Bis Paucartambo ging es schnell voran, per LKW. Dann brachen sechs Männer mit zehn Pferden auf. In fünf extrem anstrengenden Tagen wurden Bergzüge

überwunden. Immer wieder stießen die Abenteurer auf Inka-Bauten. Waren das erste Vorboten der legendären Stadt?
Die Pferde mußten schließlich zurückgelassen werden. Drei Tage lang kämpften sich die Männer durch dichtesten Urwald. Schließlich stießen sie auf Cocaplantagen. Und auf Ruinen. Sie sollen wie die von Machu Picchu ausgesehen haben. Gregory Deyermenjian: »Wir sahen runde Grabbauten aus Stein, entdeckten Keramikplatten mit geometrischen Motiven und Scherben von Vasen. Geheimnisvolle Ruinen lagen unter dichtem Gestrüpp.« Hatte man endlich Paititi wiedergefunden?
Die Machiguenga-Indianer verneinten. Goyo, ihr Häuptling, deutet auf einen nahe gelegenen Berg. »Dort Paititi! Auf dem Apukatini!« Gregory Deyermenjian: »Dann brach sintflutartiger Regen über uns herein. Früher als erwartet begann die Regenzeit. Da unsere Nahrungsmittelvorräte knapp wurden, brachen wir die Expedition ab.«
Laut Häuptling Goyo soll es einmal einen Fußweg auf den Gipfel des Berges gegeben haben. Jetzt ist Bergsteigerausrüstung erforderlich, will man ihn erreichen. Experten meinen, daß es zehn Tage dauern dürfte, um vom Fuß des Berges zum Gipfel zu gelangen. Aber lohnen die Strapazen?
Langwieriges Quellenstudium brachte mich zu der Überzeugung, daß die Indianer Perus »Paititi« als Sammelbegriff für alle Geisterstädte im Urwald benutzen. Wenn es auf dem Apukatini tatsächlich eine alte Inka-Stadt gibt, dann muß es sich keineswegs um »Cuzco II« handeln.
Auch sind in alten Schriftdokumenten aus der Zeit der spanischen Eroberer widersprüchliche Beschreibungen der geheimnisvollen Stadt erhalten. Zwei Grundtypen werden erkennbar. Typ I: eine Inka-Festung auf dem Gipfel eines Berges. Typ II: eine verlassene Inka-Stadt im Flachland, am Ufer eines Sees. Es gab anscheinend mehrere Paititis!

Seit der gescheiterten Deyermenjian-Expedition sind inzwischen mehr als zehn Jahre verstrichen. Ob es inzwischen eine weitere Suche nach »Cuzco II« gegeben hat, ist umstritten. Ein Archäologieprofessor aus Quito, der ungenannt bleiben möchte, versicherte mir: »Es sind mehrere Abenteurer spurlos verschwunden – auf der Suche nach der legendären Stadt. Manche mögen ermordet worden sein. Andere waren sicher den Strapazen nicht gewachsen und gingen elendiglich zugrunde.«

Pachacamac

Noch ein Tip an meine Leserinnen und Leser: Wenn Sie einmal nach Peru kommen sollten, müssen Sie unbedingt die Ruinenstadt von Pachacamac besuchen. Sie ist von Lima aus bequem per Taxi zu erreichen. In unwirtlicher Wüstenlandschaft direkt an der Pazifikküste gelegen, soll sie schon zu Vorinkazeiten eine wohlhabende Metropole gewesen sein. Ihr ursprünglicher Name ist unbekannt. Als sie vom Inka-Militär übernommen wurde, hat man sie nach dem legendären, mythologischen Erschaffer der Erde Pachacamac benannt.

Ein großer Teil des Lösegelds, das für den Inka-Herrscher Atahualpa gezahlt wurde, stammte angeblich aus dieser Stadt. Das wurde jedenfalls den Spaniern berichtet. Sie fielen in die blühende Metropole ein und legten sie in Schutt und Asche. Angeblich um das »heidnische Orakel«, das eines der bedeutendsten seiner Zeit gewesen sein soll, zu vernichten. Wahrscheinlich war das wirkliche Motiv weit profaner: Die goldgierigen Spanier waren bitter enttäuscht, weil sie nicht die Spur eines Schatzes finden konnten, und ließen ihrer blinden Zerstörungswut freien Lauf.

Heute ist Pachacamac eine gewaltige Ruinenstadt und ein

trauriges Denkmal für die blinde Zerstörungswut der »zivilisierten Europäer«. Ein Bruchteil der Stadt wurde restauriert, doch dürften die von Archäologen erstellten Mauern reine Phantasieprodukte sein. Zu gründlich hatten die spanischen Eroberer gewütet.
Bei Ausgrabungen in den letzten Jahren wurden wertvolle, gut erhaltene gewebte Teppiche mit seltsamen Motiven gefunden. Erhalten ist auch ein hölzernes Idol, das eine mysteriöse Gottheit darstellt. Sie hat, ähnlich wie Janus, zwei Gesichter, blickt nach vorn und hinten oder in Vergangenheit und Zukunft.
Sollte sie Pachacamac selbst darstellen? Ihm zu Ehren wurden Menschen- und Tieropfer erbracht, in seiner heiligen Stadt stand einst das berühmteste Orakel Perus.
Pilger strömten oft aus fernsten Regionen herbei, nahmen strapaziöse Märsche auf sich, um von den Priestern die Zukunft vorhergesagt zu bekommen. Dafür bezahlten sie in Gold und Silber. Die angesehenen Propheten versagten freilich kläglich. So sahen sie nicht vorher, daß die Stadt von den Inkas eingenommen werden würde. Die Inkas erwiesen sich freilich als wesentlich toleranter als später die Spanier. Sie führten zwar eine neue Religion ein, mit Sonnengott Inti als höchster Autorität, duldeten aber das beliebte Orakel, das weiterhin emsig befragt wurde. Auch noch als die Spanier unaufhaltsam näher rückten.
Wieder versagte das Orakel: Als die barbarischen Spanier einfielen, sagte es den Sieg der Inkas vorher. Nachdem Atahualpa gefangengenommen worden war, zitierte er die Orakelpriester von Pachacamac zu sich. »Euer Gott ist kein wirklicher Gott. Er ist ein Lügner. Denn als aus der Ferne Pizarro in unser Land kam, fragte damals ich selber, wer siegen werde. Die Prophezeiung lautete – ich würde siegen! Statt dessen haben aber jene gesiegt!«, hielt er ihnen vor.

25 *Ein Bilderbuch für die Götter*

Graubraun ist der Wüstenboden tief unter mir. Stolze Berge wirken wie armselige Maulwurfshaufen. Dann und wann kommt der schlängelnde Lauf eines ausgetrockneten Flusses ins Blickfeld. Armselige Hütten, vereinzelte Lehmhäuser blitzen auf, verschwinden rasch wieder. Und dann taucht der Flugplatz auf.

»Wir sind da!« schreit mir der Pilot der kleinen viersitzigen Propellermaschine zu. Mein Magen rebelliert, als wir zur Landung ansetzen. Auch meine Reisegefährten, Steffi Liersch, Torsten Sasse und Willi Dünnenberger, sehen angegriffen aus. Ich erkenne eine Landepiste im Wüstensand. 50 Meter mag sie breit sein, 1700 Meter ist sie lang.

»Können hier auch größere Flugzeuge landen?« will ich vom Piloten wissen. Der nickt eifrig und scheint die Mägen seiner Passagiere testen zu wollen. Noch steiler drückt er die Maschine nach unten. Jetzt tauchen weitere Landebahnen auf. Manche wirken sehr schmal und sehr lang, verlieren sich am Horizont. Andere sind trapezförmig.

Zwischen den Pisten tauchen Bilder auf. Deutlich auszumachen ist ein Riesenvogel. Sein übertrieben langer Hals erinnert an eine Schlange. Ich deute auf die eindrucksvolle Zeichnung. »110 Meter lang!« brüllt der Pilot. Minuten später lenkt er unsere Aufmerksamkeit auf eine Eidechse. »190 Meter groß!« erfahre ich vom Piloten. »Und was ist das für ein schwarzer Strich, der der Echse die Beine abgeschnitten hat?« Der Pilot lacht. »Das ist die Panamerika-Straße!«

Wir sind freilich auf keiner der »Pisten« gelandet. Denn was wie ein riesiger Flugplatz aussieht, ist gar keiner. Wir fliegen über eine der rätselhaftesten Regionen unserer Erde: die Wüstenebene von Nazca. Über ein Bilderbuch für die Götter.

Entdeckt wurde das Gewirr aus Bahnen, Symbolen und Tierzeichnungen per Zufall. 1934 war Dr. Paul Kosok von der »Long Island-Universität«, New York, in seiner einmotorigen Sportmaschine unterwegs. Von der Luft aus verfolgte er den Verlauf vorgeschichtlicher Wasserwege. Und entdeckte riesige Bilder, seltsame pistenähnliche Linien. 1946 traf Dr. Kosok die Mathematikerin Maria Reiche aus Deutschland. Er zeigte der damals jungen Frau Fotos von der Hochebene von Nazca. Sie war begeistert. Das Geheimnis der Wüste ließ sie nicht mehr los. Sie widmete den rätselhaften Bildern ihr Leben.

Die Wüstenfläche, die mit enormem Arbeitsaufwand in ein gigantisches »Bilderbuch« verwandelt wurde, hat im Kern die Größe von mehr als 100 Quadratkilometern. Sie erstreckt sich zwischen Palpa und Nazca. Jenes geheimnisvolle Gebiet ist extrem trocken, der Boden ist seit Jahrhunderten wie ausgedorrt. Die Oberfläche ist dunkelfarbig. Sie besteht aus Legionen von winzigen Steinen. Scharrt man sie beiseite, dann kommt der wesentlich hellere Untergrund zutage. Ähnlich wie bei einem Linolschnitt haben die Nazca-Künstler ihre Werke in den Boden »geritzt«, die dunkle Schicht gezielt beseitigt, so daß sich dann gigantische Bilder, Linien und Bahnen hell und deutlich abhoben.

Datierungsprobleme

Wann entstanden diese gewaltigen Kunstwerke? Die Altersbestimmung ist problematisch. Duncan Strong entdeckte inmitten der Scharrzeichnungen die verrotteten Überreste eines Holzpfahls. Mit Hilfe der C-14-Methode gelang eine Datierung. Das Holz ist zwischen 445 und 605 nach Christus in den Boden gerammt worden. Aber kann daraus geschlossen werden, daß das Gesamtkunstwerk Nazca auch in dieser Zeit entstand? Wohl kaum!

In den vergangenen Jahrzehnten fanden Wissenschaftler auf der Ebene von Nazca Tonscherben in rauhen Mengen. Ein konkretes Beispiel: 1968 gelang es dem Computerspezialisten und Astronomieexperten Gerald S. Hawkins, aus einer Fülle von Fragmenten mehrere Tontöpfe zusammenzufügen. Die Keramiken wurden auf etwa 400 nach Christus datiert. Doch auch wenn sich zeigte, daß manche der Tonwaren Motive trugen, die den riesigen Schaubildern ähneln, ließ das keine schlüssige Aussage über das Alter der Nazca-Riesenbilder zu. Natürlich wäre es theoretisch denkbar, daß Keramiken und Riesenbilder aus der gleichen Zeit stammen. Das muß aber nicht so sein.

Zwei Erklärungen sind denkbar. Die Riesenbilder von Nazca wurden nach Motiven gestaltet, die auch auf Töpferwaren benutzt wurden. Dann müssen die Nazca-Künstler erstaunliche mathematische Fähigkeiten besessen haben, um die Miniaturen ins Große zu übertragen. Freilich wird ihnen von der Welt der Wissenschaft nicht einmal die Kunst des Schreibens zugebilligt. Die andere Erklärung: Die Abbildungen auf den Keramiken sind kleine Abbildungen der Riesenzeichnungen auf der Wüstenebene. Dann aber müssen die Künstler die gewaltigen Kunstwerke irgendwie überblickt, gesehen haben können. Das aber ist nur aus der Luft möglich. Wie aber sollen sich die Nazca-Bewohner vor vielen Jahrhunderten in die Lüfte erhoben haben? Etwa mit Hilfe der mythologischen Astronautengötter?

Geoffrey H. S. Bushnell, der lange Jahre am »Corpus Christi College«, Cambridge, unterrichtete und weltweit als einer der führenden Peru-Experten gilt, teilte mir auf meine An-

frage mit: »Die Markierungen von Nazca sind zum Teil 700 nach Christus entstanden, teilweise mögen sie auch älter sein, aus der Zeit um Christi Geburt stammen.«
Die bislang präziseste Altersbestimmung stammt von dem Archäologen Persis Clarkson und dem Geomorphologen Ronald Dorn. Die beiden Wissenschaftler wußten: Um die Linien, aus denen sich die Riesenbilder zusammensetzen, überhaupt sichtbar zu machen, mußten Steine entfernt werden. Zum Teil wurden diese Steine dabei umgedreht und blieben liegen. Dadurch kamen winzige Organismen, die zuvor auf der Oberseite vegetierten, nach unten zu liegen, sie starben ab. Diese Organismen kann man nun datieren.
Zahlreiche Proben wurden genommen, Altersbestimmungen wurden durchgeführt. Ergebnis: Die Riesenkunstwerke von Nazca entstanden zwischen 190 vor und 600 nach Christus. Dazu die wissenschaftliche »Ärzte-Zeitung«: »Damit ist jetzt sicher, daß die Zeichnungen präkolumbisch sind, doch ihr Zweck bleibt nach wie vor rätselhaft.«
»Gaukler« in der Wissenschaft, von denen Erich von Däniken spricht, sind auch höchst aktiv, wenn es um das Thema Nazca geht. Liest man nämlich die wissenschaftliche Literatur zum Thema, dann scheint alles geklärt, dann sind alle Fragen beantwortet. Doch jeder Experte trägt nur die eigene, ganz persönliche Auffassung vor, verschweigt dabei, daß es zahlreiche ganz andere »Erklärungen« gibt, die aber auch von den jeweiligen Vertretern als eine Art Evangelium verkündet werden, das anzuzweifeln als Sakrileg empfunden wird.
Sven Koch warf mir in seiner Rezension meines Buches »Das Sphinx-Syndrom«, die er für die »Lippische Landeszeitung« verfaßte, vor, ich würde zu wenig den Konjunktiv gebrauchen, zu oft als Tatsache darstellen, was nur Hypothese sei. Just diesen Vorwurf aber muß ich den zahlreichen

Nazca-Experten machen, die eine schon kaum mehr überschaubare Fülle von einander widersprechenden »Lösungen« des Rätsels gefunden zu haben glauben. Beim Studium dieser unterschiedlichen Interpretationen fällt mir ein Wort von Victor Hugo ein, der in seinem erschütternden Roman »Die Elenden« schrieb: »Die schwer verständlichen Theorien machen benommen.«

Fernsehprofessor Hoimar von Ditfurth propagierte: Nazca war eine riesige Sportarena. Die Inka-Athleten mußten in unerträglicher Wüstenhitze Wettkämpfe abhalten. Die Linien wären demnach Rennbahnen für Sportler gewesen. Diese Theorie erscheint Peru-Kenner Bushnell als absurd. Denn dann hätten die Sportsleute wahre Supermänner gewesen sein müssen. Führen doch einige der »Rennstrecken« nicht nur durch äußerst unwegsames Gelände, sondern auch über Schluchten hinweg.

Jim Woodman, Ballonflieger und Hobbyarchäologe, meint eine technische Lösung gefunden zu haben. Seiner Ansicht nach starteten von Nazca aus Heißluftballons. An Bord sollen sich die Leichen vornehmer Würdenträger befunden haben, die man so der heiligen Sonne und himmlischen Gefilden zuführen wollte. Auch diese These mutet wenig überzeugend an, bedenkt man, daß die so verabschiedeten Toten irgendwann einmal, und zwar nach relativ kurzer Flugzeit, wieder vom Himmel gefallen sein müssen. Kurze Flugzeit deshalb, weil die Ballons nur wenig Last tragen konnten, Brennmaterial nur in bescheidenen Mengen mitgeführt werden konnte.

Den Ballons wäre also bald nach dem Start das Feuer ausgegangen, die vornehmen Toten wären vom Himmel geplumpst: eine alles andere als pietätvolle Vorstellung, die man nur schwerlich mit der Würde der Verblichenen in Einklang bringen kann. Ein weiterer Einwand muß gegen die Theorie Woodmans vorgebracht werden: Ballons starten

senkrecht in die Lüfte, sie benötigen keine »Lande-« oder »Startbahnen«, keine Pisten.
Prof. Isbell von der New Yorker Staatsuniversität vermutet, daß die gewaltige Anlage im Rahmen eines Arbeitsbeschaffungsprogramms entstanden sei. Immer wenn die landwirtschaftlichen Ernten recht üppig ausfielen, zwangen die bösen Despoten ihr Volk zu sinnlosen Schuftereien. Sie mußten Riesenbilder anlegen, einfach um sich abzuarbeiten, um nicht auf »dumme«, sprich umstürzlerische Gedanken zu kommen. Aber hätte die sinnlose Schufterei in der heißen Wüste nicht erst recht den Wunsch nach einer weniger diktatorischen Regierung aufkeimen lassen?
Prof. Helmut Tributsch widerspricht Prof. Isbell mit all seiner Autorität. Seiner Ansicht nach erblickten die Nazca-Bewohner vor vielen Jahrhunderten Lufstpiegelungen am Firmament, Fata Morganen. Und die scharrten sie in den Boden. Aber warum? Diese Frage vermag der Professor nicht zu beantworten.
Ein praktischerer Vorschlag kommt von Henri Stierlin. Der vermutet, daß auf der Ebene von Nazca in wahrhaft großem Maßstab gewebt wurde. Menschenketten, bestehend aus Hunderten, ja Tausenden Arbeitern, wanderten webend auf der Ebene umher, erzeugten quasi nebenher die Spuren. Doch auch diese Theorie hat einen Haken: Es führen, wie gesagt, Linien nicht nur bergauf und bergab, sondern auch über Schluchten hinweg. Da hätten sich auch noch so sportive Weberknechte schwer getan.
Fast drollig mutet Prof. Kauffmann-Doigs Vorschlag an: Er sieht die Bilder im Zusammenhang mit einem Katzengötter-Kult. Seltsam: Warum wurde dann nicht eine einzige Katze abgebildet? Ein 150-Meter-Vogel dürfte für irdische Miezekatzen auch gar nicht als Beute erkennbar gewesen sein. Mietzmietz hätte sich in den Umrissen des Monstervogels, das sind weitläufige Linien, hilflos verirrt.

Oder waren dargestellte Vögel als Beute für riesige »himmlische Katzengötter« gedacht? Freilich sind zwar Vögel häufig, aber keineswegs die einzige dargestellte Tierart. Da gibt es Wale, einen Affen, einen Leguan, einen Hund mit dünnen Beinchen. Zudem gibt es keinerlei Hinweise auf solch einen kuriosen Kult.
Maria Reiche wird in Peru von der Bevölkerung wie eine Heilige verehrt. Staatliche Organe verliehen ihr die höchsten Orden. Sie vertritt die Theorie, daß Nazca so etwas wie ein astronomischer Kalender ist. Astronom Hawkins überprüfte das mit jenem Großcomputer, der schon die steinzeitliche Anlage von Stonehenge als astronomische Beobachtungsstation erkennen ließ. Sehr zur Enttäuschung Hawkins' widerlegte aber der Großrechner die Theorie Maria Reiches. Nur einige wenige Linien sind auf markante astronomische Punkte ausgerichtet, die überwiegende Mehrzahl hat allem Anschein nach mit astronomischen Beobachtungen überhaupt nichts zu tun.
Gerade im Zusammenhang mit astronomischen Erklärungen wäre es von erheblicher Bedeutung, das genaue Alter der Linien zu kennen. Maria Reiche entdeckte eine Linie, die etwa 800 Meter lang ist. Sie peilt genau den Punkt an, den die Sonne am Tag der Sommersonnenwende einnimmt, aber das gilt nur für das vierte bis neunte Jahrhundert nach Christus. Eine andere Linie, 480 Meter lang, zeigt exakt an, wo der erste Sonnenstrahl zur Sommersonnenwende auftauchte – aber zu welcher Epoche der Geschichte? Was die Überprüfung der Thesen Maria Reiches manchmal erschwert, sind die häufig unpräzisen Angaben, wo genau welche Linie wohin deutet.
Damit sollen aber keineswegs die unbestreitbaren Verdienste der großen Dame der Nazca-Forschung geschmälert werden, die das Weltwunder vor sinnloser Zerstörung gerettet hat.

Sterne und Wasserkult

Neuerdings wird wieder eine Verbindung zwischen den Bodenmarkierungen und den Sternen hergestellt. Betrachtet man nämlich die Milchstraße über Nazca, dann ergeben sich Stern-Zusammenballungen, die mit einiger Phantasie als »Tierbilder« gedeutet werden könnten. Wurden diese Sternzeichen in den Boden von Nazca gescharrt?

Pater Bernabe Cobo beschäftigte sich schon Ende des 17. Jahrhunderts intensiv mit der Kosmologie des Inka-Volks. 1653 schrieb der Kirchenmann, daß darin die Milchstraße eine besonders wichtige Rolle spielte.

Bis in unsere Tage haben sich Glaubensinhalte aus Inka-Zeiten erhalten, die im Kern bis in jene Zeiten zurückgehen, als die Riesenbilder von Nazca entstanden sein mögen. So glaubten die Quechua, daß es einen geheimnisvollen Kreislauf gebe – zwischen Himmel und Erde. Sie sahen die Milchstraße als einen himmlischen Fluß, der sich nachts über das Himmelszelt ergießt. Die Gewässer am Himmel finden ihre Entsprechung in Strömen und Flüssen der Erde.

Könnte also der Riesenkomplex Nazca etwas mit einem Wasserkult zu tun haben? Wurde in einer Region, in der Wasser ein kostbares Gut war und ist, versucht, durch Abbildung wichtiger Teile der Milchstraße auf der Erde Wasserzauber zu betreiben? Sollten die unterirdischen Wasserläufe aus der Erde gerufen werden? Derlei Überlegungen sind reine Spekulation.

Fest steht: In der Region von Nazca wurde vor mehr als 2000 Jahren ein kompliziertes Tunnelsystem angelegt, eine unterirdische Wasser-Sammelstelle und Verteilanlage.

Den Menschen in der Region von Nazca sind sie gut bekannt: die »Augen der Wüste«. Früher sollen es viele Tausend gewesen sein, heute sind nur noch wenige erhalten geblieben. Es handelt sich um Zugänge zu einem gewaltigen

unterirdischen Tunnelsystem. Sie sehen aus, als habe sich eine gigantische Schraube tief ins Erdreich gepreßt. Wie auf einer Wendeltreppe geht es mehrere Meter tief unter die Erdoberfläche. Dann fühlt man sich in eine andere Welt versetzt. War man eben noch in der staubigen Glutwüste von Nazca, so hört man jetzt Wasser glucksen. Es fließt durch ein künstlich angelegtes unterirdisches Röhrensystem.
Angeblich war einst die gesamte Ebene von Nazca damit untertunnelt. Und es soll unterirdische Straßen geben, die so breit sind, daß man mit einem Jeep darin fahren kann. So soll es auch heute noch möglich sein, unterirdisch von einer Seite der Ebene auf die andere zu gelangen, das behaupten zumindest Einheimische.
40 Teilstücke der unterirdischen Anlage sind den Archäologen bekannt, teilweise mehrere Kilometer lang. Als 1955 die Stadt Nazca ein »modernes Trinkwassersystem« erhielt, mußte nur das uralte System ausgebaut werden.
Wie wurden einst die Röhren verlegt? Kaum anzunehmen ist, daß man unterirdisch bohrte. Eine solche Technologie gab es vor 2000 Jahren nicht in Peru, sagt die Wissenschaft. Örtliche Archäologen gehen davon aus, daß zunächst Gräben ausgehoben wurden. Das kann kein einfaches Unterfangen gewesen sein, wenn man bedenkt, daß die Röhren teilweise 19 Meter tief liegen. Ebenso tief müssen dann ja auch die Gräben gewesen sein.
Schließlich seien dann massive Steinplatten als Decken der Röhren im Erdreich verankert, mit Akazienstämmen abgestützt und die Gräben wieder zugeschüttet worden. Alle Jahre wieder sollen Arbeiter durch die unterirdischen Röhren gekrochen sein, um diese zu reinigen und um Reparaturen, falls erforderlich, vorzunehmen.
Ich selbst habe mehrere Schächte inspiziert. Sie lagen etwa fünf Meter tief. Die unterirdische Wasserleitung hatte einen

Querschnitt von 60 mal 120 Zentimeter. Die Teilstücke verliefen in Zickzacklinien, von Schacht zu Schacht.
Ich könne ruhig hineinkriechen, meinten Einheimische. Auf dieses Abenteuer verzichtete ich lieber. Ich nahm auch keinen Schluck vom kristallklaren Wasser, das angeblich sauberer als das Leitungswasser in der Stadt sein soll. Fische, ich glaube es sind Welse, gedeihen jedenfalls prächtig darin. Wer hätte gedacht, daß unter dem Wüstenboden von Nazca Fische in einem Tunnelsystem leben, das vor mehr als zwei Jahrtausenden angelegt wurde?
Evan Hadingham aus Cambridge, Massachusetts, gilt als sachkundiger Experte, was archäologische Rätsel im allgemeinen und Nazca, Peru, im speziellen anbelangt. Er bringt die riesigen Zeichnungen mit den Wasserröhren in Verbindung. Er nimmt an, daß die Riesenbilder auf magische Weise dafür sorgen sollten, daß das unterirdische System niemals austrocknete.
Zahlreiche Thesen und Theorien werden von den verschiedenen Experten angeboten, wenn es darum geht, das Rätsel von Nazca zu lösen. Keine der von Wissenschaftlern vorgebrachten Meinungen läßt sich definitiv beweisen.

Däniken widerlegt?

Und sämtliche »Erklärungen« zeichnen eigentlich ein falsches Bild von Nazca. Liest man über die Rätsel jener peruanischen Wüste, dann werden stets die überdimensionalen Bilder ins Zentrum der Aufmerksamkeit gerückt. In Wirklichkeit stellen aber diese (gewiß mehr als erstaunlichen) Kunstwerke einen höchst bescheidenen Anteil der Gesamtfläche dar. Viel häufiger kommen geometrische Figuren vor, »Bahnen«, Trapeze und Linien, die sich über viele Kilometer erstrecken. Jene Linien wurden von Astronauten der NASA, die die Erde umrundeten, vom Orbit aus deutlich gesehen.

Seit vielen Jahren taucht das Rätsel der Wüstenebene regelmäßig in der Presse auf. Eine der vielen unterschiedlichen Erklärungen wird dann mehr oder minder korrekt dargestellt. Und dann wird hämisch hinzugefügt, nun sei ja endlich Erich von Däniken definitiv widerlegt. Obwohl Erich von Däniken seine Theorie zur Wüstenebene in verschiedenen Büchern sehr anschaulich beschrieben hat, nehmen seine Gegner anscheinend bewußt nicht zur Kenntnis, daß Erich von Däniken nie behauptet hat, Nazca sei ein Flugplatz von Außerirdischen gewesen. Der Erfolgsautor vermutet vielmehr so etwas wie einen Cargo-Kult. Seine Überlegungen in Kurzversion:

Ein außerirdisches Flugzeug landet beim heutigen Nazca, hinterläßt Spuren im Staub. Die Fremden treten in Kontakt mit den Menschen. Man hält sie für »Götter«, verehrt sie, betet sie an. Schließlich verschwinden die Fremden wieder. Ihre Spuren werden gepflegt. Man möchte, daß die »Götter« zurückkehren. Schließlich wurde man von ihnen beschenkt! Aber die Himmlischen bleiben aus. Bahnen, schließlich riesige Bilder von Tieren, aber auch mathematische Symbole werden entworfen und riesengroß in die Ebene gescharrt, als Signale an die »Götter«. »Kehrt zurück! Wir warten auf euch! Alles ist vorbereitet!« will man ihnen vermitteln, mitteilen. Ein Kult entsteht.

Die Dänikensche These ist nicht unfundiert. So nimmt Prof. Aldon Mason an, die Scharrzeichnungen »stellten wahrscheinlich Gottheiten« dar und seien, so der Wissenschaftler weiter, »ohne Zweifel für die Augen der himmlischen Gottheiten angelegt« worden. Fragt sich nur, ob diese Gottheiten fiktive Wesen oder handfeste Außerirdische im Sinne Erich von Dänikens waren.

Als ich im Frühjahr 1995 Abschied von Nazca nahm, wurde

ich Zeuge eines interessanten Naturschauspiels. Plötzlich war ein flirrendes Rauschen zu vernehmen, unheimlich schnell näherkommend. Es war eine Windhose, ein kleiner Wirbelsturm, der in Zickzacklinien über die Ebene von Nazca tanzte. Nun fehlt noch die Behauptung, die rätselhaften Riesendarstellungen seien gar nicht von Menschenhand geformt worden, sondern zufällige Produkte der anscheinend häufig auftretenden Windhosen ...

26 *Am Nabel der Welt*

In sieben Jahren legte ich über 300 000 Kilometer auf den Spuren der Geheimnisse unserer Erde zurück. Der rätselhafteste Ort aber war für mich ohne Zweifel die Osterinsel. Sie ist wohl das einsamste Stückchen Erde auf unserem Planeten. Rund 3600 Kilometer trennen sie vom Festland Chiles, 4200 Kilometer Meereswüste sind es nach Tahiti. 5200 Kilometer Salzwasser liegen zwischen ihr und der eisigen Antarktis im Süden.

Arnold Roggeveen, niederländischer Weinhändler, wollte sich 1671 zu einer gewagten Seereise ins Ungewisse aufmachen. Wie viele seiner Zeitgenossen glaubte er, östlich von Neuseeland befinde sich ein noch unerforschtes Land, das »Südland«. Mit den Bewohnern dieses Landes wollte der geschäftstüchtige Mann Handel treiben. Freilich bekam er erst 1666 von den zuständigen Behörden die Genehmigung, auf Entdeckungsreise zu gehen. Zu diesem Zeitpunkt konnte sich Arnold Roggeveen eine Expedition finanziell aber nicht mehr leisten, und fremde Geldgeber konnte er nicht für sein Projekt begeistern. Erst 50 Jahre später, am 16. Juni 1721, machte sich Arnold Roggeveens Sohn Jacob auf, das legendäre Südland zu finden. Am 7. April 1722 entdeckte er die Osterinsel.

Kurios mutet Folgendes an. 1722 beschreibt Roggeveen die Insel als »paradiesisches Eiland« mit üppiger Pflanzenwelt. 1770, 48 Jahre später, gewinnt der Spanier Gonzales y Haedo einen ganz anderen Eindruck. Er vermerkt, die Insel sei »vollständig kahl«. Ist es denn möglich, daß in so kurzer

Zeit, in weniger als einem halben Jahrhundert, eine Insel so extrem ihr »Gesicht« verlieren kann? Sollte inzwischen eine Naturkatastrophe die Osterinsel heimgesucht haben?
1770 beanspruchten die Spanier die Osterinsel für sich, nannten sie »San Carlos«, zu Ehren ihres Königs Carlos III. Der Name hielt sich aber nicht lange, geriet rasch in Vergessenheit. 1774 versuchte Kapitän Cook herauszufinden, wie die Osterinsel von den Eingeborenen selbst genant wurde. Insulaner wurden befragt, der Name »Vaihu« festgehalten. Später zeigte es sich aber, daß das nur der örtliche Flurname für eine kleine Region der Insel war. Erst 1864 setzte sich der Name »Rapa Nui« durch, aber auch dabei handelt es sich nicht um den ursprünglichen, nicht um den originalen Namen.
Im Herbst des Jahres 1992 hielt ich mich eine Woche auf der Osterinsel auf. Ausführlich sprach ich mit Raul Teave, einem Mann, der sich intensiv mit der Geschichte seiner Heimatinsel beschäftigt. Der Forscher kommt zu dem Ergebnis, daß seine Heimatinsel ursprünglich »Te-Pito-tehenua« hieß. Dieser Name findet sich auch in der wissenschaftlichen Literatur. Alexander Salomon, Forscher aus Tahiti, notierte diesen Namen schon 1886 als den »ursprünglichen«. Übersetzung: »Nabel und Uterus«.
Damit soll gemeint sein: die Osterinsel – Nabel und Gebärmutter der Riesenstatuen. Als »Geburtsort« der Statuen wird ein geheimnisvoller Krater angesehen. Dort, im Ranu-Raraku-Krater, scheint die Zeit vor vielen Jahrhunderten stehengeblieben zu sein. Hier im Krater wurden die riesenhaften Statuen der Osterinsel aus dem Vulkangestein gemeißelt. Irgendwann scheint man diese Arbeit urplötzlich abgebrochen zu haben. Warum?
Offenbar waren zahllose Steinmetz-Teams gleichzeitig am Werk, meißelten, hieben. Steinriesen in allen Stadien treffe ich an. Einige sind fast vollendet, kleben nur noch an einem

schmalen Streifen am Stein. Sie wirken wie steinerne Schiffe, auf schmalem Bug stehend. Andere scheinen eben erst begonnen worden zu sein. Viele Jahrhunderte, wenn nicht gar Jahrtausende, sind seither verstrichen. Dabei kommt es dem Besucher so vor, als hätten die Arbeiter nur eine kurze Pause eingelegt, um gleich wiederzukommen. Es kann nur Minuten dauern, bis wieder munteres Treiben im Steinbruch herrscht, bis wieder Meißeln und Hämmern über die Insel schallen.

Ich schreite eine der halbfertigen Figuren ab. Stolze 23 Meter lang ist sie. Erstaunlich: Die Bildhauer haben gewaltige Mengen an Stein zwischen Figur und »Decke« herausgeschlagen, so als ob das Material butterweich gewesen sei. Direkt am Steinbruch selbst dösen geduldig fertige Riesen, warten darauf, abtransportiert und irgendwo auf der Insel aufgestellt zu werden. Seit wie vielen Jahrhunderten mögen sie schon so ausharren?

Seltsam: 256 Statuen habe ich sorgsam genau untersucht und an keiner einzigen gefunden, was ich erwartet hatte.

Alle diese Figuren sollen mit wuchtigen Hieben und mit Steinfäustlingen gemeißelt worden sein. Schlug denn nie ein Arbeiter einmal daneben? Offensichtlich nicht. Alle Statuen sind ohne Fehler, ohne den kleinsten Makel. Waren die Arbeiter perfekt? Oder wurden fehlerhafte Statuen zerstört, im Meer versenkt oder vergraben?

Die Osterinsel – eine Herausforderung an die Wissenschaft

In ihrem spannenden Sachbuch »In Search of the Cradle of Civilization« (»Auf der Suche nach der Wiege der Zivilisation«, liegt nicht in deutscher Übersetzung vor!) stellen Prof. Subhash Kak, Dr. Georg Feuerstein und David Frawley fest: »Jeden Tag fügt die Wissenschaft eine Fülle von Erkenntnissen unseren Datenbanken zu. Doch nur ein Bruchteil dieses Wissens findet seinen Weg in unsere Gehirne, und davon assimilieren wir wiederum nur Fragmente. Selbst Spezialisten können nicht mehr Schritt halten mit der Entwicklung auf dem Gebiet ihrer eigenen Disziplin. Sie wissen von mehr und mehr Bereichen immer weniger.«

Wenn aber schon Experten nicht dazu in der Lage sind, den aktuellen Wissensstand im Bereich des eigenen Fachbereichs zu überblicken, so stellen die Autoren fest, dann sei der Laie erst recht überfordert. Sie kritisieren: »Was Wissenschaftler heute erforschen, wird erst allgemein bekannt sein, wenn unsere Kinder junge Erwachsene sind. Unsere Bücher sind überholt, und selbst universitäre Textbücher neigen dazu, nur bereits etabliertes Wissen zu reflektieren. Fakten und Hypothesen, die nicht wirklich in die gängige Art zu denken passen, werden gewöhnlich ignoriert, wenn nicht gar unterdrückt.«

Diese kritischen Worte sollten sich auch und gerade Wissenschaftler zu Herzen nehmen, die sich mit den Rätseln und Geheimnissen der Osterinsel auseinandersetzen. Leider muß man aber bei der Lektüre von Veröffentlichungen über das geheimnisvolle Eiland allzuoft feststellen, daß unbequeme Fragen vordergründig »wegerklärt« werden. Das hat zur Folge, daß in der wissenschaftlichen Literatur kuriose, fast schon amüsante Widersprüche auftreten. So schreibt Wilhelm Ziehr nüchtern: »Die Existenz monumentaler Steinplastiken auf der Osterinsel ist keineswegs so rätselhaft, wie oft behauptet wurde. Da Holz auf der Insel außerordentlich knapp war, bot sich das hingegen reichlich vorhandene Tuffgestein an.« Zu einem ganz anderen Resultat kommt freilich der angesehene Forscher und Bestsellerautor Thor Heyerdahl. Seinen sorgsamen Untersuchungen zufolge gab es auf der Osterinsel einst üppigen Baumwuchs. Das Holz sei auch

erforderlich gewesen, um die zahllosen Kolosse auf der Insel über oft weite Strecken zu transportieren.
Was stimmt denn nun: Wurden die Riesenplastiken hergestellt, weil es außer Stein kein anderes Material gab, um dem künstlerischen Drang Rechnung zu tragen? Oder gab es Holz in Hülle und Fülle, so daß der Transport der Kunstwerke auf Rollen problemlos erfolgen konnte? Wenn aber Holz in so großen Mengen vorhanden war, wieso schnitzte man dann nicht Bildwerke aus eben diesem Holz und mühte sich statt dessen mit Stein ab? Und wenn man schon steinerne Statuen kreieren mußte, wieso begnügte man sich nicht mit kleineren Figürchen?
Gerhard Gadow versucht in seinem Büchlein »Erinnerungen an die Wirklichkeit«, das Problem auf vordergründig-elegante Weise zu lösen, indem er die Osterinselriesen einfach kleiner macht, als sie in Wirklichkeit sind. So behauptet er, die Größe der Steinstatuen werde von Däniken in seinem Klassiker »Erinnerungen an die Zukunft« »phantastisch übertrieben«. Durchschnittlich, so Gadow, »erhoben sich die Steinkolosse fünf Meter über dem Erdboden, bis sie in den letzten Jahrhunderten von den Eingeborenen umgestürzt wurden«. Nur eine von mehreren hundert Statuen überrage mit einer Höhe von 12 Metern geringfügig die Zehn-Meter-Grenze. Das ist schlichtweg falsch. So stellt Fritz Felbermayer, der Osterinselexperte, fest: »Einige Statuen sind nur wenige Meter hoch, andere ragen bis zu 20 Meter empor.«
Ernst von Hesse-Wartegg (1851–1913) studierte zu Beginn unseres Jahrhunderts die Kultur der Osterinsel. In seinem üppigen zweibändigen Werk »Die Wunder der Welt«, das erst kurz vor Ausbruch des Ersten Weltkriegs erschien, hält er fest, daß die gewaltigen Statuen von »unbekannten Schöpfern« gemeißelt wurden und »wahrscheinlich zu den ältesten Skulpturen der Menschheit« gezählt werden müßten.

46

48

49

50

51

52

53

54

56

45–49 *Pachacamak, Peru: einst reiche Stadt, heute kärgliche Ruinen.*

50 *Wurden die Steinriesen der Osterinsel…*

51 *…und der Koloß von Guatemala von den gleichen Künstlern geschaffen?*

52 *Die riesigen »Landebahnen« von Nazca sind nur aus der Luft zu erkennen.*

53 *Am Boden sieht man kaum etwas.*

54 *Eingang zur unterirdischen Welt von Nazca.*

55 *Prof. Dr. Javier Cabrera Darquea besitzt Tausende gravierter Steine mit phantastischen Darstellungen.*

56 *Häufig sind Operationsszenen.*

57–59 *Sensationell ist aber die geheime Sammlung des Professors. Tausende Tonfiguren waren bislang der Öffentlichkeit nicht zugänglich. Sind da außerirdische Wissenschaftler gezeigt, die lange vor der Sintflut zur Erde kamen?*

57

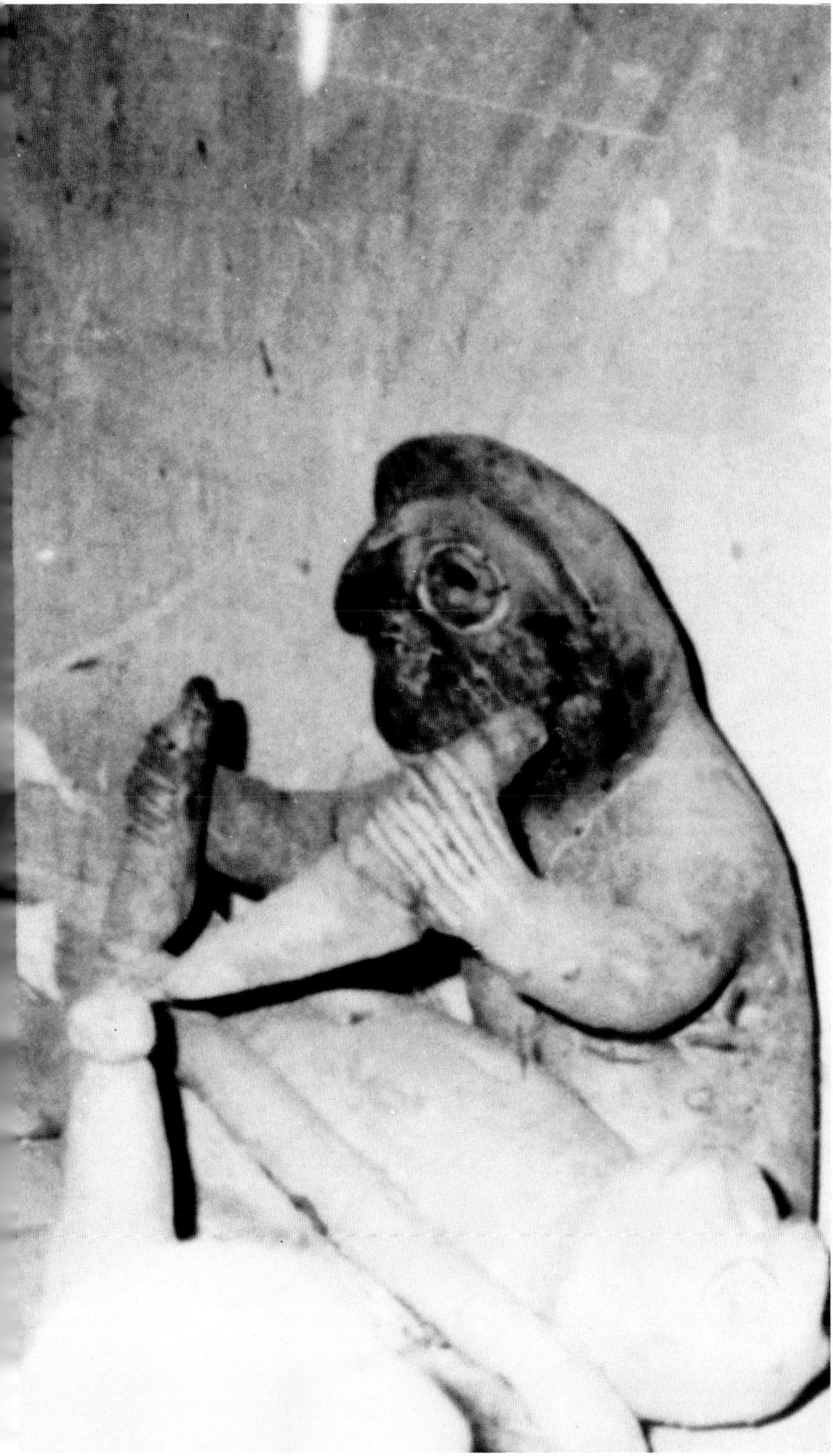

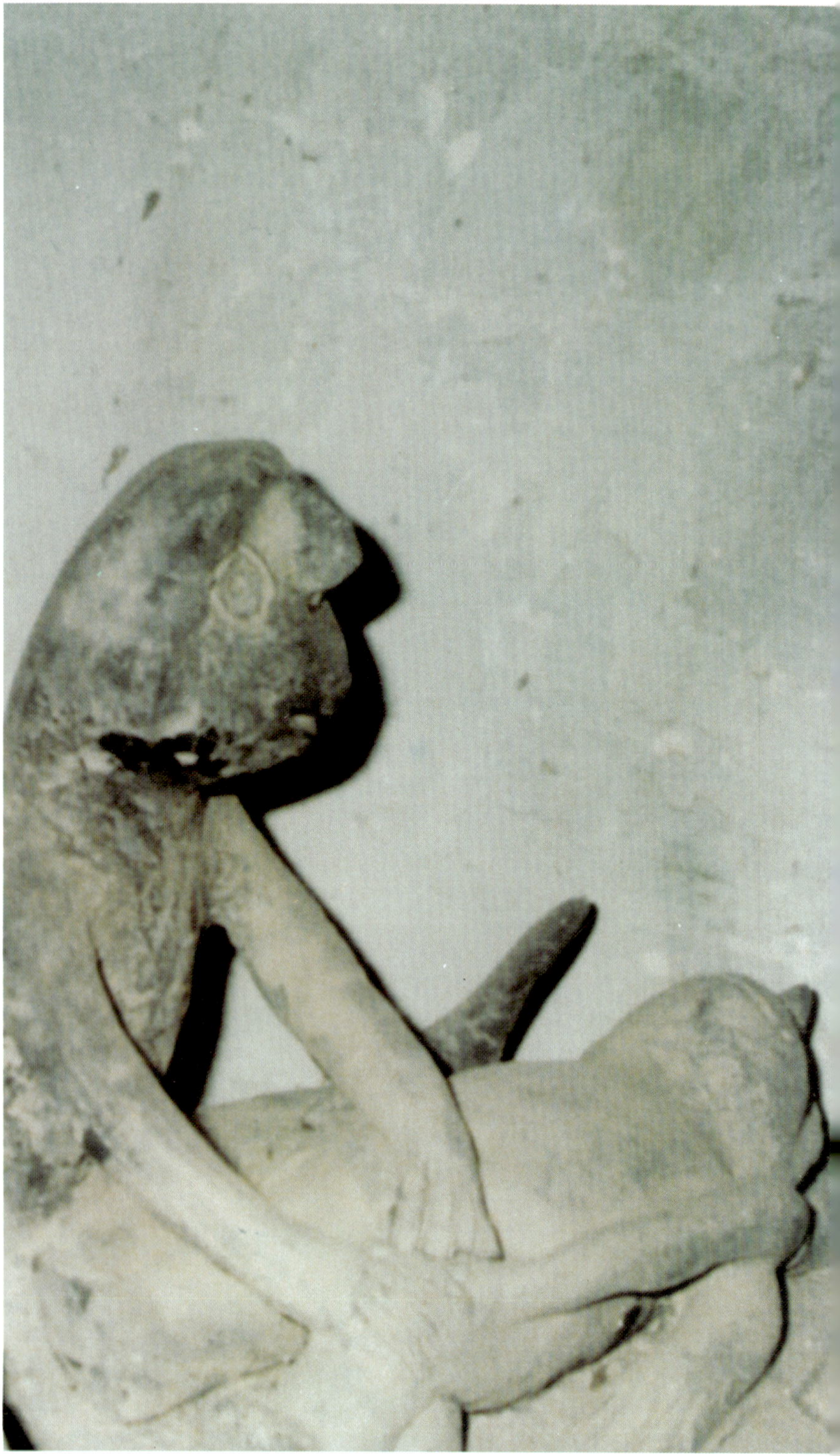

Die Osterinsel war und bleibt rätselhaft. Sie ist eine Herausforderung an die Wissenschaft. Weil sie Fragen aufwirft, die bis heute nicht beantwortet wurden. Prof. Kak Subhash, Dr. Georg Feuerstein und David Frawley fordern einen Paradigmenwechsel, die Bereitschaft, die Rätsel der Vergangenheit von Planet Erde unter vollkommen neuen, andersartigen Gesichtspunkten zu betrachten, wenn wir sie lösen wollen. Solch ein Paradigmenwechsel, so stellt der Philosoph Thomas Kuhn fest, erfolgt selten ohne heftigste Dispute in der Welt der Wissenschaft. Aber muß nicht die Wissenschaft bereit sein, liebgewordene Vorstellungen über Bord zu werfen, wenn sie der Beantwortung drängender Fragen im Wege stehen? Besucher von Außerirdischen auf der Erde hatten bislang keinen Platz im Weltbild vieler Wissenschaftler. Doch finden sich gerade in den uralten Überlieferungen der Osterinsel zahlreiche Hinweise auf solche Kontakte.
Mir erscheint es als durchaus legitim, bei der Erforschung des Rätsels Osterinsel uralte Mythen zu befragen. Stellte doch der Ethnologe Konrad Th. Preuss fest: »In Mythos und Kult werden Erlebnisse der Urzeit nachvollzogen.« Und der Mythologe Georges Dumezil schrieb: »Die Mythen sind Alleinbesitz der Urzeiten gewesen und spiegeln den Zustand und die Ereignisse der damaligen Gesellschaft wider.«
Meiner Meinung nach ist die Osterinsel eine große Herausforderung an die Wissenschaft, weil sie dazu zwingt, sich mit der Frage auseinanderzusetzen, ob die Götter der Vorzeit nicht vielleicht doch Astronauten waren!

Ein Atlantis der Südsee

Es soll einmal irgendwo in der Südsee, weit im Westen der Osterinsel, ein paradiesisches Eiland gegeben haben, »Maori Nuinui«, »Groß Maori« genannt. König Taenen Arei regierte das Land in einer schweren Notzeit. Versanken doch immer größere Teile der Insel für immer in den Fluten, war doch das Leben aller Bewohner bedroht. Hotu Matua, Sohn Taenen Areis, übernahm die Regierungsgewalt. Er sandte die besten Seeleute aus. Sie sollten eine neue Insel entdecken. Doch die Kundschafter kehrten immer wieder enttäuscht zurück. Kein neues Land war in Sicht. Als niemand mehr an eine mögliche Rettung glaubte, da griff Make Make, der fliegende Gott, ein. Er trug Hau Maka durch die Lüfte und setzte ihn auf einer ihm unbekannten Insel ab. Der Gott erklärte dem staunenden Priester genau, wie man von seiner Heimat zur neuen Insel gelangen konnte. Er zeigte ihm Felsenriffe und Vulkane, er »gab allen Dingen, die der Priester nicht kannte, einen Namen«. Am Fuß des Vulkans geschah Merkwürdiges. Der Priester entdeckte »weiches Gestein« – noch nicht vollständig erstarrte Lava? Hau Maka betrachtete es neugierig, trat näher und stellte fest, daß »seine Füße darin einsanken«, als er einige Schritte auf dem Felsen mit der weichen Oberfläche tat. Er hinterließ deutlich sichtbare Abdrücke.

Make Make unterrichtete den Gottesmann noch im Gebrauch von Schilfrohr, etwa für den Häuserbau, dann flog er ihn in seine vom Untergang bedrohte Heimat zurück. Schließlich verschwand der fliegende Gott wieder in den Lüften. Der Priester konnte sich sein Erlebnis nur als »Traum« erklären, viel zu phantastisch erschien ihm das Erlebte. Trotzdem berichtete er alles seinem König. Der schickte sofort die sieben besten Seemänner los. 30 Tage später fanden sie das vom Priester exakt beschriebene Eiland, 40 Tage benötigten sie für die Rückfahrt. Kaum wieder daheim, berichteten sie dem König vom erfolgreichen Verlauf ihrer Mission. Nur wenige Tage später brach das gesamte Volk von Groß Maori auf und erreichte nach 120 Tagen die neue Heimat, die Osterinsel. Die Urheimat aber soll, wie Atlantis,

in den Fluten des Meeres versunken sein. Zurück blieben Erinnerungen an die Zeit, bevor die Sintflut kam.
Sofort nach Ankunft in der neuen Heimat sandte Hotu Matua Späher aus, die die Insel erkunden sollten. Sie entdeckten mehrfach Spuren, die eindeutig ihr Priester bei seinem »Traumbesuch« auf der Insel hinterlassen hatte. War der Mann also wirklich von Gott Make Make durch die Lüfte auf die Osterinsel transportiert worden? Es sah ganz so aus.
Eifriges Treiben setzte ein. Man nahm die Insel in Besitz. Erste Behausungen wurden errichtet, ein Hafen wurde angelegt, und immer hielt man sich dabei an Anweisungen, die der fliegende Gott Make Make erteilt hatte. Osterinselexperte Raul Teave ist überzeugt: Diese Überlieferungen sind Tatsachenberichte. Ähnliche Auskünfte hatte mir bereits Fritz Felbermayer bei Recherchen zu meinem Buch »Astronautengötter« erteilt. Der seriöse Forscher ist nicht zuletzt wegen seines Buches »Sagen und Überlieferungen der Osterinsulaner« als eine Autorität in Sachen Osterinsel anerkannt. Ob seiner Verdienste um die einsamste Insel der Welt wurde er mit dem Orden »De Merito de Jose Miguel Carrera« ausgezeichnet. Als einziger Ausländer wurde er in den »Rat chilenischer Geschichte« berufen.
Ich fragte Dr. Felbermayer: »Inwieweit beruhen die Mythen, die über die Besiedlung der Osterinsel berichten, auf tatsächlichen Begebenheiten?« Dr. Felbermayer antwortete: »Es ist meine felsenfeste Überzeugung, daß diese Überlieferung eine absolut wahre Begebenheit beschreibt. Von den alten Insulanern wird diese Tatsache so klar und ohne Zögern wiedererzählt, und immer in derselben Weise. Es werden Namen genannt, die einfach nicht erfunden wurden. So konnte ich diese Begebenheiten ohne jeden Zusatz aufschreiben. Im Vorwort meines Buches habe ich auf eine Sache hingewiesen, die Sie lesen müssen: ›Wenn derjenige,

der gerade erzählte, sich irrte oder auch nur einige wenige Worte änderte, die an sich ohne Bedeutung waren, so protestierten die anderen Zuhörer so lange, bis der Sprecher die Worte genauso wiedergab, wie sie ihre Vorfahren berichteten.‹«

Ähnlich verfuhr man, wie ich bei meiner Reise durch Indien im November 1995 erfuhr, auch mit der heiligen vedischen Literatur. Die alten Texte wurden vermutlich Jahrtausende mündlich weitergereicht, immer wieder auswendig gelernt, kein Wort durfte verändert werden. Doch zurück zur Osterinsel. Ich fragte weiter: »Herr Dr. Felbermayer, der Sage nach kamen die ersten Osterinsulaner von einer Insel, die im Meer versank. Glauben Sie, daß es diesen sagenhaften König und die versunkene Insel tatsächlich gab?« Dr. Felbermayer: »Auch König Hotu Matua ist bestimmt keine ›Sagengestalt‹, sondern ein Mann, der wirklich gelebt hat und der sein Volk auf die Osterinsel brachte. Unter Maori Nuinui stelle ich mir eine Inselgruppe vor, und auf einer dieser Inseln lebte Hotu Matua. In der Überlieferung werden Namen genannt, die sind bestimmt nicht erfunden.« Ich fragte weiter: »Der Sage nach schickte der König sieben Seefahrer aus, um die Osterinsel zu überprüfen. Der fliegende Gott Make Make hatte die Insel ja bereits dem Priester von Maori Nuinui gezeigt. Was halten Sie von dieser Geschichte?« Dr. Fritz Felbermayer: »Ich halte die Überlieferung von den sieben Seefahrern für wahr! Wir können sicher sein, daß die Fahrt stattfand!« Also auch der Flug des Priesters mit Make Make?

Lange Zeit war heftig umstritten, wo jenes Reich lag, das einst blühte, bevor die Sintflut kam. Die alten Überlieferungen sprechen eine deutliche Sprache. Dr. Felbermayer: »Wo Maori Nuinui gelegen hat, ist natürlich schwer zu sagen. Doch möchte ich Ihnen da eine Aufzeichnung mitteilen, die ich nicht in meiner Arbeit aufschrieb: ›Fünf von den

Neuangekommenen fanden die Insel öde und stiegen wieder in ihr Boot, um nach ihrer alten Heimat zu fahren, die in Richtung der sinkenden Sonne lag.‹ Also muß Maori Nuinui im Westen der Osterinsel gelegen haben.« Diese mythologische Aussage ist inzwischen wissenschaftlich bewiesen. An der Universität von Cambridge wurden Blutproben untersucht, die von Menschen aus dem Raum Polynesien, aus Peru und von der Osterinsel stammten. Anthropologin Erika Hagelberg und ihr Team kamen zur Erkenntnis: Die Osterinsel wurde von Polynesien aus, also vom Westen her, besiedelt.

Modernste Wissenschaft bewies also, wie korrekt die heiligen Osterinselüberlieferungen sind. Ich meine: Man muß davon ausgehen, daß auch die Berichte vom fliegenden Gott Make Make auf historische Wahrheiten zurückgehen – auf den Besuch von Außerirdischen auf dem einsamsten Eiland der Welt?

Ausflug nach Guatemala

Wichtige Erkenntnisse für meine Bücher gewinne ich oft auf meinen Forschungsreisen, die mich zu den interessantesten Punkten auf unserem Planeten Erde führen. Bei Recherchen zu meinem Buch »Das Sphinx-Syndrom. Die Rückkehr der Astronautengötter« erfuhr ich, daß es eine mehr als erstaunliche Verbindung zwischen der Osterinsel und dem amerikanischen Kontinent gibt. Es wurde, so hieß es, in Zentralamerika eine Statue gefunden, die den Kolossen der Osterinsel in verblüffender Weise ähneln soll.

Warum wurde dieser sensationelle Fund in der Literatur verschwiegen? Etwa weil er nicht in das herkömmliche Bild paßte? Wenn die Osterinsel von Polynesien aus besiedelt wurde, wieso baute man dann in Guatemala eine ganz ähnli-

che Statue, wie wir sie sonst nur auf der Osterinsel kennen? Oder sollten die kunstfertigen Skulpturenbauer erst auf der Osterinsel und später in Guatemala gewirkt haben? Oder entstanden ähnliche Kunstwerke, weil sowohl die Osterinsulaner wie die Künstler in Guatemala von den gleichen »fliegenden Göttern« besucht wurden?
Weil mir der »Guatemala-Fund« zunächst doch recht merkwürdig erschien, erwähnte ich ihn nicht in meinem »Sphinx-Syndrom«. Inzwischen ist es mir aber gelungen, diese Meldung zu verifizieren. Dr. Oscar Rafael Padilla Lara aus Guatemala, der zeitweise in Florida lebt, teilte mir mit, daß bereits 1951 auf dem Gebiet der »Los Encuentros«-Plantage, San Felipe, Department Retalhuleu in Guatemala, ein erstaunliches Monument gefunden wurde. Es ist etwa acht Meter hoch und hat an der Basis einen Durchmesser von vier Metern. Da starrt ein steinernes Gesicht in den Himmel. Vor allem die Nase und die hochmütig wirkenden Lippen erinnern tatsächlich an die Riesenstatuen der Osterinsel.
Fragen über Fragen ergeben sich. Wann wurde der Koloß aus dem Stein gemeißelt? War er ein Einzelstück oder gibt es in den unergründlichen Wäldern Guatemalas weitere ähnliche Skulpturen? Waren die gleichen Künstler an Werk wie auf der Osterinsel? Und wann? Oder entstanden die Skulpturen unabhängig voneinander?
Als ich meine letzte Südamerikareise vorbereitete, plante ich eine Stippvisite nach Guatemala ein. Doch dann mußte ich erfahren, daß just dort, wo das geheimnisvolle Kunstwerk steht, heftige Kämpfe zwischen miteinander rivalisierenden Rebellengruppen ausgebrochen sind. Man riet mir dringlich davon ab, vor Ort zu recherchieren. Leicht könne ich zwischen die Fronten geraten, für einen Spion gehalten und liquidiert werden. Leider mußte ich auch erfahren, daß die Rebellen keinerlei Sinn für das archäologische Erbe ihres Landes haben. Sie benutzen den rätselhaften Kopf als Ziel-

scheibe für ihre Schießübungen. Und so ist das geheimnisvolle Monument, so Dr. Oscar Rafael Padilla Lara, inzwischen schon sehr stark beschädigt, ja weitgehend zerstört worden.
Trotzdem wird es noch von Einheimischen als Gottheit verehrt, der Opfergaben gebracht werden. Es ist zu befürchten, daß die Statue ein Opfer blinder Zerstörungswut wird, noch bevor sie wissenschaftlich untersucht werden kann. Moralische Entrüstung ob dieses Verhaltens steht uns Europäern freilich nicht zu. Schließlich haben Vertreter unserer »Zivilisation« ganze Kulturen in Süd- und Zentralamerika vernichtet, wertvolle Kunstschätze tonnenweise eingestampft und eingeschmolzen, von der Ausrottung ganzer Völker zu schweigen. Auf alle Fälle handelt es sich bei dem Foto vom geheimnisvollen Steinkopf, das mir Dr. Oscar Rafael Padilla Lara zur Verfügung stellte und das zu Beginn der 50er Jahre entstand, um eine kostbare Rarität.

Blutiges Gemetzel

Zur Allgemeinbildung jedes Osterinsulaners gehört heute die Geschichte von einem blutigen Gemetzel auf dem einsamen Eiland. Es soll tatsächlich stattgefunden haben.
Die Neuankömmlinge fühlten sich inzwischen auf der Osterinsel heimisch. Da kam es zu einer zweiten Einwanderungswelle. Die »Langohren« tauchten auf und ließen sich nieder. Es zeigte sich, daß sie Vertreter einer hochstehenden Kultur waren und erstaunliche technische Fähigkeiten besaßen. Die Fremden, »Langohren« genannt, einigten sich zunächst mit den alteingesessenen »Kurzohren«. Sie beanspruchten wenig Land, begnügten sich mit den dünn besiedelten Gebieten. Sie dürften auch kaum Zeit für Nachbarschaftsquerelen gehabt haben, denn sie werkelten in den

Steilhängen des Vulkankraters, fabrizierten Osterinselriesen sozusagen »am Fließband«. Dabei achteten sie peinlich genau darauf, bei dieser Arbeit nicht beobachtet zu werden. Als ob sie unbedingt verhindern wollten, daß bekannt wurde, wie genau die Steinriesen hergestellt wurden.

Urplötzlich wie die Langohren gekommen waren, verschwanden sie auch wieder. Der Mythos hält fest: »Nach dieser Nacht hörte man nichts mehr von ihnen, von den Meistern, die die Statuen geschaffen hatten. Niemand kennt ihr Ende.« Zurück blieben die teilweise über 20 Meter hohen Statuen und der Nachwuchs der »Langohren«. Nicht wenige von ihnen hatten Kurzohrfrauen geheiratet und Kinder gezeugt. So vergingen wieder Jahre. Die Nachfahren der verschwundenen Langohren hatten inzwischen ihrerseits wieder geheiratet, Kurzohrfrauen hauptsächlich.

Eines Tages starb einer der Langohrensprößlinge, und das ausgerechnet auf Kurzohrenland. Am Sterbeort sollte ein Grabhügel errichtet werden, so wie es Langohrenbrauch war. Das aber lehnten die Kurzohren empört ab. Die Langohren beschlossen beleidigt, derlei Willkür nicht länger hinzunehmen. Sie wollten den Kurzohren eine tödliche Lektion erteilen. Am Berg Poike hoben sie einen tiefen, etwa 500 Meter langen Graben aus, füllten ihn mit trockenem Holz. In den Graben wollte man die verhaßten Feinde treiben und bei lebendigem Leibe verbrennen.

Ein gewisser Toi wurde als Wächter für den Graben bestimmt. Doch der verriet den Geheimplan seiner Kurzohrfrau Hanga Neru. Und die warnte die anderen Kurzohren. Die Bedrohten beschlossen, den Spieß umzudrehen. Sie wollten nun ihrerseits die Langohren umbringen, in der eigenen Grube verbrennen. Das Sprichwort »Wer anderen eine Grube gräbt, fällt selbst hinein!« sollte sich auf grausamste Weise wortwörtlich erfüllen.

Die Mythologie überliefert den Angriff der Kurzohren:

»Dann rückten sie lautlos zwischen den Felsen an, einer hinter dem anderen.« Die Attackierten wurden aus ihren Behausungen in den Graben getrieben, niedergeknüppelt und bei lebendigem Leibe verbrannt. Bis auf einen einzigen Langohrennachfahren wurden alle Sprößlinge der Erbauer der Osterinselriesen ermordet, weiß die sorgsam überlieferte Tradition zu berichten.

Für viele heute lebende Osterinsulaner ist die Geschichte vom Massenmord kein schauriges Märchen, sondern Tatsachenbericht. Viele meinen auch, sie wüßten genau die Stelle am Berg Poike, wo damals der grausige Graben ausgehoben wurde. In der wissenschaftlichen Literatur weigert man sich auch heute noch weitestgehend, sich überhaupt mit dem Gedanken zu beschäftigen, die Story könnte wahre Begebenheiten schildern.

Routledge etwa kommt zu dem Schluß, daß, was die Osterinsulaner für den Graben hielten, in dem die Langohren starben, in Wirklichkeit Ergebnis eines natürlichen geologischen Prozesses sei. 1955 hat freilich Dr. Carlyle S. Smith archäologische Grabungen durchgeführt – im Graben und in der Umgebung davon. Die ermittelten Ergebnisse hätten die Wissenschaft aufhorchen lassen müssen. Bestätigten sie doch, daß der Graben künstlich ausgehoben worden und alles andere als das Ergebnis eines natürlichen geologischen Vorgangs ist. Eindeutige Spuren machen deutlich: Im Graben muß es ein Feuer größeren Ausmaßes gegeben haben. »Intensive burning«, notiert Dr. Carlyle S. Smith im wissenschaftlichen Schlußbericht.

Damit sollten auch in Wissenschaftskreisen die uralten Überlieferungen der Osterinsulaner mehr Gewicht erhalten, stark an Glaubwürdigkeit gewinnen. Doch was uns da überliefert wird, das mutet manchmal schon recht phantastisch an.

In seinem wissenschaftlichen Standardwerk der UFO-For-

schung »Die Anderen« listet Dr. Johannes Fiebag, Chefredakteur der angesehenen Zeitschriften »Ancient Skies« und »Scientific Ancient Skies« eine Fülle von Fällen auf, in denen Menschen unserer Tage von Außerirdischen an Bord von Raumschiffen entführt werden. Alten Osterinselüberlieferungen zufolge gab es solche Entführungen auch auf dem geheimnisvollen Eiland.
Make Make, der wichtigste Gott der Osterinsulaner, war sehr um das Wohl »seiner« Menschen besorgt. Er half ihnen, wo er nur konnte, und erwartete dafür Respekt von den Erdlingen. Noch heute erzählen viele Eltern ungehorsamen Sprößlingen, wie einstens Mata Poepoe bestraft wurde.
»Make Make erzürnte sich über Mata Poepoe«, heißt es in einer uralten Legende, die seit ungezählten Generationen wortwörtlich überliefert wird. Und weiter: »Make Make beschloß, den Spötter zu strafen. Er wollte mit dieser Strafe eine Warnung all den übrigen Bewohnern zukommen lassen, welche seine Gebote nicht beachteten. Make Make entführte Poepoe durch die Lüfte nach Motu Matiro Hiva.«
Motu Matiro Hiva ist ein winziges Felsriff, rund 300 Kilometer von der Osterinsel entfernt. Auf diesem mehr als ungastlichen Fleckchen Erde mußte Mata Poepoe ausharren. Seine karge Kost bestand aus rohem Fisch und Regenwasser.
Tagelang bin ich im Jeep auf oft unwegsamen »Straßen«, die schlechter als Feldwege in unseren Regionen sind, über die Insel gefahren. Immer wieder mußte ich aussteigen, Felsbrocken zur Seite rollen. Stets wehte ein kräftiger, salziger Wind. Dann und wann schlug das Wetter um. Unvermittelt folgte auf Sonnenschein heftiger Regen. Der hielt aber nie lange an. Oft erlebte ich ein faszinierendes Naturschauspiel: erstaunlich flach aus dem tosenden Meer aufsteigende Regenbogen.
Ich fühlte eine seltsame Ruhe, Geborgenheit auf der Oster-

insel, ein Gefühl friedlicher Gelassenheit. »Mir ist, als ob sämtliche Sorgen auf der Osterinsel keine Bedeutung mehr hätten!«, stellte Sandro Semsey, ein freundlicher Geschäftsmann aus Turin, fest. »Der Name ›Nabel der Welt‹ hat schon seine Berechtigung. Man kommt sich wirklich vor wie im Zentrum der Welt. Und die restliche Welt erscheint einem bedeutungslos.«

Oft fuhr ich im Jeep über die Insel, kreuz und quer, blieb immer wieder stehen. Da liegen zahllose Steinriesen. Niemand weiß, wann sie von ihren Podesten gestürzt wurden. Oft wurden sie dabei schwer beschädigt. Traurig sieht es aus, fast mitleiderregend, wie die gewaltigen Riesen auf ihren Gesichtern liegen, als ob sie auf Hilfe hofften. Schon manche Statue wurde in den vergangenen Jahren wieder mühsam aufgerichtet. Doch die modernen Kräne auf der Osterinsel »schaffen« nur die kleineren Statuen, die mittleren bis großen gehen über ihre Kräfte.

So weiß niemand so recht, wie die »Kings« unter den Statuen, über 20 Meter hoch, so schnell wieder auf die Beine gebracht werden können. Unbekannt ist auch, warum die gewaltigen Figuren überhaupt geschaffen wurden. Etwa als Manifestation einer rätselhaften Religion? Über die Glaubenswelt der frühen Einwohner der Osterinsel ist heute nur noch sehr wenig bekannt. Das liegt daran, daß die Schrift des Eilands bisher nicht entschlüsselt werden konnte. Vor Ort habe ich lange Gespräche mit Einheimischen geführt. Ausgiebig recherchierte ich in wissenschaftlichen Bibliotheken. Und so fand ich einige Bruchstücke aus der Glaubenswelt der Osterinsulaner, die bis in unsere Tage herübergerettet worden sind.

Was Missionaren vor Jahrhunderten als »heidnischer Aberglaube« erschien und emsig bekämpft wurde, enthält für uns Heutige konkrete Informationen über die phantastische Vergangenheit der Erde.

Von Göttern…

Chefgott war Make Make. Er verkehrte am liebsten mit hochrangigen Menschen, etwa den Stammeshäuptlingen. Die von ihm bevorzugten Erdlinge durften sich mit spezieller Kleidung und besonderem Schmuck kennzeichnen, sich so von den lieben Mitmenschen unterscheiden, abheben.
Unbekannt ist die Zahl der »Untergötter«, von denen manche offenbar in »leuchtenden Eiern« landeten. Manchmal werden diese niederen Gottheiten auch als »böse Dämonen« bezeichnet. Andere Gottheiten sollen sich den Panzer der »heiligen Schildkröte« übergestülpt haben. Dadurch soll es ihnen möglich gewesen sein, sich unter Wasser zu bewegen. Ähnlich funktionierte wohl auch ein anderes »Kleidungsstück«, das uns an heutige Taucheranzüge erinnert. Es habe wie die Haut der schwarzen Robbe ausgesehen. Jeder, der das Gewand anlegte, konnte unter Wasser schwimmen und atmen.

…und von Monstern aus der Retorte

Nahe beim Dörfchen Orongo, direkt an der Küste gelegen, spie der Vulkan Rano Kau einst gen Himmel. Vor Jahrtausenden erlosch er. Die erstarrten Lavamassen dienten zahlreichen Künstlern der Osterinsel als natürliche Grundlage, um Halbreliefs in den Stein zu meißeln. Beim Betrachten dieses uralten Panoptikums beschleicht den heutigen Besucher ein Schaudern. Wann die teilweise gespenstischen Kunstwerke entstanden, weiß man heute nicht mehr. Und auch darüber, was genau sie darstellen sollen, wird heftig gestritten.
Hier oben am Vulkan gab es offensichtlich gleich zwei »Kultzentren«: das der Anhänger Make Makes und das des

Tongate-Vogelkults. So kommt es, daß Hunderte Figuren zu bewundern sind. Man erkennt am häufigsten Make Make, den fliegenden Gott, und die »Vogelmenschen«. Make Make wird durch die Darstellung seines Gesichts symbolisiert. Rätselhaft-unheimlich erscheinen uns die Vogelmenschen: seltsame Zwitterwesen, halb Mensch, halb Vogel, tierisch kraftvoll und gleichzeitig intelligent.

Wie ich in meinem Buch »Das Sphinx-Syndrom. Die Rückkehr der Astronautengötter« (siehe dort Kapitel 2 und 3) nachgewiesen habe, waren derlei Monsterwesen in der Welt der Antike weitverbreitet. Im alten Ägypten galten sie als reale Wesen, die von den Astronautengöttern produziert worden waren.

Aus heutiger Sicht handelte es sich dabei um gentechnisch erzeugte Mischwesen. Vieles spricht dafür, daß die Astronautengötter in unseren Tagen zur Erde zurückgekehrt sind und wieder neuartige Lebewesen erschaffen. So könnte es sich bei den »Sauriern und Monstern«, die fast täglich etwa in zahlreichen Staaten der USA gesichtet werden, sehr wohl um von den Astronautengöttern erzeugte Kunstwesen handeln. Und die entsetzlichen Tierverstümmelungen dienen nach Überzeugung vieler UFO-Forscher dazu, Genmaterial für die Erzeugung neuer Kreaturen zu gewinnen.

Unsere irdischen Wissenschaftler sind auf dem Gebiet der Gentechnik schon recht weit vorangekommen. So meldete die seriöse »Ärzte-Zeitung« vom 27. März 1995 auf Seite 1: »Schweizer Wissenschaftlern ist es gelungen, Fruchtfliegen mit mehreren Augen zu kreieren. Wie in ›Science‹ berichtet wird, wuchsen den Insekten in Experimenten mit dem Gen, das die Forscher für das Schlüsselgen für die Bildung des Auges halten, bis zu vierzehn Augen: auf den Flügeln, Antennen und an den Beinen. Zweifelsohne ist es nur noch eine Frage der Zeit, bis menschliche (in des Wortes übelster Bedeutung) Wissenschaftler Kunstlebewesen, Kreationen mit tierischen und menschlichen Genen, erschaffen können. Und werden. Sie werden dann Frankensteins Monster als harmlose Zeitgenossen erscheinen lassen. Dann werden wir Menschen wie die Götter der Vorzeit sein. Die schlimmsten Alpträume können wahr werden!«

Aktueller Nachtrag: Ende 1995 bereiste ich mehrere Wochen lang Indien. In zahlreichen Tempeln entdeckte ich Darstellungen von »Mischwesen«, etwa am Strand von Mahabalipuram. Unweit davon entfernt: ein riesiges Steinrelief. Es zeigt mythologische Szenen, in denen schwebende Gestalten und vom Himmel herabsteigende Götter von zentraler Bedeutung sind. Ist meine Interpretation zu gewagt, wenn ich beide Darstellungen, wenige Meter voneinander entfernt, auch inhaltlich miteinander in Verbindung bringe? Wenn ich auch die Mischwesen des alten Indien als genetisch erzeugte Kunstprodukte der Astronautengötter ansehe?

Fast alle indischen Tempel stellen Modelle der Götter dar. So stellt der dem Sonnengott Surya geweihte Tempel von Konarak den kosmischen Himmelswagen dar. Tausende Reliefs sind an seinen Wänden angebracht – unter denen befinden sich nicht wenige Mischwesen, zusammengesetzte Kreaturen. Ganz offensichtlich waren auf der Osterinsel, im alten Ägypten und im alten Indien die gleichen außerirdischen Wissenschaftler aktiv. Sie gingen in die mythischen Überlieferungen und Heiligen Bücher Indiens ebenso ein wie ihre gigantischen Flugvehikel, die vor Jahrtausenden am Himmel Indiens kreuzten.

Nachwort: Erinnerungen an die Zukunft?

Der ägyptische Gott Chnum übermittelte Pharao Djoser ein komplexes Rezept, bestehend aus 29 präzise definierten Substanzen, zur Herstellung von künstlichem Stein. Als Zugabe verriet der Himmlische noch, an welchen Stellen die erforderlichen Chemikalien gefunden werden konnten und mit welchem Spezialmörtel die Kunststeine miteinander verbunden werden sollten.
Einmal mehr erwies sich ein Gott als höchst reales Wesen, das höchst konkretes Wissen vermittelte. Und zwar von solcher Art, daß es heute, am Ende des 20. Jahrhunderts nach Christus, an der Schwelle zu einem neuen Jahrtausend, wieder angewendet werden kann! Prof. Dr. Joseph Davidovits vom »Geopolymer-Institut« nördlich von Paris läßt heute nach dem von Gott Chnum mitgeteilten Rezept synthetischen Stein herstellen, der besser, da haltbarer ist als Betonmischungen unserer Tage.
Wer oder was war Gott Chnum? Ein Außerirdischer, der vor Jahrtausenden unseren Planeten besuchte?
Dieses Buch entführte meine Leserinnen und Leser auf eine Reise durch Raum und Zeit. Gemeinsam krochen wir in unterirdische Grüfte Ägyptens, stiegen hinab in eine rätselhafte Kammer unter der »Großen Pyramide«, erforschten unterirdische Städte in der Türkei. Wir erklommen den heiligen Nemrud-Berg, aber auch Pyramiden in Nord-, Zentral- und Südamerika. Wir besuchten die einsame Osterinsel, stiegen in die Kammer unter dem Tempel der Inschriften, besichtigten die Inka-Festung Machu Picchu. Wir spazierten auf der

wohl ältesten maßstabsgerechten Modelldarstellung unseres Sonnensystems.
Immer wieder stießen wir auf eine phantastisch anmutende Datierung. Vor 12000 Jahren wurden die Pyramiden des Rock Lake errichtet. Vor 12000 Jahren entstanden womöglich auch die »Große Pyramide« und die rätselhafte Sphinx im alten Ägypten. Vor 12000 Jahren war die Antarktis eisfrei. Ihre Konturen sind deutlich auf der legendären Karte des Piri Reis verzeichnet. Bis zu 12000 Jahre alt soll auch der Kristallschädel von Lubaantun sein.
Erhielt unser Planet vor 12000 Jahren Besuch aus dem All? Schufen die Astronautengötter vor 12000 Jahren die gefürchteten Riesen, deren zerstückelte Leiber in den Kolossalsärgen von Sakkara bestattet wurden, zum ewigen Tod verdammt, ohne Hoffnung auf Auferstehung?
Man mag einwenden: »Was geht uns das an, was vor so langer Zeit geschah?« Ich meine: Der Mensch hat das Recht zu erfahren, wie er wurde, was er ist. Und wichtiger noch: Vieles spricht dafür, daß die Astronautengötter der Vorzeit zur Erde zurückgekehrt sind. Seit fast genau 100 Jahren werden – wieder – UFOs gesichtet. Und vor fast genau 100 Jahren begann ein unheimliches Phänomen: Besucher aus dem All entführen Menschen und Tiere. Tagtäglich werden heute Menschen an Bord von UFOs verschleppt – zu Experimenten mißbraucht. Jene Fremden sind es auch, die nach Überzeugung von Wissenschaftlern für die grauenhaften Tierverstümmelungen verantwortlich sind, aber auch für entsetzliche Experimente, die an Frauen, Männern und Kindern vorgenommen werden.
Die Astronautengötter der Vorzeit sind zur Erde zurückgekehrt. Sie sind wieder da, hier und heute. Jetzt. Empfiehlt es sich da nicht, so viel wie möglich über diese Wesen in Erfahrung zu bringen? Ist es da nicht ratsam, die Spuren, die sie in grauer Vorzeit hinterließen, genauestens zu untersuchen?

Genau das geschah in diesem Buch, das phantastische Fakten zusammentrug, die von der herkömmlichen Wissenschaft gern verschwiegen werden. Dieses Vorgehen zahlreicher Wissenschaftler hat schon den »Vater der Weltraumfahrt«, Prof. Dr. Hermann Oberth, mit dem ich so manches Gespräch führen durfte, empört: »Diese Wissenschaftler verhalten sich dem Unbekannten gegenüber wie gestopfte Gänse gegenüber dem Futter: ›Nur um Gottes willen nicht noch mehr!‹ Fortschritt kann es aber nur geben, wenn sich wirklich seriöse Wissenschaftler auch mit Dingen beschäftigen, für die es in ihrer Welt keine Antworten zu geben scheint.«

»Ist das ein Symptom der Wissenschaft?« wollte ich weiter vom Raumfahrtprofessor wissen. Der greise Gelehrte nickte. »Immer wieder stoßen Forscher auf Rätselhaftes, auf Phänomene, die ihnen paradox erscheinen!«

Ich hoffe, daß »Bevor die Sintflut kam« dazu beiträgt, daß auch heute noch phantastisch anmutende Phänomene einbezogen werden, wenn die Geschichte der Menschheit neu geschrieben wird. Und sie muß neu geschrieben werden, freilich keineswegs allein aus akademisch-wissenschaftlichen Erwägungen heraus. Wenn die Spezies Mensch eine Zukunft haben will, dann muß sie ihre Vergangenheit kennen. Und in der spielen nun einmal Astronautengötter eine ganz entscheidende Rolle. Vielleicht verhilft die gründliche Erforschung der Vergangenheit der Menschheit zu einem Blick in die Zukunft? Vielleicht wiederholt sich heute, was vor Jahrtausenden schon geschah?

Prof. Dr. John E. Mack, Harvard University, hat in den vergangenen Jahren schon zahlreiche Entführungsfälle, bei denen Menschen an Bord von UFOs verschleppt und von fremdartigen, kleinwüchsigen Wesen traktiert werden, wissenschaftlich untersucht. Viele der Entführungsopfer können sich zunächst gar nicht mehr an das erinnern, was mit

ihnen geschah. Erst unter dem Einfluß der Hypnose fallen Gedächtnisblockaden, kehren die Erinnerungen zurück.
Was da mit den Menschen geschieht, ist, aus menschlicher Sicht, alles andere als erfreulich. Männern werden Samenproben genommen, Frauen werden künstlich befruchtet und Monate später der Embryos im Rahmen weiterer Entführungen beraubt.
Ein typisches Erlebnis von Entführungsopfer Catherine, die von Prof. Dr. Mack ausführlich unter Hypnose befragt wurde. Bei einer ihrer Entführungen wurde Catherine in ein besonderes UFO verschleppt. »Es war enorm groß, von silbermetallischer Farbe, überall waren Lichter.« An Bord wimmelte es von seltsam kleinwüchsigen Außerirdischen. Einige machten sich über Catherine her, wollten ihr die Kleidung vom Leibe reißen. Sie zog sich selbst aus. Und wurde nackt in einen Raum von gewaltiger Größe gebracht. Sie sah Hunderte von medizinischen Behandlungstischen, zwischen 100 und 200 Frauen und Männer wurden von zahllosen kleinwüchsigen Außerirdischen behandelt, mit unterschiedlichsten Instrumenten traktiert.
Eines der Wesen veranlaßte Catherine, sich ebenfalls auf einen der Tische zu legen. Auf einer Karre wurde eine Art wissenschaftlich-medizinisches Gerät angebracht. »Ein großes metallenes Ding« wurde in ihre Vagina geschoben, immer tiefer. Die Frau fühlte Scham und Schmerz. Etwas wurde aus ihr herausgeschnitten, ein Embryo. Und einer der Entführer versuchte Catherine einzureden, sie müsse stolz darauf sein, weil sie für diese Experimente ausgewählt worden sei, die zur Züchtung neuartiger Lebewesen führen würden.
»Warum zerstört ihr, verdammt noch mal, mein Leben?« wollte sie von den Fremden wissen. »Wir zerstören es doch nicht!« vernahm sie. Und wieder wurde ihr mitgeteilt, sie sei als eine Art »Eva« erkoren. Neuartige Lebewesen entstünden. Und dazu seien Frauen wie sie erforderlich.

Wie lange mag es schon solche Experimente geben? Wie lange schon mögen Menschen von Außerirdischen entführt und zum Wohle der »Wissenschaft« mißbraucht werden? Seit Jahrhunderten? Seit Jahrtausenden? Seit dem Anbeginn der Zeit?

Catherines Beschreibung von den 100 bis 200 Frauen und Männern, die von kleinwüchsigen Außerirdischen auf Operationstischen in einem riesigen UFO traktiert werden, kommt mir in den Sinn. Ich befinde mich in einer geheimen archäologischen Sammlung, deren Artefakte mir Angst einflößen. Da sind Horrorszenarien dargestellt, sorgsam in Ton modelliert. Da stehen seltsame Wesen, menschenähnlich und doch fremd. Sie haben starre, glotzende Augen und seltsam geformte Schädel. Sie hantieren mit chirurgischen Bestecken, operieren an Menschen, die vor ihnen auf Operationstischen liegen. Sie verabreichen Infusionen oder stecken ihren Opfern dicke Schläuche in die offenen Leiber. Scheinbar regungslos gehen die Experimentatoren vor. Man sieht ihnen keinerlei Emotionen an. Gleichzeitig scheint das, was sie ihren Opfern antun, Routine für sie zu sein.

Dutzende, ja Hunderte dieser entsetzlichen Darstellungen in der geheimen archäologischen Sammlung von Prof. Dr. Cabrera Darquea wirken wie präzise Illustrationen zu Catherines Entführungsbericht. Oder zu anderen Erlebnissen von UFO-Entführungsopfern. Nur die tönernen Darstellungen im Museum, sie sollen Tausende und Abertausende von Jahren alt sein. Sind sie der lang gesuchte Beweis für die Besuche von Außerirdischen auf der Erde in vorgeschichtlichen Zeiten? Beweisen sie, daß sich Geschichte, wieder einmal, wiederholt? Daß heute wieder einmal Menschen von Fremden aus dem All entführt, mißhandelt und mißbraucht werden, von Wesen, die das gleiche Interesse an uns Menschen haben wie menschliche Experimentatoren an den Tieren, die sie zu Tode »untersuchen«?

Die Exponate in der geheimen archäologischen Sammlung, sie lassen mich schaudern. Inzwischen sind wissenschaftliche Untersuchungen geplant, die das Alter der Artefakte des Grauens ermitteln sollen. Und wenn ich ehrlich bin, dann muß ich etwas zugeben: Ich hoffe von ganzem Herzen, daß diese entsetzlichen Tonfigürchen gefälscht sind!
Über den weiteren Verlauf der Entwicklung werde ich in künftigen Büchern berichten. Und wie gesagt: Ich wäre froh, wenn ich vermelden könnte, daß die beschriebenen Artefakte unecht sind. Alpträume gibt es schon genug!
Alptraumhaft muten aber auch oft die Berichte von Menschen an, die von Außerirdischen entführt und für Experimente mißbraucht worden sind. Angesichts der Aussagen dieser Zeugen mutet es mehr als befremdlich an, wenn in zunehmendem Maße UFO-Sekten entstehen, deren Mitglieder die Lösungen für alle irdischen Probleme von den Besuchern aus dem All erwarten.
Irdische Probleme gibt es ja auch genug. Nur: Wir müssen sie selbst aus der Welt schaffen, dürfen uns nicht auf angebliche Heilsbringer aus dem All verlassen. Denn die kosmischen Besucher haben, das zeigt die Jahrtausende währende Geschichte ihrer Präsenz auf der Erde, nie helfend eingegriffen. Sie haben stets nur beobachtet.
Ich bin davon überzeugt, daß sie uns erst dann als echte, gleichberechtigte Gesprächspartner akzeptieren werden, wenn wir Menschen uns als intelligente Lebewesen erweisen. Kommt es erst dann zum wirklichen, offiziellen Kontakt? Steht das wichtigste Ereignis des Jahrtausends, die Begegnung zweier Welten, unmittelbar bevor?

Anhang

Aufruf zur Teilnahme an der internationalen Roswell-Initiative

In Kapitel 12 des vorliegenden Buches ging ich ausführlich auf die UFO-Welle ein, die vor rund 100 Jahren über zahlreiche Staaten Nordamerikas hereinbrach wie ein Naturereignis. Noch gibt es Tausende von Dokumenten zum Thema UFOs, die von US-Behörden unter Verschluß gehalten werden. So zum Beispiel zum UFO-Absturz von Roswell, der sich anno 1947 ereignete.
Große Resonanz löste meine Bitte aus, die ich im Anhang meines Buches »Das Sphinx-Syndrom. Die Rückkehr der Astronautengötter« vortrug. Ich will diese meine Bitte wiederholen. Liebe Leserinnen und Leser, bitte unterstützen Sie die folgende Roswell-Aktion.

Roswell-Deklaration

1947 ereignete sich in einer Wüstengegend der Vereinigten Staaten ein Zwischenfall, der bedeutende Auswirkungen auf die gesamte Menschheit haben könnte. Er beinhaltet die Bergung von Material, von dem angenommen wird, es sei außerirdischer Herkunft, durch das US-Militär. Das Ereignis wurde durch US-Militärstellen am 8. Juli 1947 durch eine Pressemitteilung bekanntgegeben, die dann durch Zeitungen im ganzen Land verbreitet wurde. Sie wurde hinterher wieder dementiert und durch eine ersetzt, von der angenommen wird, daß es sich um eine Vertuschungsgeschichte handelt. Es wurde nunmehr behauptet, das Material sei nichts weiter als ein Wetterballon. Die Angelegenheit ist seither durch die Regierung mit dem Schleier des Geheimnisses zugedeckt worden.
Die Pressemitteilung, die zuerst das ungewöhnliche Ereignis bekanntgab, wurde vom Kommandeur der 509. Bombereinheit des Roswell Army Air Field, Oberst William Blanchard, herausgegeben, der später zum Viersternegeneral und Vizechef der Air Force

der Vereinigten Staaten befördert wurde. Die Wetterballon-Geschichte war zur Vertuschung des tatsächlichen Ereignisses erfunden worden, was durch Personen, die direkt beteiligt waren, bestätigt wurde, einschließlich des späteren Generals Thomas Du Bose, der das Telefonat aus Washington D. C. entgegennahm, in dem die Vertuschung angeordnet wurde. Zahlreiche andere glaubwürdige militärische und zivile Zeugen haben bestätigt, daß die originale Pressemitteilung korrekt gewesen ist und daß die Wrackteile von Roswell extraterrestrischen Ursprungs waren. Eine dieser Personen war Major Jesse Marcel, der Abwehroffizier der 509. Bombereinheit und einer der ersten Militäroffiziere am Ort des Geschehens.

Am 12. Januar 1994 gab der Abgeordnete des Kongresses der Vereinigten Staaten, Steven Schiff aus Albuquerque, New Mexico, auf einer Pressekonferenz bekannt, daß er im Verteidigungsministerium wie gegen Mauern gelaufen sei, als er im Namen der Bürger und Zeugen Informationen, die Roswell-Ereignisse von 1947 betreffend, verlangte. Indem er weitere Untersuchungen in der Sache ankündigte, nannte der Kongreßabgeordnete Schiff das Fehlen jeder Antwort seitens des Verteidigungsministeriums »erstaunlich« und schloß daraus, daß es sich hier offensichtlich um ein »weiteres Vertuschungsmanöver handelt«.

Die Geschichte hat gezeigt, daß offizielle Versicherungen oder Dementis durch die Regierung oft bedeutungslos sind. Dennoch gibt es einen logischen und geradeaus führenden Weg, die Wahrheit über Roswell zu finden: einen Exekutivbeschluß, der die Geheimhaltung jeglicher Informationen betreffend die Existenz von UFOs und extraterrestrischer Intelligenz aufhebt.

Solch eine Aktion würde berechtigt und angemessen sein, denn es handelt sich um eine Angelegenheit von universeller Bedeutung. Um alle potentiellen Zeugen mit der nötigen Sicherheit zu versehen, wäre es nötig, solch einem klar formulierten Beschluß Gesetzeskraft zu verleihen. Eine derartige Verfügung ist grundlegend notwendig, und genau das war es auch, was Präsidentschaftskandidat Jimmy Carter 1976 versprach. Bis heute wurde dieses Versprechen nicht eingelöst.

Wenn, wie offiziell behauptet wird, keine Informationen über Roswell, UFOs oder extraterrestrische Intelligenz zurückgehalten werden, würde ein Exekutivbeschluß zur Aufhebung der Geheimhaltung nur eine bloße Formalität bedeuten, denn es gäbe ja nichts, was enthüllt werden müßte. Der Beschluß hätte den positiven Effekt, daß die Sache ein und für allemal wahrheitsgetreu richtiggestellt würde. Jahre der Kontroverse und Verdächtigungen würden enden, vor den Augen der Bürger der Vereinigten Staaten und der ganzen Welt.

Wenn andererseits die Zeugen von Roswell die Wahrheit sagen und Informationen über extraterrestrische Intelligenz existieren, dann kann es nicht eine Sache sein, über die ein paar Privilegierte innerhalb der amerikanischen Regierung Exklusivrechte besitzen. Es stellt Wissen von grundlegender Bedeutung dar, an dem alle Menschen auf diesem Planeten ein unleugbares Recht haben. Seine Preisgabe würde fraglos universell als ein historischer Akt von Ehrlichkeit und gutem Willen anerkannt werden.

Es folgt nun die eigentliche Roswell-Erklärung. Ich darf nochmals darauf hinweisen. Bei besagter Aktion geht es nicht vordergründig nur darum, daß die bislang geheimgehaltenen Akten im Zusammenhang mit dem UFO-Absturz von Roswell anno 1947 endlich publik gemacht werden. Die Roswell-Deklaration soll erreichen, daß sämtliche Dokumente UFOs und außerirdisches Leben betreffend von der Geheimhaltung befreit und jedermann zugänglich gemacht werden. Daran sollten sowohl UFO-Überzeugte wie UFO-Skeptiker interessiert sein. Meiner Meinung nach kann wirklich jeder Mensch, gleichgültig, was sie oder er von UFOs hält, den folgenden kurzen Text unterschreiben.

Und genau darum möchte ich meine Leserinnen und Leser bitten! Bitte kopieren Sie den folgenden kurzen Text oder schreiben Sie ihn ab, unterschreiben Sie ihn und senden Sie die Erklärung bitte an:

Walter-Jörg Langbein
c/o Langen Müller Verlag
Thomas-Wimmer-Ring 11
D-80539 München

Der Text:

Ich unterstütze die Initiative für einen Exekutivbeschluß, alle Informationen der US-Regierung, die Existenz von UFOs oder extraterrestrischer Intelligenz betreffend, von der Geheimhaltung zu befreien. Unabhängig davon, ob solche Informationen existieren oder nicht, glaube ich, daß die Völker der Welt das Recht haben, in der Sache die Wahrheit zu erfahren. Es ist an der Zeit, die Kontroverse zu beenden, die diese Thematik umgibt.

Unterschrift/ Datum

Berufsbezeichnung

Falls vorhanden: Diplom, Titel, akademischer Grad

Name (Vornamen, Nachname, bitte in Druckbuchstaben)

Straße

Postleitzahl/Ort

Land

Empfehlenswerte Organisationen und Zeitschriften

1. Organisationen, die sich mit der Erforschung des UFO-Phänomens oder Besuchen außerirdischer Intelligenzen in der Geschichte der Menschheit beschäftigen:

Ancient Astronaut Society (AAS)
Postfach
CH-3803 Beatenberg
Schweiz

Gemeinschaft zur Erforschung außerirdischer Spuren e.V. (GEAS)
Oliver Koch
Schwalbenflucht 17
D-27751 Delmenhorst

Gesellschaft zur Erforschung des UFO-Phänomens e.V. (GEP)
Postfach 2361
D-58473 Lüdenscheid

Interessengemeinschaft Prä-Astronautik e.V. (IPE)
Wintgenstraße 26
D-45239 Essen

Mutual UFO-Network –
Central European Section (MUFON-CES)
Gerhart-Hauptmann-Straße 5
D-83620 Feldkirchen-Westerham

Regional-UFO-Forschungszentrum Nord (RUFON)
Gerhard Cerven
Groten Hoff 11
D-22359 Hamburg

Terra Patrol Presse Center
c/o Hans Peter Schäfer
Postfach 1541
D-57305 Bad Berleburg
(Publikationen: »Der Beobachter« und »Newsletter«)

2. Zeitschriften zum Thema:

Ancient Skies und Scientific Ancient Skies
Chefredakteur: Dr. Johannes Fiebag.
Organe der Ancient Astronaut Society (siehe AAS, oben!).
Erscheint zweimonatlich, Themenbereich Paläo-SETI-Hypothese, neue Erkenntnisse und theoretische Ansätze, Literaturrezensionen.

AURA-Z
Chefredakteur: Alexander Avshalumov
Redaktionsanschrift: P.O. Box 224, Moscow
117463, Rußland.
Periodisch erscheinendes Magazin, u. a. in Englisch und Spanisch, mit Schwerpunktthemen UFOs, Parapsychologie und Grenzwissenschaften.

Discover/New Scientific Times
Herausgeber: Martin Lehmann
Postfach 1633
CH-4901 Langenthal
Schweiz
Berichte aus Archäologie, Paläo-SETI, SETI, Forschung und Technik.

G.R.A.L. – Geheimnisse/Rätsel/Analysen/Lösungen
Herausgeber: Michael Haase, Arckos-Verlag, Lepiusstraße 1, D-12163 Berlin, Deutschland.
Erscheint zweimonatlich, kritisches Magazin mit Hauptaspekt Paläo-SETI, daneben Themen wie Astronomie, Astronautik, Archäologie und Grenzgebiete der Forschung.

International UFO-Reporter
Herausgegeben vom J. Allen Hynek Center for UFO Studies, 2457 West Peterson Avenue, Chicago, Ill. 60669, USA.
Englischsprachige UFO-Zeitschrift, erscheint zweimonatlich. Gute, fundierte und wissenschaftliche Beiträge zu aktuellen und historischen UFO-Fällen. Hauptschwerpunkt: Sichtungen in den USA.

Journal für UFO-Forschung
Organ der GEP (siehe oben), herausgegeben von Hans-Werner Peiniger und Gerald Mosbleck.
Erscheint monatlich, Themenbereich UFO-Forschung, kritische Analysen einzelner Fälle, weltweite UFO-Forschung, umfassende Literaturrezensionen.

Magazin für Grenzwissenschaften
Herausgegeben von Walter Kelch und Stefan E. Rickes, Niederstraße 1, D-56637 Plaidt, Deutschland.
Das Magazin behandelt Themen wie UFO-Forschung, die Paläo-SETI-Hypothese, sogenannte »Fabelwesen« und andere Mysterien. Es gibt Informationen über Astronomie, Meteorologie und Weltraumtechnik sowie Archäologie.

MUFON UFO Journal
Herausgegeben vom Mutual UFO Network, 103 Oldtown Rd., Seguin, Texas 78155, USA.
Monatlich erscheinendes, englischsprachiges Magazin der derzeit weltweit größten UFO-Forschungsgruppe. Wissenschaftlich gut recherchierte, abgesicherte Berichte. Themenschwerpunkt: USA.

MYSTICS
Prenzlauer Allee 46, D-10405 Berlin (bei H. Schillat).
Erscheint 6 mal im Jahr, Redaktion Horst D. Schillat, Hans-Jörg Vogel u. a., berichtet über grenzwissenschaftliche Themen. Ein Themenschwerpunkt: Prä-Astronautik.

NSIS THE NEW SCIENCE INFORMATIONSHEET
Herausgegeben von Hans Ebert, Ganghoferstraße 23, D-83059 Kolbermoor.
Das NSIS kombiniert Beiträge zur Paläo-SETI-Hypothese mit solchen zur UFO-Forschung, zur Esoterik und zur Computer-Forschung.

TALKY
Fachmagazin für Prä-Astronautik, Archäologie und UFO-Forschung. Weitere Themen: Mythenforschung, Raumfahrt und Astronomie.
Erscheint 6mal im Jahr. Infos und Probeheft über: Redaktion TALKY, Rüdiger Krug, Mombachstr. 86 A, D-34127 Kassel

UFO-Kurier
Herausgegeben von Jochen Kopp, Hirschauer Straße 10, D-72108 Rottenburg.
Erscheint zweimonatlich und veröffentlicht deutsche Originalberichte sowie auch Übersetzungen aus dem aktuellen englischen und amerikanischen Schrifttum.

UFO-Report
Herausgegeben von Waldislaw Raab, Klenzestraße 17, D-80469 München, Deutschland.
Aktuelle UFO-Meldungen und Entführungsberichte, Kommentare zum weltweiten Geschehen, Buchrezensionen und insbesondere auch Übersetzungen aus der ehemaligen Sowjetunion. Erscheint viermal im Jahr.

UNKNOWN REALITY
Herausgegeben von Mario Ringmann und Dirk Renner, Hamburger Str. 11 und Warschauer Str. 36, D-15234 Frankfurt/Oder.
Erscheint zweimonatlich und behandelt Themen aus der UFO-Forschung, Prä-Astronautik, Astronomie und andere Mysterien. Buchrezensionen. Organ der UFO-Interessengruppe FFO (U. I. G.), Hamburger Straße 11, D-15234 Frankfurt/O.

Dank

Der erste Dank geht auch beim vorliegenden Werk an meine langjährige Lebensgefährtin, Frau Barbara Kern, die meine zahlreichen Auslandsaufenthalte zu Forschungszwecken nicht nur hingenommen hat, sondern die mich bei oft langwierigen vorbereitenden Recherchen tatkräftig unterstützte.
Dank geht wiederum an meine so effektive Agentur, vertreten durch die Herren Dirk R. Meynecke und Claus S. Dörner, deren professionelle Arbeit nicht unwesentlich zum Gelingen dieses Buchs beigetragen hat.
Dank schulde ich so vielen Wissenschaftlern und Forschern, daß ich ihre Namen gar nicht alle anführen kann. Stellvertretend seien genannt: Dr. h. c. Erich von Däniken, Dr. Johannes Fiebag, Peter Fiebag, Dr. Karl Grün, Reinhard Habeck, Michael Hesemann, Peter Krassa, Prof. Dr. Patricio Moncayo und Dr. Gene M. Phillips.
Eine vollständige Liste jener, die mich auf meinen zahlreichen Reisen begleiteten, würde den Rahmen dieser Danksagung sprengen. Stellvertretend seien genannt: Willi Dünnenberger, Max Gerich, Steffi Liersch, Prof. Dr. Patricio Moncayo und Torsten Sasse. Nicht vergessen darf ich in diesem Zusammenhang natürlich meine Eltern Herty und Walter Langbein sen. Schon im Knabenalter durfte ich meine Eltern auf einer spannenden Reise durch fast alle Staaten Nordamerikas begleiten.
Auch die Liste all jener Menschen aus dem Bekannten- und Freundeskreis, die mit Material und anregenden Gesprächen zum Gelingen des vorliegenden Werkes wesentlich beigetragen haben, müßte sehr umfangreich ausfallen. Wiederum seien stellvertretend einige wenige genannt: Edith und Fritz Ackermeier, Trudel Diederichs, Rüdiger Krug, Edith und Ilse Pollo, Wolfgang Siebenhaar, Gerd Höchsmann und Julia Zimmermann.
Über viele Jahre erfuhr ich großen Zuspruch von seiten zahlreicher

Leserinnen und Leser. Eine Vielzahl von Leserinnen und Lesern beteiligte sich an der Roswell-Aktion, zu der ich schon in meinem Buch »Das Sphinx-Syndrom« aufforderte. Stellvertretend möchte ich mich an dieser Stelle bei Frau Edeltraud Brandner aus Österreich bedanken.

Seit nunmehr rund 20 Jahren beschäftige ich mich forschend und publizistisch mit den großen Mysterien unserer Erde. Zu meiner großen Freude setzen sich immer mehr – oft junge – Menschen aktiv mit Fragen von UFOlogie und Prä-Astronautik auseinander, betreiben eigene Recherchen, geben sich nicht mit den Antworten zufrieden, die von der Schulwissenschaft geboten werden. Aus dieser aktiven Szene erhalte ich viele interessante Anregungen, für die ich mich – stellvertretend – bei Sandra Grabow, Dirk Renner und Mario Ringmann von der UFO-Interessengruppe FFO (c/o Mario Ringmann, Hamburger Str. 11, D-15234 Frankfurt/Oder) herzlich bedanken möchte.

Zahlreiche Leserinnen und Leser von »Das Sphinx-Syndrom« haben mir geschrieben. Für die anregende Korrespondenz danke ich sehr herzlich. Ich möchte neuerlich meine Leserinnen und Leser bitten, sie dazu ermutigen, mir zu schreiben. Für Kritik am vorliegenden Buch bin ich ebenso dankbar wie ich für Anregungen und Hinweise empfänglich bin. Hatten Sie selbst UFO-Erlebnisse? Meinen Sie, von UFOs entführt worden zu sein? Sind Ihnen archäologisch mysteriöse und interessante Orte bekannt? Möchten Sie mir eigene Recherchen, Ergebnisse von Forschungen, mitteilen? Ich freue mich auf Ihre Zuschriften. Auf Wunsch werden Ihre Angaben natürlich vertraulich behandelt. Schreiben Sie bitte an:

Walter-Jörg Langbein
c/o Langen Müller Verlag
Thomas-Wimmer-Ring 11
D-80539 München

Literatur

Das vorliegende Buch basiert auf ausgiebigen Forschungsreisen des Autors, stützt sich also in starkem Umfang auf Recherchen des Verfassers »vor Ort«. Zudem hat der Autor ein umfangreiches Quellenstudium betrieben. Im folgenden Literaturverzeichnis sind die wichtigsten Werke genannt, die der Autor herangezogen hat. Den genannten Titeln kann auch weiterführendes Material entnommen werden. So soll es den Leserinnen und Lesern ermöglicht werden, eigene Studien zu betreiben oder ergänzendes, weiteres Material zu finden, das die Gedankengänge des Autors stützt.
Nicht wenige Informationen, die ich im vorliegenden Werk veröffentlicht habe, gehen einerseits auf Gespräche mit Wissenschaftlern zurück, andererseits auf persönliche Informationen von schreibenden Kollegen nicht nur der Richtung »Prä-Astronautik«.

Vorwort: Bevor die Sintflut kam

Brunner, Hellmut (Hrsg.): »Lexikon alte Kulturen«, Mannheim, Leipzig, Wien, Zürich 1993

Däniken, Erich von: Brief an den Autor, September 1991

Schattschneider, Peter: »Geleitwort« zu Farkas, Viktor: »Unerklärliche Phänomene jenseits des Begreifens«, Frankfurt 1988

1 Das Geheimnis der unmöglichen Pyramiden

Anonymus: »Divers Find Rock Lake's Lost Pyramids«, »Gazetter«, Janesville, Wisconsin, 7. 6. 1989

–: »Pyramids Found in Rock Lake«, »Daily Times«, Waterton, 6. 6. 1989

–: »Lake Holds Indian Shafts. Lake Mills' Pyramids Believed Old Altars«, Zeitungsartikel, Name der Zeitung und Erscheinungsdatum nicht feststellbar
Corliss, William: »A Handbook of Puzzling Artefacts«, Glen Arm, Maryland, USA, 2. Auflage 1980
Davidovits, Joseph, und Morris, Margie: »The Pyramids. An Enigma Solved«, New York 1988
Langbein, Walter-Jörg: Vortrag »Die Suche nach der Botschaft aus dem All«, A.A.S.-Tagung Bayreuth vom 24.–26. 10. 1986
–: Vortrag »Alte Rätsel. Neue Fakten«, A.A.S.-Meeting Zürich, 25. 8. 1990
Whitcomb, Ben: »The Lost Pyramids of Rock Lake«, »Skin Diver«, Januar 1990

2 Die »Cheopspyramide« – älter als die Sintflut!

Al-Makrizi: »Hitat«, übersetzt von Erich Grafe, Leipzig 1911
Däniken, Erich von: »Die Augen der Sphinx«, München 1989
Davidovits, Joseph, und Morris, Margie: »The Pyramids. An Enigma Solved«, New York 1988
–: »Ancient and Modern Concretes. What Is the Real Difference?«, »Concrete International/Design and Construction«, Vol. 9, Nr. 12, Dezember 1987
Ekschmitt, Werner: »Die Sieben Weltwunder«, Mainz 1984
Hassanin, Samir: »Ägypten mit den Augen eines Ägypters erleben«, Aarau o. J.
Langbein, Walter-Jörg: »Das Sphinx-Syndrom. Die Rückkehr der Astronautengötter. Eine neue Schöpfung hat begonnen«, München 1995
–: »Ägyptenreise 1990«, unveröffentlichte Reisenotizen
Lehner, Mark: »The Egyptian Heritage, Based on the Edgar Cayce Readings«, Virginia Beach, Virginia, 1991
Schoch, Peter: »The Great Sphinx Controversy«, »Fortean Times« No. 79/1995
Sitchin, Zecharia: »Stufen zum Kosmos«, Untergäri 1982
–: »Forging the Pagrao's Name«, »Ancient Skies«, US-Ausgabe, Vol. 8, 2/1981

3 Die Riesen – Opfer der Sintflut

»Arizona Highways«: »Were There Giants in Those Days?«, Juli 1959
Charroux, Robert: »Unbekannt, Geheimnisvoll, Phantastisch«, Düsseldorf 1970
Däniken, Erich von: »Die Augen der Sphinx«, München 1989
Dougherty, Cecil: »Valley of the Giants«, Clebourne, Texas, 1971
Gottschalk, Herbert: »Lexikon der Mythologie«, Berlin 1973
Kautzsch, Emil: »Die Apokryphen und Pseudoepigraphen des Alten Testaments«, Tübingen 1900
»Kebra Negest«: Hrsg. von der »Königlich Bayerischen Akademie der Wissenschaften«, in »Abhandlungen der Philosophisch-Philologischen Klasse der Königlich Bayerischen Akademie der Wissenschaften«, München o. J.
Kramer, S. N.: »Geschichte beginnt mit Sumer«, München 1959
Krickeberg, Walter: »Märchen der Azteken und Inkaperuaner, Maya und Muisca«, Jena 1921
»Neue Zürcher Zeitung«: »Der Riese von Cerne Abbas«, 4. Juni 1972
Papke, Werner: »Die Sterne von Babylon«, Bergisch Gladbach 1989
Saurat, Denis: »Atlantis und die Herrschaft der Riesen«, Stuttgart 1959
»Wachturm Bibel und Traktat-Gesellschaft«: »Hilfe zum Verständnis der Bibel«, Bände 6 und 7, Selters 1986
Weidenreich, F.: »Apes, Giants and Man«, Chicago 1946

4 Auf Spurensuche – unter der Erde

Al-Makrizi: »Das Pyramidenkapitel«, in Al-Makrizis »Hitat«, Leipzig 1911
Däniken, Erich von: »Die Augen der Sphinx«, München 1989
Davidovits, Joseph: »Pyramid Man-Made Stone«, Barry University, Florida 1987
Diodor von Sicilien: in »Geschichtsbibliothek«, Stuttgart 1866
Eggebrecht, Eva: »Die Geschichte des Pharaonenreiches«, in »Das alte Ägypten«, hrsg. von Eggebrecht, Arne, München 1984

Forbiger, A.: »Strabos Erdbeschreibung«, Berlin o. J.
Grieshammer, R.: »Grab und Jenseitsglaube«, in »Das alte Ägypten«, hrsg. von Eggebrecht, Arne, München 1984
Herodot: »Historien«, München 1963
Karst, Josef: »Werke des Eusebius«, Leipzig 1911
Langbein, Walter-Jörg: »Ägyptenreise 1990«, unveröffentlichte Reisenotizen
Lepsius, Richard: »Briefe aus Ägypten, Äthiopien und der Halbinsel des Sinai«, Berlin 1852
Mariette, Auguste: »Le Sérapeum de Mémphis«, Paris 1852
Sitchin, Zecharia: »Stufen zum Kosmos«, Untergäri 1982
–: »Forging the Pharao's Name«, in »Ancient Skies«, US-Ausgabe, Vol. 8, 2/1981
Tomkins, Peter: »Cheops«, Bern 1975
Toth, Max: »Pyramid Power«, Freiburg 1977
Unger, Georg: »Chronologie des Manetho«, Berlin 1867
Vandenberg, Philipp: »Auf den Spuren unserer Vergangenheit«, München 1977
Warburton, William: »Versuch über die Hieroglyphen der Ägypter«, Frankfurt 1980
»Weltwoche«: »Das Haar in der Pyramide«, Zürich, 27. Oktober 1983
Yoshimura, Sakuji: »Non Destructive Pyramid Investigation«, Waseda-Universität, Tokyo 1987

5 *Auf den Spuren eines verschwundenen Volkes*

Aksit, Ilhan: »Türkei«, Istanbul 1988
Can, Turhan: »Istanbul, Tor zum Orient«, Istanbul o. J.
Dendl, Jörg, und Hefner, Jonny R.: »Rätselhaftes Objekt im archäologischen Museum«, in »Gral« Nr. 5 und Nr. 6/1994
Hesemann, Michael: Fax an Walter-Jörg Langbein vom 21. 1. 1995
Langbein, Walter-Jörg: »Raumfahrt vor Jahrtausenden«, in »PARA«, Mai-Heft 1994
»Watchtower Society«: »Einsichten in die Heilige Schrift«, Selters 1990

6 Von Zyklopenmauern und unterirdischen Städten

Bittel, Kurt: »Bogazköy«, Ankara o. J.
Boulanger, Robert: »Die Blauen Führer: Türkei«, München o. J.
Demir, Ömer: »Cappadokien, Wiege der Geschichte«, Ankara 1990
Gökovali, Sadan: »Commagene und Nemrut«, Izmir 1988
Langbein, Walter-Jörg: »Reisenotizen Türkei 1991«, unveröffentlichtes Manuskript
Pollo, Ilse: »Reisenotizen«, unveröffentlicht
Sachmann, Hans-Werner: »Reisenotizen«, unveröffentlicht
Yörükoglu, Ömer: »Unterirdische Städte in Kappadokien«, Ankara 1989

7 Der Götterberg

Däniken, Erich von: »Beweise«, Düsseldorf 1977
Dörner, Friedrich Karl, und Dörner, Eleonore: »Vom Pergamon zum Nemrud Dag«, Mainz 1989
Human, Karl: »Reisen in Kleinasien und Nordsyrien«, Berlin 1890
Moltke, Helmuth Friedrich Graf von: »Briefe über Zustände und Begebenheiten in der Türkei aus den Jahren 1835 bis 1839«, in »Gesammelte Schriften«, Band 8, Berlin 1893
»Museum für anatolische Civilisationen«: »Türkei«, Ankara o. J.
Pörtner, Rudolf: »Archäologie. Die großen Abenteuer und Entdeckungen«, Salzburg 1990

8 Eine alte Karte, die Antarktis und Atlantis

Braunlich, Erich: »Zwei türkische Weltkarten aus dem Zeitalter der großen Entdeckungen«, Leipzig 1937
Brown, Lloyd Arnold: »The Story of the Maps«, Boston 1950
Deissmann, Adolf: »Forschungen und Funde im Serai«, Berlin, Leipzig 1933
Hapgood, Charles H.: »Maps of the Ancient Sea Kings. Evidence of an Advanced Civilisation in the Ice Age«, New York 1979

Hertel, Peter: »Ungelöste Rätsel alter Erdkarten«, Gotha 1988
Langbein, Walter-Jörg: »Astronautengötter. Versuch einer Chronik unserer phantastischen Vergangenheit«, Berlin 1995
Nestke, Fritz, und Riemer, Thomas: »Atlantis. Ein Kontinent tau(ch)t auf«, Halver, Dortmund 1989
Piri Reis: »Barhije. Das türkische Segelhandbuch für das mittelländische Meer vom Jahre 1521«, Berlin, Leipzig 1926
Sachmann, Hans-Werner: »Reisenotizen Türkeireise 1991«, unveröffentlicht
Tooley, R. V.: »Maps of the Antarctica. A List of Early Maps of the South Polar Regions«, London o. J.

9 *Kolumbus war nicht der erste*

Boland, Charles: »They All Discovered America«, New York 1961
Ceram, C. W.: »Der erste Amerikaner«, Reinbek 1972
Coulborn, Rushton: »The Origin of Civilized Societies«, Princeton University Press 1959
Däniken, Erich von: »Die Piri-Reis-Weltkarte bleibt ein Rätsel«, in »Ancient Skies«, deutsche Ausgabe, März/April 1980
Fiebag, Johannes, und Fiebag, Peter: »Die Wiederentdeckung der Vinlandkarte«, in »Ancient Skies«, deutsche Ausgabe, März/April 1988
»Heim und Welt«: »Als Mumie verewigt«, Nr. 22 von 1993
Hapgood, Charles: »Maps of the Ancient Sea Kings«, New York 1979
Johnston, Thomas: »Did the Phoenicians Discover America?«, London 1843
Mahieu, Jacques de: »Wer entdeckte Amerika?«, Tübingen 1977
Peithman, Irving: »Echoes of the Red Man«, New York 1955
Pohl, Frederick: »Atlantic Crossings before Columbus«, New York 1961
Severin, Tim: »Auf den Spuren der Argonauten«, Düsseldorf 1987
Treupnitz, Thomas: »Luther hielt seine Entdeckung für Narretei«, in »Die Welt«, 22. 5. 1993

10 Mumien, Pyramiden und eine Geisterstadt

»American Antiquitarian and Oriental Journal«, Berren Springs, Jahrgänge 1910, 1911 und 1912
Benesch, Kurt: »Rätselhafte Vergangenheit«, Berlin 1977
Ceram, C. W.: »Der erste Amerikaner«, Reinbek 1972
Langbein, Walter-Jörg, und Kern, Barbara: »Das Rätsel Mesaverde«, in »Astro«, 7/1982
Langbein, Walter-Jörg: Vortrag »Die Michigan-Bibel«, 11. Weltkonferenz der »Ancient Astronaut Society« 1987, Novi Vinodolski, Jugoslawien
Mertz, Henriette: »The Mystic Symbol«, Gaithersburg, Maryland, 1986
Moorehead, Warren: »The Hopwell Mound Group of Ohio«, Chicago 1922
»National Geographic Society«: »America's Wonderlands. New Enlarged Edition«, Washington 1966
Squier, E. Y.: »The Serpent Symbol«, New York 1851
»Talky«: »Ein modernes UFO?«, in »Talky«, Nr 5/1995
Waters, Frank: »Das Buch der Hopi«, Düsseldorf, Köln 1982
Watson, Don: »Indians of the Mesaverde«, ed. »Mesaverde Museum«, Colorado 1961
Wied-Neuwied, Prince Maximilian: »Travels in the Interior of North America«, Bände 23 und 24, Cleveland o. J.

11 Von Sauriern und Monstern

Alexander, Marc: »The Anger of the Devil«, Suffolk 1978
Allen, Joseph A.: »History of North American Pinnipeds«, Washington 1980
»Ärzte-Zeitung«: »Minimammuts lebten noch vor 4000 Jahren«, 17. 5. 1993
Bauer, Henry: »The Enigma of Loch Ness«, Chicago 1986
Brandon, Jim: »The Rebirth of Pan«, Dunlap, Illinois, 1983
Campbell, Don: »Saurier leben unter uns«, in »Das Neue Zeitalter«, 25. 1. 1984

Gaal, Arlene: »Ogopogo. The True Story of the Okanagan Lake Monster«, Surrey, USA, 1986
Huyghe, Patrick: »The Anomalist«, März 1995
Heuvelmans, Bernard: »Dans le sillage des monstres marins. Le Kraken et le polupe colossal«, Paris 1958
–: »In the Wake of the Sea-Serpents«, London 1968
–: »Le grand serpent de mer«, Paris 1965
Jones, Ernest: »On the Nightmare«, London o. J.
Lütolf, Alois: »Sagen, Bräuche, Legenden aus den fünf Orten«, Luzern 1862
Mackal, Roy: »The Monsters of Loch Ness«, London 1976
–: »Searching for Hidden Animals«, New York 1980
»National Enquirer«: »America Has 150 Loch Ness Monsters«, 26. 1. 1993
Raynal, Michael: »The Case of the Giant Octopus«, in »Fortean Studies«, London 1994
–: »If Pigs Could Fly«, London 1994
»Sputnik«: »Man verspricht uns einen lebenden Ichtyosaurier«, deutsche Ausgabe, August 1979
»Strange Magazine«: »Humanoids«, Band 10, Rockville, Maryland, USA

12 UFOs – ein Jahrhundertphänomen

»Chicago Enterprise«: Ausführliche Berichterstattung über UFOs in der Ausgabe vom 22. 11. 1896
Cohen, Daniel: »The Encyclopedia of the Strange«, New York 1985
–: »The Great Airship Mystery«, New York 1981
Condon, E. U.: »Scientific Study of Unidentified Flying Objects«, New York 1968
Davenport, Marc: »Visitors from Time«, Video-Interviews mit UFO-Forschern, produziert 1994
Gross, L. E.: »UFOs. A History«, Fermont 1987
Kasher, Jack: »A Scientific Analysis of UFOs«, Videofilm, 1994
Keel, John A.: »Operation Trojan Horse«, New York 1970
Langbein, Walter-Jörg: »Schein oder Wirklichkeit? 40 Jahre UFOs«, in »Frankenpost«, 16./17. 4. 1988

Ludwiger, Illobrand von: »Der Stand der UFO-Forschung«, Frankfurt 1992
Pritchard, Andrea u. a.: »Alien Discussions«, Cambridge, Massachusetts, 1994
Randles, Jenny: »Alien Contacts and Abductions: The Real Story from the Other Side«, Sterling 1994
Watts, Alan: »UFO-Quest: In Search of Mystery Machines«, Blanford 1994

13 Ein höchst realer Alptraum

Adams, Tom: »The Choppers and the Choppers«, Paris, Texas, 1991
Cohen, Daniel: »The Encyclopedia of the Strange«, New York 1985
»Eagle«, Crestone, Colorado: »Mutilations Begin Again«, Februar 1993
Farkas, Viktor: »Unerklärliche Phänomene jenseits des Begreifens«, Frankfurt 1988
Fiebag, Johannes, und Fiebag, Peter: »Die Entdeckung des Grals«, München 1990
Howe, Linda Moulton: »An Alien Hearvest«, Cheyenne 1989
–: »Earth Mysteries«, Dokumentarfilm, 1990
–: Persönliche Mitteilungen an den Autor 1994 und 1995
»Journal«, Albuquerque, New Mexico: »Better Exams Sought in Mutilations«, 4. 10. 1994
Langbein, Walter-Jörg: »Das Sphinx-Syndrom. Die Rückkehr der Astronautengötter. Eine neue Schöpfung hat begonnen«, München 1995
»Morning News«, Dallas, Texas: »Search Continues for 1700 Cattle« (Datum leider nicht mehr feststellbar)
»Morning Tribune«, Lewiston, Idaho, 28. 11. 1994
»News«, Santa Rosa, New Mexico: »Making a Federal Case out of Cattle Mutilations«, 20. Oktober 1994
Wolverton, Keith, und Donovan, Roberta: »Mystery Stalks the Prairie«, Reynesford, Montana, 1976

14 Das Geheimnis von Oak Island

Cohen, Daniel: »The Encyclopedia of the Strange«, New York 1985

Fiebag, Johannes, und Fiebag, Peter: »Die Entdeckung des Grals«, München 1990

Innes, Lorna: »New Book Probes Oak Island Mystery«, in »The Chronicle Herald«, 28. 7. 1984

Langbein, Walter-Jörg: »Gibt diese Schatzinsel ihr Geheimnis preis?«, in »Das Neue Zeitalter«, 12. 6. 1985

Preston, Douglas: »Auf Schatzsuche vor Neuschottland«, in »Reader's Digest«, März 1989

Siebenhaar, Wolfgang: »Geheimnis um Oak Island«, in Däniken, Erich von (Hrsg.): »Kosmische Spuren«, München 1988

»Weekly World News«: »Secret Hiding Place of Captain Kidd's Treasure Revealed«, 30. März 1993

15 Mexico-City... heute und gestern

Corliss, William: »Ancient Man. A Handbook of Puzzling Artifacts«, Glen Arm 1980

Cummings, Byron: »Ruins of Cuicuilco May Revolutionize Our History of Ancient America«, in »National Geographic Magazine«, 1923/44

Däniken, Erich von: »Erinnerungen an die Zukunft«, Sonderausgabe, München 1992

Harleston, Hugh: »A Mathematical Analysis of Teotihuacan«, Mexiko 1974

Ivamoff, Pierre: »Maya, Monumente, große Kulturen«, Luxemburg 1974

Lehmann, Martin: »Teotihuacan, Zahlen und Fakten eines Rätsels«, »Discover« 1994/2

Lhullier, Alberto Ruiz: »The Mystery of the Temple of the Inscriptions«, Cambridge, Massachusetts, 1953

Prescott, William: »History of the Conquest of Mexico«, Paris 1844

Siebenhaar, Wolfgang: »Gelehrtenstreit um die Pyramide von Cuilcuilco«, in »Ancient Skies«, deutsche Ausgabe, Mai/Juni 1984

Wilhelmy, Herbert: »Welt und Umwelt der Maya«, München 1981
Wilsman, Christof Aloys: »Wunderwelt unter der Tarnkappe«, Nürnberg 1959

16 Das Wunder der Jungfrau von Guadalupe

Christian, Walter: »Ein Rätsel namens Lourdes«, Much o. J.
Däniken, Erich von: »Besucher aus dem Kosmos«, Klagenfurt 1980
–: »Auf den Spuren der Allmächtigen«, München 1993
Fiebag, Johannes, und Fiebag, Peter: »Himmelszeichen«, München 1992
Fiebag, Johannes: »Marienerscheinungen«, in Däniken, Erich von (Hrsg.): »Kosmische Spuren«, München 1989
Gotchmann, Harald: »Unerklärliche Ereignisse, überprüfbare Wunder und juristische Tatsachenfeststellungen«, Langen 1989
Johnston, Francis: »Das Wunder von Guadalupe«, Stein am Rhein 1986
Mauriac, François: »Zwei Lourdespilger«, Graz 1934
Sejournee, Laurette: »Pensiamento y religion el Mexico Antiguoa«, Mexiko 1957
Tonsmann, Jose Aste: »Los ojos de la Virgen de Guadalupe«, Mexiko 1981

17 Palenque und das Geheimnis der Grabplatte

Burghardt, Hermann: »Maya-Götter aus Sumer«, in »Seti« Nr. 1/1995
Däniken, Erich von: »Auf den Spuren der Allmächtigen«, München 1993
Dopatka, Ulrich: »Lexikon der außerirdischen Phänomene«, Bindlach 1992
Eckhardt, Rudolf: Vortrag »Neues von den Maya: Das Pascal-Paradoxon«, »One-Day-Meeting« der »Ancient Astronaut Society«, Zürich, 11. 9. 1993

Fiebag, Peter: »Die Grabplatte von Palenque und ihre symbolische Aussage«, in »Scientific Ancient Skies«, 1994
Khuon, Ernst von (Hrsg.): »Waren die Götter Astronauten?«, Düsseldorf 1970
Koch, Sven: »Die Gleichgültigkeit der Götter«, in »Lippische Landeszeitung«, 10. März 1995
Mehlring, Marianna: »Knaurs Kulturführer Mexiko«, München 1993
Schele, Linda: »The Blood of the Kings. Dynasty and Ritual in Maya Art«, Fort Worth 1986

18 Das Geheimnis der gläsernen Schädel

»Fate«: »Crystal Skull of Death«, Juli 1984
Fiebag, Johannes, und Fiebag, Peter: »Aus den Tiefen des Alls. Wissenschaftler auf den Spuren extraterrestrischer Eingriffe«, Berlin 1995
Garvin, Richard: »The Crystal Skull«, New York 1973
Kunz, G. F.: »Gems and Prescious Stones of North America«, New York 1980
Langbein, Walter-Jörg: »Unmögliches, das doch möglich ist«, in »Das Neue Zeitalter«, 8/1984
Mercurio, Enrico: »Rätsel um den Kristall-Schädel von Lubaantun«, in Däniken, Erich von (Hrsg.): »Kosmische Spuren«, München 1992

19 Das Rätsel der steinernen Kugeln

Clarke, Arthur C.: »Mysterious World«, London 1980
Corliss, William: »Ancient Man. A Handbook of Puzzling Artifacts«, Glen Arm 1980
Dopatka, Ulrich: »Lexikon der außerirdischen Phänomene«, Bindlach 1992
»Kosmos«: »Steinkugeln in Costa Rica«, März 1956

20 Die unheimliche Gruft von Barbados

Brookesmith, Peter (Hrsg.): »Incredible Phenomena«, London 1984
Edwards, Frank: »Strangest of All«, New York 1962
–: »Stranger than Science«, London 1963
Farkas, Viktor: »Unerklärliche Phänomene jenseits des Begreifens«, Frankfurt 1988
Kingston, Jeremy: »Rätselhafte Begebenheiten«, Mannheim 1979

21 Auf der Suche nach der Urkultur

Bennet, Wendell C.: »Ancient Arts of the Andes«, New York 1954
Birdsell, Joseph: »The Problem of the Ealy Peopling of the Americas as Viewed from Asia«, New York 1951
Borhegyi, Stephan: »Pre-Columbian Cultural Connections Between Mesoamerica and Ecuador«, »Tulane University«, New Orleans 1959
Bushnell, Geoffrey: »The First Americans. The Pre-Columbian Civilizations«, New York 1968
Canby, Thomas: »The Search for the First Americans«, in »National Geographic Magazine«, 1979/3
Fell, Barry: »America B.C.«, New York 1989
Gartelmann, Karl-Dieter: »Digging up Prehistory«, Quito, Ecuador, 1986
Lathrap, Donald: »Ancient Ecuador«, Guayaquil, Ecuador, 1976

22 Auf der Suche nach Schätzen

Bürgin, Luc: »Burrows' Cave – sensationelle Entdeckung in Amerika?«, in Däniken, Erich von (Hrsg.): »Fremde aus dem All«, München 1995
Däniken, Erich von: »Aussaat und Kosmos«, Düsseldorf 1972
–: »Meine Welt in Bildern?«, Düsseldorf 1973
–: »Entlarvung der Entlarver«, in »Kosmische Spuren«, hrsg. von Erich von Däniken, München 1992

Kaufhold, Peter: »Auf den Spuren des Erich von Däniken«, London 1982
–: »Von den Göttern verlassen?«, München 1984
Langbein, Walter-Jörg: »Geheimnisvolles Südamerika«, Folgen 5 und 6, in »Para«, Juli und August 1993
–: »Die großen Rätsel der letzten 2500 Jahre«, 5. Auflage, Augsburg 1993
–: »Reisenotizen Südamerikareise Frühjahr 1995«, unveröffentlichtes Manuskript
Langegg, Ferdinand von: »El Dorado«, Graz 1975
Leitner, Thea: »Schätze. Vergraben, versunken, gefunden«, Wien 1985
Mueller, Karl von: »The Treasure Hunter's Manual«, 7 Bände, Dallas 1979
Ostler, Reinhold: »Verborgenen Schätzen auf der Spur«, Stuttgart o. J.
Roden, Hans: »Schatzsucher«, München 1965
Seuren, Günter: »Schätze dieser Erde«, München 1989
Stingl, Miloslav: »Die Inkas«, Wien, Düsseldorf 1978

23 Im Tresor der Zeit

Däniken, Erich von: »Die Spuren der Außerirdischen«, München 1990
Langbein, Walter-Jörg: »Geheimnisvolles Südamerika«, Folgen 3 und 4, in »Para«, Mai und Juni 1993
–: »Reisenotizen Südamerikareise Frühjahr 1995«, unveröffentlichtes Manuskript
Müller, Reinhold: »Die Märchen des Hiram Bingham«, in »Kosmische Spuren«, hrsg. von Erich von Däniken, München 1992
Service, Alistair: »Lost Worlds«, London 1981
Zier, Wilhelm: »Zauber vergangener Reiche«, Stuttgart, Hamburg, München 1975

24 Wunder in Stein

Bernard, Raymond: »The Subterranean World«, University Books, 1960
Brunner, Hellmut (Hrsg.): »Lexikon Alte Kulturen«, Band 3, Mannheim, Leipzig, Wien, Zürich 1993
Däniken, Erich von: »Beweise. Lokaltermin in fünf Kontinenten«, Düsseldorf 1974
Langbein, Walter-Jörg: »Reisenotizen Südamerikareise 1992«, unveröffentlichtes Manuskript
–: »Reisenotizen Südamerikareise 1995«, unveröffentlichtes Manuskript
Maclellan, Alec: »The Lost World of Agharti«, London 1982
Mason, J. Alden: »Das alte Peru«, Zürich 1965
Mitchell, John, und Rickard, Robert J. M.: »Die Welt steckt voller Wunder. Unglaublich und doch unbestreitbar«, Düsseldorf, Wien 1979
Philip, Brother: »Secret of the Andes«, London 1973
Santesson, Hans Stephan: »Understanding Mu«, New York 1970
Wurster, Wolfgang W.: »Die Schatzgräber. Archäologische Expeditionen durch die Hochkulturen Südamerikas«, Hamburg 1991

25 Ein Bilderbuch für die Götter

Däniken, Erich von: »Auf den Spuren der Allmächtigen«, München 1993
–: »Entlarvung der Entlarver«, in »Kosmische Spuren«, hrsg. von Erich von Däniken, München 1992
Hadingham, Evan: »Lines to the Mountain Gods«, New York 1987
Hawking, Gerald S.: »Beyond Stonehenge«, London 1973
Hiben, Frank: »The Lost Americans«, New York 1961
Isbell, William: »Die Bodenzeichnungen Alt-Perus«, in »Spektrum der Wissenschaft« 12/1978
Langbein, Walter-Jörg: »Die großen Rätsel der letzten 2500 Jahre«, Augsburg 1992

–: »Reisenotizen Südamerikareise 1992«, unveröffentlichtes Manuskript
–: »Reisenotizen Südamerikareise 1995«, unveröffentlichtes Manuskript
Reiche, Maria: »Geheimnis der Wüste«, Stuttgart 1968
Stierlin, Henri: »Nazca«, Paris 1983
Tributzsch, Helmut: »Die Rätsel der Götter«, Frankfurt 1983
Williamson, George H.: »Road in the Sky«, London 1965
Woodman, Jim: »Nazca«, München 1977

26 Am Nabel der Welt

Churchill, William: »Easter Island«, Washington 1912
Felbermayer, Fritz: »Sagen und Überlieferungen der Osterinsel«, Nürnberg o. J.
Grey, George: »Polynesian Mythology«, London 1965
Kak, Subhash et al.: »In Search of the Cradle of Civilization«, Wheaton 1995
Metraux, Alfred: »Ethnology of Easter Island«, Honolulu, Hawaii 1971
Willis, Roy (Hrsg.): »World Mythology«, London 1993

Nachwort: Erinnerungen an die Zukunft?

Fiebag, Johannes: »Kontakt«, München 1994
Mack, John E.: »Abduction. Human Encounters with Aliens«, New York 1994
Sprinkle, Leo: »Hypnotic and Psychic Implications in the Investigation of UFO-Reports«, in Lorenzen, C. E.: »Encounters with UFO Occupants«, New York 1976
Story, Ronald (Hrsg.): »The Encyclopedia of UFOs«, Garden City, New York 1980
Wilson, Clifford: »The Alien Agenda«, New York 1988

Register

»Das Sphinx-Syndrom« – vielleicht das wichtigste Buch über Vergangenheit und Zukunft des Menschen!

Langen Müller

Ist die Menschheit in ihrer Existenz bedroht? In grauer Vorzeit kamen Wesen aus dem All und schufen den Homo sapiens im »Labortest«. Jetzt sind die Fremden zur Erde zurückgekehrt. Was erwartet die Menschheit? Ein globales Sodom und Gomorrha?

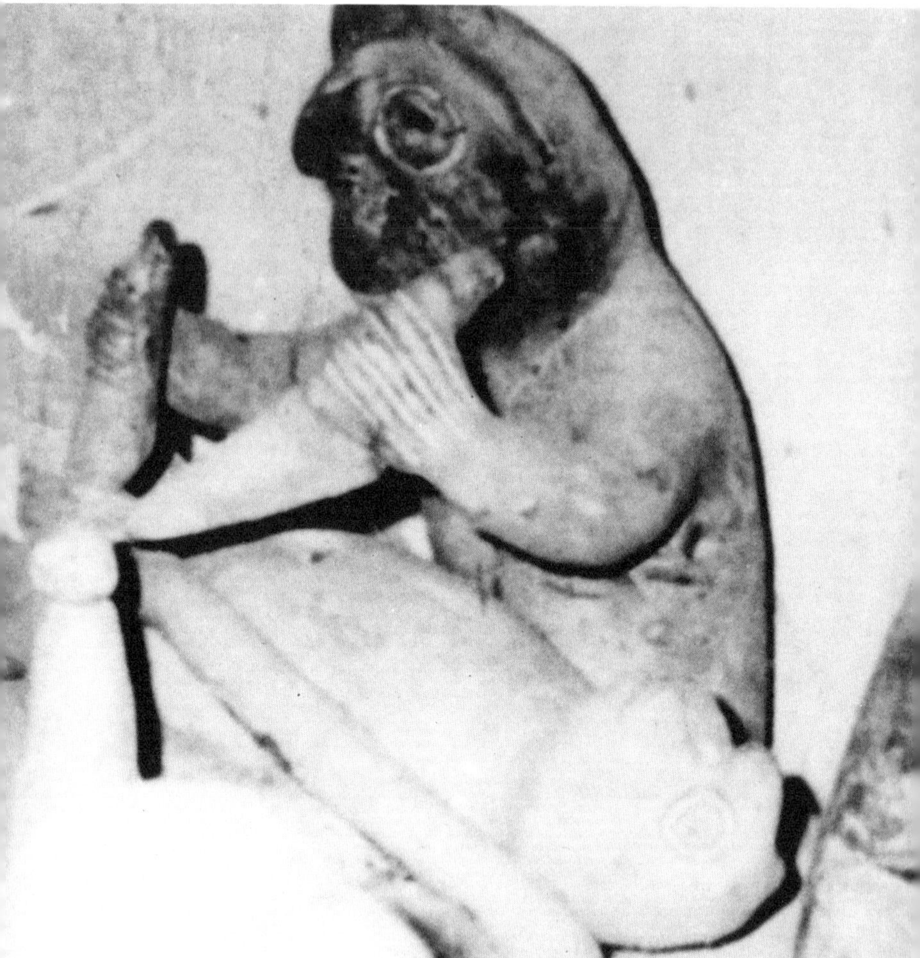